明晰な思考を生み出す

明晰な思考を生み出す

IJN

インド
2023年

コンテンツ

あらゆる状況において適合性が強制されるわけではない

あなたがもうすぐ MegaTrillions をプレイする理由

確率の無視

瓶の中の最後のクッキーが口に水を出すのはなぜですか

フービートを聞いても期待しないでください。

基本料金無視

バランスをとる力

なぜ運命の輪が私たちをスパイラルにするのか?

どうすれば何百万もの彼らの苦しみを解放できるでしょうか

なぜ悪は善よりも激しく攻撃するのでしょうか?

なぜチームメンバーは怠け者なのか

ソーシャル手抜き

紙に囲まれていませんか？

指数関数的な成長

熱意をコントロールする

勝者の呪い

作家は作家に自分の小説が自伝的かどうか決して尋ねてはなりません

基本的な帰属エラー

語り手の語ることを信じてはいけない理由

誤った因果関係

本質的には誰もが美しい

おめでとう！ロシアンルーレットに勝ちました

代替パス

偽預言者

予測の錯覚

特定の事件の欺瞞性

何を言うかではなく、どのように言うかが重要です

見たり待ったりするのは苦痛です

行動バイアス

なぜあなたが解決策なのか、それとも問題の一部なのか？

省略バイアス

私を責めないでください

利己的なバイアス

見たいものは何でも見てください！

ヘドニックトレッドミル

私たちは皆、自分自身の存在に驚かないことを忘れずに、それに応じて生きるべきです。

なぜ経験が私たちの判断力を損なうのか

アソシエーションバイアス

物事が急速に起こり始めたら注意してください

ビギナーズラック

スイートリトルライズ

認知的不協和

それぞれの瞬間を、それが最後であるかのように楽しんでください。ただし日曜日のみ！

双曲線割引

先延ばしに対するつまらない言い訳

理由と正当化

より賢く決定し、より少ない意思決定を

決断疲れ

ヒトラーのセーターを着てみませんか？

伝染バイアス

なぜ平均的な戦争は存在しないのか

ボーナスはモチベーションを破壊する

モチベーションの混雑

何も言うことがないなら、何も言わないでください

たわむれ傾向

2 つの国家はどのようにして平均知能指数を向上させることができるのでしょうか

敵がいる場合は情報を提供する

とても痛い

なぜ小さなものは一緒に広がるのか、なぜこれらのピースは明るく輝くのか

この素材を扱うときは注意してください。

期待

スピード違反取り締まりを行ってください！

シンプルなロジック

ペテン師を暴く方法 (ステップバイステップの説明)

なぜボランティア活動が鳥のためになるのか

ボランティアの愚行

なぜあなたはあなたの召使なのですか

自分だけの異端者を生み出すために！

なぜ船に火をつけなければならないのか

ネオマニアに関する警告

なぜ競馬は 2 つの競馬だけではないのですか？

代替失明

なぜ若いガンを狙うのか

社会的比較バイアス

第一印象が欺かれる理由

プライマシーとリーセンシーの効果

自家製が最適な理由

ここで発明されていない症候群

信じられない資産から利益を得る方法

知識は譲渡できない

導入

2004 年 10 月、ヨーロッパのメディア王が私をミュンヘンに招待し、彼らが言うところの非公式の知識人の交流に参加しました。私自身、文学ではなくビジネスを勉強してきたので自分を知識人だとは思っていませんでしたが、私の 2 冊の文学小説がそのような招待を受ける資格を与えてくれたのでしょう。

ナシム・ニコラス・タレブはテーブルに座っていた。当時、彼は哲学に情熱を持った無名のウォール街のトレーダーで、イギリスとスコットランドの啓蒙哲学、特にデヴィッド・ヒュームの哲学の専門家として私と知り合いました。明らかに私は別の人に間違えられていました。自分の間違いにショックを受けましたが、それでも平静を保とうとして、沈黙が自分の哲学的能力の証明になることを期待して、部屋中にためらいがちな笑みを浮かべました。その瞬間、タレブは空いていた椅子を引いてその椅子を軽くたたきました。私を座るように誘っています。そうしました。ヒュームについて簡単に話し合った後、私たちの会話はすぐにウォール街の話に移りました。私たちは、私たち自身も含め、CEO やビジネスリーダーによる意思決定における組織的な誤りに驚きました。私たちは、株価が取得コストを下回ると投資家が株式の売却を拒否する理由を議論しながら、後から考えると予期せぬ出来事が起こる可能性がより高いと思われる理由について議論しました。

イベントの後、タレブは原稿の一部を私に送ってくれました。私が部分的にレビューし、コメントした素晴らしい逸品。これは彼の世界的ベストセラー『ブラック・スワン』の一部となり、彼を知的オールスターの地位に押し上げた。その間、私の食欲は刺激されました。私はヒューリスティックやバイアスなどのテーマについて認知科学者や社会科学者が書いた本をむさぼり読み始め、研究者との電子メールでの会話や研究室訪問も増えました。2009 年までに、私は小説家であると同時に社会認知学の研究者になっていることに気づきました。心理学も。

専門家は、認知エラーを論理からの体系的な逸脱、つまり理想的な状態から逸脱する最適かつ合理的な思考や行動と定義しています。「体系的」というのは、最適な思考からの逸脱が、単なる時折の判断ミスや判断ミスではなく、世代や世紀を超えて何度も遭遇する繰り返しの間違い、論理への障害であることを意味します。私たちの知識を過大評価することは、過小評価することよりも蔓延しています。例えば。
過小評価は最も頻繁に起こることです。さらに、何かを失うことへの恐怖は、同様の利益を得るという見通しよりもはるかに私たちを動機づけます。他の人がいるとき、私たちは彼らの行動に合わせて自分の行動を調整することがよくあります。逸話は、イベントの背後にある統計分布 (基本率) を曖昧にする傾向があり、あるコーナーでは汚れた洗濯物のようにエラーが山積し、他のコーナー (つまり、「自信過剰コーナー」として知られるようになりました) は比較的きれいなままになります。

私は、これまでの文学者としてのキャリアを通じて蓄積してきた富でギャンブルを避けるため、またその富による不必要なリスクから身を守るために、認知的誤りのリストを作り始めましたが、将来そのリストを出版物に掲載するつもりはありませんでした。当初、このリストは私自身のみが使用することを意図していました。思考の誤りの中には、何世紀にもわたって存在しているものもあれば、最近になって認識されたものもあります。2つまたは3つの名前が付いているものもあります。最も広く使用されているものを選択しました。すぐに、このようなリストを作成することは、投資の決定に役立つだけでなく、ビジネスや個人的な問題にも役立つことがわかりました。完了すると、このリストを作成することで、気持ちが落ち着き、頭がすっきりするようになりました。私は自分の間違いに早くから気づき始め、永続的な損害が生じる前に軌道修正することができました。さらに、人生で初めて、他の人がこうした組織的な間違いの犠牲になる可能性があることを特定することができました。私のリストのおかげで、私は彼らの誘惑に抵抗できるようになり、取引において優位に立つことさえできるようになりました。今、私は不合理の脅威を避けるためのカテゴリー、用語、説明を持っていました。雷雨の中で凧揚げをするベンジャミン・フランクリンのように。雷鳴や稲妻の頻度、威力、音量が減ったわけではありませんが、煩わしさは減りつつあります。それは、今自分自身の不合理に直面したときに、自分の中で深く共鳴したものでした。

友人たちは私の要約にすぐに注目し、興味を示し、ドイツ、オランダ、スイスで毎週新聞にコラムを掲載したり、この本が出版されるまで数多くのプレゼンテーション（主に医師、投資家、取締役会メンバー、CEO、政府関係者向け）を行ったりしました。

これらのページを参照するときは、次の3つの点に留意してください。まず、このリストは不完全です。新しいエラーが発見される可能性があります。第二に、ほとんどのエラーは関連しているように見え、驚くことではありません。結局のところ、すべての脳領域は、体中を伝わる神経突起を介して接続されています。
第三に、私の専門知識は社会科学者というよりも主に小説家および起業家としてのものです。そのため、私は認知エラーの実験を行ったり、行動エラーを監視するために研究者を雇用したりするための自分の研究室を持っていません。そのため、この本を書くにあたり、私は自分自身を、自分が読んだり学んだことを解釈して総合して、他の人がより容易に理解できるようにするのが役割である翻訳者のようなものだと考えました。そのため、私は何十年にもわたって行動や認知の誤りを明らかにしてきた研究者たちに多大な感謝の気持ちを持っています。彼らの研究のおかげでこの本が出版できるようになりました。私が彼らに多大な感謝をしているのと同じように、彼らには感謝に値します。

この本はハウツー本ではありません。ここではエラーのない生活への7つのステップはありません。認知エラーはあまりにも深く根付いているので、それを完全に取り除くことはできませんし、それが私たちの目標であるべきでもありません。一部の認知エラーは、幸せな人生を送るために不可欠な場合さえあるため、そのままにしておく必要があります。この本は幸福への鍵を握っていないかもしれないが、少なくとも、過度の自ら引き起こした不幸から身を守る役割を果たしている。

私の目標はシンプルです。もし私たちが個人生活、職業生活、政治生活における思考における大きな間違いを認識し、回避することができれば、おそらく繁栄は劇的に増加するでしょう。必要なのは、非合理性を減らすことだけです。ここでは、このような余分な狡猾さや新しい装置は必要ありません。

墓地を訪れることがなぜ重要なのか

リックはどこを見てもロック スターを見つけることができます。テレビ画面、雑誌のページ、コンサート プログラム、オンライン ファン サイトにはロック スターの画像や歌が溢れています。モールやジムでは彼らの存在を避けることはできません - 何百もの彼らがいます！リックは、これらの星が彼の人生に非常に頻繁かつ確実に現れるため、自分に何か問題があるに違いないと信じています。リックは、多くのギターヒーローの物語に触発されて、自分のバンドを結成し、ライブ演奏を始めましたが、おそらく彼らのように大きくはならないでしょう。これまでの多くの人々と同じように、彼もおそらく、ステージの1万倍のミュージシャンが収容されている失敗したミュージシャンの墓場に住んでいる何千人もの失敗したミュージシャンの仲間入りをすることになるだろうが、落ちぶれたスーパースター以外の失敗作を取り上げようとするジャーナリストは誰もおらず、この墓地は部外者からは見えなくなっている。

仕事や日常生活では、失敗よりも成功のほうが目立ちやすいため、私たちは成功の確率を過大評価してしまいます。リックのように、部外者はしばしばこの幻想に陥り、その可能性を誤って判断します。リックは「生存者バイアス」の被害者の一人にすぎません。

成功した作家の背後には、本が決して売れない作家が 100 人いるかもしれません。残りの 100 人は出版社を見つけられませんでした。そしてさらに 100 人は未完成の原稿が読まれずに引き出しの中に残っています。これらの本のそれぞれの背後には、いつか本を出版することを夢見る 100 人の人々がいます。しかし、成功した作家 (その多くは自費出版) の話を聞くだけで、文学的成功の信じられないほどの可能性を認識していません。写真家、起業家、芸術家、運動選手、建築家、ノーベル賞受賞者、テレビの司会者、美人の女王たちも、その影響と闘うために、生存者バイアスの下から抜け出す必要があります。他の誰もあなたの代わりにやってくれません！生存者バイアスを自分で克服するために。

生存バイアスは経済的な意思決定にも発生します。友人がスタートアップ企業を設立したと考えてください。潜在的な投資家の 1 人として、あなたはここに信じられないほどのチャンスがあると考えています。それは次の Google または Amazon になる可能性があります。しかし、現実を確認してください。ほとんどの場合、そのようなベンチャーは完全に失敗するか、開始から数か月または数年以内に閉鎖されます。2 番目に考えられる結果としては、破産か単純な生存のいずれかが挙げられますが、どちらの選択肢も同様に可能性が高くなります。
結果: 設立されたビジネスは 3 年以内に倒産する可能性があります。それほど長く生き残った企業のほとんどは、従業員が 10 人を超えることはありません。では、どんなベンチャーでも、苦労して稼いだお金を決して危険にさらすべきではないのでしょうか？必ずしも;生存者バイアスは成功の確率をカットガラスのように歪めるということを覚えておいてください。

たとえば、ダウジョーンズ工業平均指数を考えてみましょう。これは成功した企業だけで構成されています。失敗した中小企業は、ほとんどのベンチャー企業を代表しているにもかかわらず、株式市場に参入しません。したがって、株価指数は経済を正確に表しておりません。同様に、マスコミはすべてのミュージシャンを平等に報道しません。同様に、成功を扱った本やコーチがたくさんあるので、これらの失敗した人たちは自分の失敗について本を書いたり講演したりしないので、注意する必要があります。

生存バイアスは、勝ち組の一員になると特に危険になる可能性があります。たとえ成功が偶然に生まれたとしても、他の勝者との類似点があると、私たちはそれらの類似点を主要な成功要因として特定したくなるかもしれません。しかし、失敗した個人や企業の墓地を訪れると、その墓地の入居者たちの中に、あなたの墓に貢献した多くの同様の特徴が明らかになります。

十分な数の科学者が現象を調査すれば、一部の研究ではまったくの偶然によって統計的に重要な結果が得られるでしょう。たとえば、赤ワインの消費量と平均寿命の長さの相関関係などです。このような「偽」の研究はすぐに人気と注目を集めますが、学術界の裏ページに隠されたままの、刺激的ではないものの正しい発見を伴う研究とは異なります。

生存バイアスとは、人々が自分の成功の可能性を過大評価することを指します。これに対抗する方法の 1 つは、かつて有望だったプロジェクト、投資、キャリアの墓を定期的に訪れることです。これは時々不快かもしれませんが、心をすっきりさせ、必要な終結をもたらすのに役立ちます。
「利己的バイアス」(第 45 章)も参照。ビギナーズラック (ch. 49);基本レート無視 (ch. 28);誘導 (第 31 章);確率の無視 (第 26 章);スキルの錯覚 (ch. 94) および意図的エラー (ch. 98)。

ハーバード大学はあなたを賢くしますか?

ナシム・タレブは、さまざまなスポーツ活動をすることで頑固な余分な体重を何とかしようと決心しましたが、すぐにジョギングやテニス選手からボディービルダーやボディビルダーに至るまで、それらすべてに幻滅しました。彼らの鍛えられた流線型の体は水泳にさらに魅力を感じたので、彼は地元のプールに登録し、週に2回そのプールでトレーニングを始めました。

その直後、彼は自分が幻想に陥っていることに気づきました。プロの水泳選手は、終わりのないトレーニングによって完璧な体を手に入れることはできません。むしろ、彼らの体格が彼らが優れた水泳選手になるかどうかを決定します。その逆はありません。化粧品を宣伝する女性モデルも、化粧品を使うと美しくなるという印象を与えます。しかし、この信念は、消費者がその製品が女性をモデルのようにさせると誤解していることに由来しています。むしろ、購入者を惹きつけるのは単にその自然な魅力です。プロの水泳選手の体がそのために選ばれるのと同じで、その逆はありません。

選択要因と結果を混同すると、タレブの言うところの「水泳選手の体の錯覚」に陥りやすくなります。これがなければ、広告キャンペーンの半分は全く機能せずに失敗してしまうでしょう。しかし、この偏見は、単に頬骨や胸をはっきりさせたいという強迫観念よりもさらに深いところにあります。ハーバード大学は一流大学の 1 つとして広く考えられており、多くの成功者がそこで学んでいます。これはハーバード大学が優れた教育機関であることを示しているのでしょうか?いいえ、おそらくハーバード大学は優秀な学生を集めているだけかもしれません。ヨーロッパでトップ10に入るビジネススクールの1つであるスイスのザンクトガレン大学でこの現象を直接体験しました。しかし、(25 年前の!)授業は残念なもので、それにも関わらず多くの卒業生が成功していることがわかりました。おそらく気候やカフェテリアの食事によるものですが、厳密な選択プロセスによるものである可能性が高くなります。

MBA スクールは、将来の収入の可能性に関する印象的な統計を用いて候補者を魅了します。
多くの受験生は、授業料が時間の経過とともに元が取れることを証明するこのアプローチに騙されますが、多くは自分自身もその犠牲になります。私は学校が統計を操作することを示唆しているわけではありません。それでも、彼らの発言を額面通りに受け取るべきではない。なぜなら、MBAを取得する個人とそうでない個人は大きく異なり、収入の差はMBAそのもの以外の多くの要因から生じており、これもまた「水泳選手の体の錯覚」の一例であるからだ。したがって、さらなる研究があなたの課題にある場合は、後でより多くのお金を稼ぐこと以外の理由でそれを行ってください。

幸せな人たちに満足感の鍵について尋ねると、「物事を半分空っぽではなく、半分満たしていると見る必要がある」といった答えがよく聞かれます。これは、彼らが自分が幸せに生まれてきたことを認識しておらず、代わりにあらゆることにチャンスを見いだしていることを示唆しています。彼らの周りに。ダン・ギルバートがハーバード大学で行った研究では、陽気さは主に永続的な性格特性であり、生涯を通じて変化しないことが明らかになりました。社会科学者のリッケンとテレゲンはこの点を明らかにしています。より幸せになろうとすることは、身長を伸ばそうとするのと同じくらい無駄です。したがって、水泳選手の身体錯覚も自己錯覚です。楽観主義者がこの妄想をさらに広める自己啓発本を書くとき。この時点で、自己啓発著者からのアドバイスを過度に考慮しないことが重要です。残念ながら、彼らの提案は何十億人もの人々を助ける傾向にありません。それでも、ほとんどの不幸な人々は自分の失敗についての本を出版しないため、この現実は隠されたままです。

結論: 鋼の腹筋、完璧な容姿、高収入、長寿命、幸福など、特定のことを目標に努力するように勧められるときは、注意が必要です。これらは水泳選手の体の錯覚につながる可能性があるためです。思い切って飛び込む前に、まず鏡を見てください。そこに見えるものに正直になってください。

ハロー効果 (第 38 章) も参照してください。結果バイアス (第 20 章);さらなる洞察については、自己選択バイアス (Ch. 47) および代替盲目 (Ch. 71) を参照してください。

雲の中に形が見える理由

クラスタリングイリュージョン

1957 年、スウェーデンのオペラ歌手フリードリヒ ヨルゲンセンは、自分のボーカルを録音するためにテープ プレーヤーを購入しました。聞き返していると、超自然的なような奇妙な騒音やささやき声が現れました。数年後、彼は鳥のさえずりを録音しました。ある録音セッション中に、亡くなった母親の声がバックグラウンドでささやいているのが聞こえた。「フリード、私の小さなフリード…聞こえますか…ママが呼んでいます。」この出会いの後、ヨルゲンセンはテープ録音を通じて亡くなった人々とのコミュニケーションに専念しました。

フロリダ出身のダイアン・ダイザーさんも、トーストをかじって皿に戻したときに、トーストの中にメアリーの像があることに気づき、同様のことを経験した。その瞬間、彼女は食べるのをやめ、神のお告げを安全に保管するためにしまいました（一口を除いて）。2004 年 11 月後半、ダイアンはこのまだ保存状態の良いスナックを eBay 経由で競売にかけ、28,000 ドルで落札されました。

1978年、ニューメキシコ州の女性も同様の経験をしました。彼女のトルティーヤの黒ずんだ斑点はイエスの顔に似ていました。メディアはこの話を取り上げ、ブリトー姿のイエスを見るために数千人がニューメキシコ州に集まった。2 年前の 1976 年 - バイキング宇宙船は、似たような岩石層を撮影しました。それは世界中で見出しを飾りました。「フェイス・オン・マーズ」として知られています。

雲の中の顔、岩の中の動物の輪郭、または拡散信号の中に隠されたメッセージを見たことがありますか?おそらく。これはまったく正常なことです。私たちの脳はパターンやルールを探しますが、存在しない場合は、単にそれらを自動的に作成するだけです。テープ上の背景ノイズなどの拡散信号により、「隠されたメッセージ」を見つけやすくなります。「火星の顔」を発見してから 25 年後、マーズ グローバル サーベイヤーは、人間の顔が単なる岩ガレに溶け込んでいる岩石層を示す鮮明な画像を返しました。

これらの気まぐれな例は、クラスタリング錯覚を無害に見せるかもしれません。しかし、それは無害とは言えません。

毎秒大量の情報が生成される金融市場を考えてみましょう。
私の友人は、彼には気づかれずに、どのようにしてすべてのデータの中で異常を発見したかを喜んで説明しました。つまり、ダウ・ジョーンズの変化率と原油価格の変化率を乗算すると、2 日以内に金の価格の動きが得られるということです。つまり、株価が上昇した場合、原油が同時に上昇または下落すると、金も追随して翌日には上昇します。彼の理論は数週間うまくいきましたが、彼はますます多額の投資を始め、最終的にはすべての貯蓄を失いました。何も存在しなかった人為的なパターンを感知したのです。

心理学教授のトーマス・ギロビッチ氏は、この順序がランダムなのか計画されたのかを知るために何百人もの人々にインタビューしましたが、ほとんどの人はその順序を支配する何らかの法則があると信じており、恣意的な説明を拒否しました。Gilovich のサイコロ物理モデルによれば、実際には 4 回連続して出た目で 1 つの数字が現れることは十分に可能です。しかし多くの人は、そのような出来事が偶然に起こることを受け入れるのに苦労しています。

第二次世界大戦中、ドイツの爆撃機は、自動航行無人機の一種である V1 ロケット弾を弾薬の 1 つとして使用してロンドンを攻撃しました。それぞれの攻撃には、ロンドン市民を恐怖に陥れるために、衝突地点を地図上に注意深くプロットすることが含まれていました。多くの人はパターンを特定し、ロンドンのどの地域が最も安全であるかについての理論を構築したと考えていました。しかし、戦後の統計分析では、V1 ロケットのナビゲーション システムが非常に不正確だったため、分布は完全にランダムであることが実証されました。

結論: パターン認識に関して、私たちは過剰反応する傾向があります。懐疑心を取り戻してください。パターンを発見したと思われる場合は、まずそれが偶然に起こった可能性があると想定し、決定に至る前に統計分析を検討してください。同様に、パンケーキのサクサクした部分が何らかの形でイエスの顔に似ているなら、なぜイエスはここタイムズスクエアやCNNに姿を現さなかったのか自問してみてください。
「Illusion of Control (ch. 17)」も参照。偶然（第24章）。誤った因果関係 (第 37 章)。

数字がモチーフ

社会的証明 これを想像してください。コンサートに向かう途中、交差点で上を向いている人々のグループに気づきました。あなたも、何も考えずに上を向いて、理由も分からず、無意識に後を追ってしまうのです。なぜ？社会的証明。コンサートホールで優れたソリストの演奏中に、誰かが手拍子を始め、その場にいる他の人たちも手拍子に加わるよう促されます。あなたも社会的証明以外の理由で参加しません。公演終了後、コートチェックを受け取りに行きますが、チケット料金にはサービスが含まれているにもかかわらず、前に並んでいる人がコインを置いていきます...その後、自分でコートチェックに取りに行くと、人々が去っていくのを観察しますチップは、他の多くのコンサート来場者が社会的証明のためにチップを残すことによって実際に奨励されているため、正式にはチケット料金に含まれているにもかかわらず、代わりにお皿にコインが置かれています。

社会的証明または「集団本能」は、個人が自分の行動が他の個人の行動と一致する場合に正当化されたと感じるように指示します。簡単に言うと、あるアイデアや行動を支持したり採用したりする人が増えれば増えるほど、それが真実であると認識されます。同様に、それを示す人の方が、そうでない人よりも多くなります。明らかにばかげていますが、この論理は成り立ちます。

社会的証明は金融バブルと株式市場のパニックの原動力です。それはファッション、経営手法、趣味、宗教、食事などに現れます。時には宗派が集団自殺するなど劇的な結果につながることもあります。

ソロモン・アシュは 1950 年代に、仲間からの圧力が現実をどのように変えることができるかを実証する興味深い実験を実施しました。被験者には、紙に描かれた線と、それに対応する体のさまざまな部分の 3 本の同一の線 (短、中、長) が示され、すべてに短さを表す「1、2」とマークが付けられました。それぞれ、元の行よりも長い行と元の行と同じ行の長さです。作業者は 3 つの線のうちどれが元の線に対応するかを選択する必要がありますが、タスクが非常に簡単であることを考えると当然のことです。5 人が入場すると、彼に馴染みのない俳優は全員、明らかに 3 番を指示する必要があるにもかかわらず、「1 番」と答えて誤った応答をします。再び質問を受けると、他の人が答えたことに合わせて間違った答えをすることが多く、約 3 分の 1 のケースでは間違った答えを返します。

なぜ私たちはそのように行動するのでしょうか？かつては、他人に従うことが生き残るための最善の戦略であると考えられていました。5 万年前、狩猟採集民数人と一緒にセレンゲティ周辺を旅していたとき、突然何の前触れもなく全員が散り散りになって飛び出したときのことを想像してみてください。そのときあなたならどう答えるでしょうか？あなたはそこに立って、自分が見たものは本当にライオンなのか、それともたんぱく質が豊富な素晴らしい食事になるだけの無害なものなのか、混乱して疑問を抱きながらそこに立ったでしょうか?いいえ！むしろ、友達を追って飛び立ったかもしれません。その後、攻撃から逃れたときに、自分にとっての「ライオン」が本当は誰だったのかを考える時間をとったかもしれません。仲間とは異なる行動をする人は誰でも(確かにいたはずですが)遺伝子プールから排除された可能性があります。私たちは、仲間の真似をした人々の子孫です。私たち人間には、この社会的証明のパターンが組み込まれています。したがって、生存上の利点がない場合でも、私たちはそれを使用します。ほとんどの場合はそうなります。ただし、社会的証明が有利な場合もあります。たとえば、近くにおいしいレストランを知らずに外国の都市で外食するとき、お腹が空いているときは、地元の人が頻繁に訪れるレストランを選択するほうが合理的であり、自分の行動ではなく彼らの行動を真似する可能性があります。

コメディーやトーク ショーでは、要所要所に笑いを挿入することでソーシャル プルーフを利用し、視聴者に一緒に笑ってもらうようにしています。おそらく、最も注目に値し、不穏な例の 1 つは、1943 年に大勢の聴衆を前にしたヨーゼフ・ゲッペルスのスピーチです (YouTube でご覧ください)。ドイツにとって戦局が悪化したとき、ゲッペルスは出席者に「総力戦を望むのか？」と要求した。必要なら、今日私たちが想像できるようなものとは反対に、過激な戦争を支持しますか?」彼の要求は万雷の拍手を引き起こし、もし個々の出席者が個別に質問されていたら、おそらくこの狂気の提案を受け入れなかったでしょう!

広告は社会的証明を求める私たちの傾向を最大限に活用します。このアプローチは、私たちが不確実性に直面したとき(さまざまな自動車メーカー、掃除用品、美容製品の中から明確な利点も欠点もなく選択するときなど)や、「私たちと同じように見える」人が現れたときにうまく機能します。

人気があるから自社の製品が優れていると企業が主張するときは常に疑ってください。より多くのユニットを販売することが優位性を示していないのであれば、この議論はほとんど意味がありません。そして、W・サマセット・モームの知恵の言葉を思い出してください。「たとえ5,000万人が愚かなことを言ったとしても、それは愚かであることに変わりはありません。」
参照: Groupthink (ch. 25)。社会的手抜き (第 33 章)。詳細については、グループ内グループ外バイアス (ch. 79) および偽コンセンサス効果 (ch. 77) を参照してください。

過去を忘れるべき理由

サンクコストの誤謬
ひどい映画を1時間半観た後、私は妻に静かにこう言いました。「さあ、家に帰ろう。」それに対して彼女はこう答えた。30ドルは捨てませんよ。』その時点で私は抗議しました。「それは留まる理由ではありません。それは単にここで働いている変形的な専門職に過ぎません。それは私たちが留まるか去るかの決定に何の役割も果たすべきではありません！」当然のことながら、最終的には諦めて席に座り込みました

翌日、私はマーケティング会議に出席しており、そこでは4か月間実施されたものの、目標を1つも達成できなかった広告キャンペーンが議論されていました。私はそれを廃止するよう主張しましたが、広告マネージャーは次のように反対しました。「しかし、私たちはすでに多額の資金をそれに投資しています。今やめれば、私たちの資金はすべて無駄になったことになる』これもまた、サンクコストの誤謬の被害者です。

私の友人の一人は、何年も難しい人間関係に苦しんでいました。彼のガールフレンドは浮気を繰り返し、そのたびに悔い改めて許しを求めました。それにもかかわらず、私の友人は、すでに投資したものを捨てるのは間違っていると感じたので、ロマンスにエネルギーを投資し続けました。「サンクコストの誤謬」の一例。

サンクコストの誤謬は、何かに膨大な時間、お金、エネルギー、感情を投資した場合に特に危険です。私たちの投資は、明らかに中止する理由があっても継続するための基礎となる可能性があります。より多くの時間とリソースを投資すればするほど、埋没費用が増大することを意味します。したがって、たとえ何かが不可能または絶望的に見えたとしても、私たちは前進し続ける必要があります。何かに投資すればするほど、継続したいという衝動が強くなります。

投資家はサンクコストの誤謬に陥ることがよくあります。取引の決定は取得価格のみによって決定される場合があります。この議論を正当化として持ち出すのは単純に合理的ではありません。価格よりも重要なのは、各株式や投資ポートフォリオの将来のパフォーマンス (および投資に利用可能な他の代替案) であるべきです。皮肉なことに、損失が増えるほど、投資家はそれに固執する時間が長くなります。
一貫性が私たちの存在意義です。この思考と行動のパターンから何かが崩れると、私たちはその矛盾を忌まわしく感じ、プロジェクトの存続期間のある時点で考えを変えることを認めるのではなく、途中でキャンセルすることを選択します。意味のないプロジェクトを継続して痛みを伴う実現を遅らせれば、見た目は長く続きます。

コンコルドは政府の赤字支出の象徴的な例だった。英国もフランスも、超音速機ビジネスがうまくいかないことを十分に承知していながら、それでも体面を保つために巨額の資金を投資した。それを放棄することは敗北を認めることを意味するだろう。した

がって、その名前は「コンコルド効果」です。それは、損害が大きく、さらには悲惨な判断ミスにつながる可能性があります。アメリカ人は、この現象のためにベトナム戦争への関与を拡大しました。彼らは次のように考えました。今諦めるのは間違いだ。』

「もうここまで来たか」と思っていませんか？「私はすでにこの本をたくさん読みました...」これらのステートメントのいずれかがあなたに当てはまる場合、それらはサンクコストの誤謬があなたの心の中で働いていることを示しています。

もちろん、何かを完成させるために投資することには、それ自体の利点があるかもしれません。回収不可能な投資を正当化するためだけにこれを行うことには注意してください。合理的な意思決定を行うには、過去のコストを忘れることが求められます。合理的な選択をする場合、最終的に重要なのは将来のコストと便益のみです。

参照: より良くなる前に、より悪くなるだろうという誤謬 (ch. 12)。ドアを閉めることができない (ch. 68);養老効果 (ch. 23);努力の正当性 (第 60 章);不適切な決定につながるその他の認知バイアスとして、損失回避 (ch. 32) と結果バイアス (ch. 20) があります。

フリードリンクは受け付けません

互恵性

最近、目的地に向かう途中で空港や駅を急いでいるときに、明るいサフラン色のローブを着て浮遊しているハレ・クリシュナ派の信者に出会ったかもしれません。おそらくメンバーの 1 人があなたに小さな花を渡し、温かい笑顔でそれを渡したのでしょう。ほとんどの人と同じように、あなたも失礼を避けるためだけに花を受け取った可能性があります。拒否すると、「受け入れてください」というような説明が導き出されたかもしれません。これは私たちからあなたへの贈り物です。』ブルームを近くのゴミ箱に捨てようとしたとき、そこにはすでに複数の手配がされていました。処分するために他の場所を探したところ、すでに複数の山があることがわかりました。あなたの良心の呵責がさらに強くあなたを攻撃し始めると、クリシュナの別の弟子が近づいてきて寄付を求めてきました。この売り込みが成功したため、多くの空港は最終的にこの宗派を禁止した。

ロバート・チャルディーニは、互恵性に関する研究でこれらのキャンペーンの成功を説明できます。彼は、人は他人に恩義を感じることが非常に難しいと感じていることに気づきました。

多くの非政府組織や慈善団体は、最初に寄付し、次に受け取るという同様の戦略を採用しています。最近、自然保護団体からのどかな風景を描いたポストカードが入った封筒を受け取りました。彼らの添付の手紙は、お金を寄付するという私の決断に関係なく、それらは贈り物として保管されるべきであると私に保証してくれました。私は彼らの戦術を十分に理解していましたが、それを利用せずに彼らを片付けるには、かなりの意志力と規律が必要でした。

残念なことに、この形式の穏やかな脅迫 (汚職とも呼ばれる) は一般的です。ネジのサプライヤーは、潜在的な顧客をエキサイティングなスポーツの試合に招待するかもしれません。1か月後に注文の時期を迎えましたが、借金をしたくないという彼らの願望が非常に強かったため、購入者は同意し、この新しい知人を通じて注文しました。

互恵性は、食料供給が変動するすべての種に見られる古代の原則です。あなたが狩猟採集民で、ある日、鹿を仕留めて、それをグループのメンバーに分け与えなければならないと想像してください。こうすることで、自分の獲物がそれほど印象にならなかった場合でも、他人の戦利品から確実に恩恵を受けることができます。それらは冷蔵庫として機能します。
互恵性は非常に貴重な生存戦略であり、リスク管理の一形態であり、これがなければ人間はもちろん、多くの動物種もすぐに滅んでしまうでしょう。相互主義は、互いに無関係な人々の間の協力の中核にあり、経済成長と富の創造に不可欠です。相互主義がなければ、世界経済はまったく存在しません。それが互恵性の利点です。

しかし、相互主義には報復という暗い側面も伴います。本格的な戦争が起こるまで、復讐は反復讐を生む。イエスは、私たちが反対側の頬を向けることによってこのサイクルを断ち切るべきであると説いていますが、賭け金がはるかに低い場合でも互恵関係が働くため、これは困難であることがわかります。

何年も前、私たちは何気なく知っていたカップルに招待されました。彼らは十分素敵でしたが、楽しいとは程遠いものでした。残念なことに、それはまさに想像どおりの結果になりました。彼らのディナーパーティーは退屈を超えていました。しかし、私たちは互恵的な気持ちから、数か月後に再び彼らを招待する義務があると感じました。ほんの数週間後、彼らから別の招待状が届きました...相互関係を維持するために、他にどれだけのディナーパーティーを耐えてきただろうかとよく思います。

スーパーマーケットに近づくときと同様に、私の最善のアドバイスは、冷蔵庫を自分の好きでもないものでいっぱいにしたくない場合を除き、ワイン、チーズ、オリーブの申し出を断ることです。

フレーミング (ch. 42) も参照してください。インセンティブ超反応傾向 (ch. 18);詳細については、「好きバイアス」(ch. 22) と「モチベーションの混雑」(ch. 56) をご覧ください。

「特別なケース」に注意してください

確認が必要な場合は注意してください!（パート1）。

ギルは体重を減らすためにダイエット中です。彼は毎朝体重計に乗り、選択した計画に対する進捗状況をチェックし、損失や利益をそれが機能している証拠として祝ったり、通常の変動として無視したりします。しかし、ギルさんは、実際には何もしていないにもかかわらず、ダイエットが効果があると錯覚しながら、何ヶ月も体重が変わらない。これは、無害な形で働いている確証バイアスの一例である。

確証バイアスは、ほとんどの誤解の核心です。これは、新しい情報を既存の理論、信念、確信に適合するように解釈する私たちの傾向を指します。既存の見解に異議を唱える可能性のある、既存の見解と矛盾するあらゆる証拠（否定的証拠として知られています）を効果的に除外します（オルダス・ハクスリーが「事実はそうする」と有名に書いています）しかし、この危険な傾向は人間の間に根強く残っており、スーパー投資家ウォーレン・バフェットは次のように述べています。「人間はすべての新しい情報を解釈することに優れているため、以前の結論はそのまま残ります。」

確証バイアスは今日のビジネスでも健在です。たとえば、次のことを考えてみましょう。経営陣は新しい戦略を決定し、それがうまくいく可能性がある兆候をすべて祝いますが、そうでないことを示す兆候はすべて見えないままになるか、例外または特別なケースとしてすぐに却下されますが、それは否定的な証拠が完全に見えなくなるまでです。

何ができるでしょうか？「例外」という言葉が出てきたら注意してください。多くの場合、これは否定的な証拠が存在することを示します。チャールズ・ダーウィンからヒントを得てください。彼は若い頃から、自分の理論と矛盾する観察を非常に真剣に受け止め、現れたらすぐに記録することで、確証バイアスに対抗するための体系的な取り組みを始めました。私たちの脳がいかに簡単に「忘れるか」をよく知っていたのです。「しばらく経ってから証拠を否定すること、つまり、それぞれの矛盾が現れたらすぐにメモし、その正しさの評価に基づいて積極的に矛盾を探し出すことです。彼は積極的に見れば見るほど、その傾向が強くなります。」

この実験は、私たち自身の理論に疑問を投げかけることがいかに難しいかを浮き彫りにしています。教授は学生たちに 2-4-6 という数列を提示しました。
学生たちは教授から、紙に書かれた根本的な規則を判断するよう求められ、規則に適合するかまたは適合しない数字を順番に入力し、教授からは「規則に適合する」または「規則に適合しない」などの回答が返されました。。たとえば、学生は 8 から 14 までの多数の数字をランダムに推測することができましたが（ほとんどの学生は 8 を提案し、「ルールに適合します」という回答が得られました。確実にするために 10、12、14 を試しましたが、そのたびに教授からこれらが適合すると言われました))。多くの人は、「ルールは各数字に 2 を足すことだ」と結論付けました。ただ教授は、これは実際には規則ではないと言って彼らに同意しませんでした。

ある賢明な学生は、型破りなアプローチを試みました。彼は -2 という数字を試してみましたが、教授はそれがルールに当てはまらないと返答し、その後、その前の -2 よりもより近い数字として 7 を提案しました。これが無駄であることが判明したとき、学生は -24、9、43 を試してさらに実験しました。これ以上反例が見つからなかったとき、彼は「ルールは次のとおりです。連続する各数字はその前の数字を超えなければなりません」と述べました。彼の紙を裏返すと、まさにこのルールが明らかになりました。

この機知に富んだ学生と他の学生との違いは何でしょうか?ほとんどの学生が自分たちの理論を確認することだけを求めていたのに対し、彼は理論を反証する証拠を積極的に探しました。「彼にとっては良いことだが、他の人にとっては大したことではない」と思うかもしれません。しかし、確証バイアスの餌食になることは軽微な知的犯罪ではありません。後続の章で明らかにするように、確証バイアスは私たちの日常生活に大きな影響を与える可能性があります。

参照: mes disponibilite Bias (ch. 11);特徴ポジティブ効果 (ch. 95);偶然（第24章）。フォア効果 (ch. 64) と注意の錯覚 (ch. 88)。

最愛の人を殺してください

確証バイアス その2

前の章では、核心的な誤謬の 1 つである確証バイアスについて説明しました。人間は、世界観から政治、経済学、芸術に至るまで、人生、経済、投資、キャリアなどについての信念を形成しなければならず、それを裏付ける証拠によって裏付けられなければなりません。人間は本質的に善であると信じて人生を過ごすか、それとも悪であると信じて人生を過ごすかにかかわらず、どちらかの見解を裏付ける証拠を見つけるでしょう。慈善家も厭世家も同様に、自分たちの世界観を支持する証拠を優先して、自分たちの見解を善行者や独裁者によって促進するものを優先して、否定的な証拠をフィルタリングします。

占星術師や経済学者も同様の戦略をとっている。予測が非常に曖昧なので、どんな出来事でも裏付けられる可能性がある。「今後数週間のうちに悲しみを経験するだろう」とか、「中期的なドルへの圧力が高まるだろう」といった予測は、どちらも十分に曖昧であり、どんな出来事にも耐えられるだろう。これらの予測を外します。金、円、ペソに対する下落措置 小麦 マンハッタンの住宅地価格 マンハッタン マンハッタンのホットドッグ価格

宗教や哲学的信念は、確証バイアスが蔓延する肥沃な土壌として機能します。ここでは、その柔らかな海綿状の中で、それは野生で自由に繁栄しています。たとえば、神が公然と姿を現すことはめったにありませんが、崇拝者は常に神の存在の証拠を見つけます。人里離れた山村に住む文盲を除いて。フランクフルトやニューヨークのような大衆の聴衆に自分自身を見せることは決してありません。彼の存在に対する反論は信者たちによって完全に却下されており、この勢力がいかに強力であるかを示しています。

ビジネスジャーナリストは特に確証バイアスの影響を受けやすい可能性があります。ビジネスジャーナリストは、理論を作成するとき、それを裏付ける「証拠」がほとんどない簡単な説明を思いつき、すぐに記事を書き始めます。たとえば、Google がこれほど成功しているのは、その文化が創造性を促進しているからです。この考えが書き留められると、ジャーナリストは通常、創造性を養う他の繁栄している企業の例でこの主張を裏付けますが、創造性に重点を置いている不況の企業や、創造性がまったく欠けている繁栄している企業など、反証の証拠をめったに求めません。どちらのグループも素晴らしい成果を上げるでしょう。物語！
ジャーナリストは一族の複数のメンバーを見落とす傾向があります。たった 1 つだけを強調しようとする試みは、記事の全体の筋を狂わせる可能性があります。

自己啓発本や一攫千金本も、一方的なストーリーテリングの例です。彼らの精通した著者は、「瞑想が幸福の鍵である」など、一見ばかばかしい理論さえも裏付ける証拠を集めています。反証を求める読者は、ここにはそのような証拠を見つけることはできないだろう。瞑想をせずに充実した生活を送っている人の例や、瞑想を実践しているにもかかわらず悲しみを感じている人の例はどこにもない。

インターネット サイトは、特に確証バイアスが発生しやすい環境です。情報を得るためにニュース サイトやブログを閲覧するとき、リベラル、保守、またはその中間など、既存の価値観を強化するページを選択してしまうことがよくあります。さらに、多くの Web サイトは現在、コンテンツを個人の興味や閲覧履歴に合わせてカスタマイズしており、新しい意見や異なる意見はまったく歓迎されず、同じ信念を強化する同じ考えを持つコミュニティに囲まれて既存の信念を再確認する道に私たちを導き、確証バイアスをさらに強化しています。そして、私たちの信念をさらに強化し、さらに強化し、さらに確信を強化し、確証バイアスを強化します。

アーサー・クイラー＝カウチには、「最愛の人を殺せ」という永遠の信条がありました。大切なけれど冗長な文章をカットしようと奮闘している作家たちへのこのアドバイスは、文芸批評家やハッカーを超えて広く反響を呼びました。彼のアドバイスは、確証バイアスに苦しんでいる私たち全員の心に響きます。それに対抗するには、世界観、投資、結婚、ヘルスケア、ダイエット、キャリア戦略など、自分の信念をすべて書き留めて、それぞれに対する反証の証拠を探し始めてください。古い友人のように感じる信念を断ち切るのは難しい作業ですが、不可欠です。

関連項目: 内省的幻想 (ch. 67);顕著性効果 (ch. 83);認知的不協和 (第 50 章);詳細については、Forer Effect (ch. 64) および News Illusion (ch. 99) を参照してください。

当局の言葉に注意してください

権威バイアス

創世記 1 章で、神は私たちが神の権威者の一人に従わなかった場合に何が起こるか、つまり楽園から追放されると告げています。残念ながら、それほど神聖ではない人物（政治評論家、科学者、医師、CEO、経済学者、政府首脳、スポーツコメンテーター、株式市場の第一人者）も同様に私たちにこれを信じてもらいたいと考えています。

心理学者のスタンリー・ミルグラムは、権威バイアスを鮮明に示す実験を実施しました。彼の被験者は、ガラス板の後ろに座っている人に徐々に電気ショックを与えるように指示されました。15ボルトから始めて、徐々に30ボルト、45ボルト、そして最終的には最大線量の450ボルトに上げるよう指示されたが、実際には電流は流れなかったが、ミルグラムは俳優を犠牲者として利用した。残念ながら、ショックを与えている人たちは気づいていませんでした。結果は衝撃的でした。他の部屋にいる人が痛みで泣き叫び、ショックを与えている被験者がやめたがったとき、教授は「この実験はそれにかかっている」ので続けるように勧めました。ほとんどの場合は感電死が続いた。半数以上が完全な従順さからフル電圧まで上がりました。

過去 10 年にわたり、航空会社も権威による偏見に伴う危険性を認識するようになりました。初期の頃は、船長が最高の地位を占めていました。彼らの命令に異議を唱えることは決してできず、見落としを疑った副操縦士はそれについてあえて発言することはなかったかもしれない。
この行為が発見されて以来、ほぼすべての航空会社が乗務員リソース管理 (CRM) を導入しています。CRM は、パイロットと乗組員に対し、予約について率直かつ迅速に話し合うよう指導します。言い換えれば、権威バイアスのプログラミング解除です。
CRM は、技術の進歩よりもここ数十年、飛行の安全性に大きく貢献してきました。

多くの企業は先見性が欠けています。支配的なCEOがいる企業は特に危険にさらされており、従業員があまり好ましくない意見を内に秘める可能性があり、企業全体に不利益をもたらす可能性が高い。

当局は承認を求め、自らの地位を強化する新たな方法を常に模索しています。医師や研究者は白衣を着ていることが多いです。銀行取締役はスーツとネクタイを着用しています。銀行の取締役はネクタイを着用しますが、王冠をかぶった国王は軍の階級章を使用します。軍隊のメンバーも階級章を身に着けていることがよくあります。今日では、トークショーの出演や雑誌の表紙、本のツアーやウィキペディアのエントリーなど、専門知識の指標としてより多くのシンボルや小道具が使用されています。ファッションと同じように権威も進化し、社会もそれに応じて注目を集めています。

結論: 重大な決定を下す前に、どの当局が自分の推論プロセスに影響を与える可能性があるかを常に慎重に検討し、必要に応じて権力者に異議を唱えるために最善を尽くしてください。

参照: Twaddle Tendency (ch. 57);運転手の知識 (第 16 章);予測の錯覚 (ch. 40);イリュージョン・オブ・スキル (ch.94)

コントラスト効果

ロバート・チャルディーニは著書「影響力」の中で、1930年代のアメリカで衣料品店を経営していたシドとハリーという名前の2人の兄弟の物語を詳しく語っています。シドは販売を担当し、ハリーは仕立てサービスを担当しました。シドは、鏡の前に立っている顧客が自分のスーツに圧倒的に満足していると耳が聞こえにくくなり、ハリーに「ハリー、このスーツはいくらですか?」と尋ねるようになりました。すると、ハリーは裁断台から顔を上げて、この美しい綿のスーツには42ドルもするのだと叫び返してすぐに答えた。シドは混乱したふりをして、理解していないふりをしていました。ハリーは「42ドルだ！」と叫んだものです。それからシドは振り返り、「彼は22ドルと言っています。」と報告しました。この時までに、彼の顧客は、哀れなシドが自分の間違いに気づく前に、すぐにスーツを着て立ち去る前に、すぐにテーブルにお金を置いたでしょう。

学生時代にこの実験を知っていましたか?: 2 つのバケツに水を入れ、1 つはぬるま湯、もう 1 つは氷の水を入れ、右手をそれぞれ 1 分間浸します。手を元に戻し、両方を同時にぬるま湯に戻します。何か気づきましたか?右手は熱いと感じますが、左手はちょうど良い冷たさを感じます。

これらの話はコントラスト効果を例証しています。醜いもの、安っぽいもの、小さなものを与えられたとき、私たちはそれをより美しい、より高価なものと判断する傾向があります。逆に、絶対的な判断は難しいと感じます。

コントラスト効果は広く浸透している幻想です。新車の革製シートを購入するとき、その価格が 60,000 ドルであるのに比べれば、全体のコストに比べれば 3,000 ドルは取るに足らないもののように思えます。アップグレード オプションを提供するすべての業界は、この誤解を招く認識を利用して、消費者を誘惑し、アップグレードを販売します。

コントラスト効果は他の場所でも重要な役割を果たす可能性があります。実験によると、人々は食費を 10 ドル節約できるのであれば、さらに 10 分歩くでしょうが、高価なスーツを 10 ドル節約するために徒歩で戻ることは決して考えられません。いずれにせよ、10 分は 10 ドルに相当するため、不合理な動きです。したがって、歩いて戻ることは常に実行するか、まったく実行しないでください。

コントラスト効果がなければ、割引ビジネスは完全に存在しなくなるでしょう。製品価格が瞬時に 100 ドルから 70 ドルに下落すると、維持できない立場が存在します。ここでは開始価格は何の役割も果たさないはずです。かつてある投資家は、その株はピーク価格より 50% 下落しているため、非常に価値があると私に言いました。私は首を振って親切に答えました。株価には安値も高値もありません。重要なのは、株価がそこから上昇するか下降するかだけです。

コントラストに遭遇すると、私たちの脳は銃声に対する鳥と同じように反応し、飛び出て素早く動きます。しかし、残念なことに、私たちの傾向は、徐々に起こる変化を認識しない傾向にあります。イリュージョニストは、あなたの体の一部を押して別の部分を押しても、その軽いタッチに気づかないため、あなたが気付かないうちにあなたの時計を消してしまう可能性があります。手首にあるロレックスの時計を外します。同様に、私たちは、お金がインフレによってどのように消滅し、その価値がゆっくりと奪われていくのかを観察できていないのに、税金として課せられる（本質的にはそうなのですが）のに対して、私たちはそのような税金（実際には基本的にそうなっているのです）に対してはるかに強く反応するでしょう。

コントラストは危険な力です。美しい女性はより平均的な男性と結婚します。しかし、彼女の両親は評判の悪い人物だったので、彼女にとって彼は特別な人物に見えます。

最後にもう１つ考えてみましょう。スーパーモデルを特集したあらゆる広告のせいで、私たちは現在、美しい人を適度に望ましいものとしか考えていません。愛を探しているときは、決してスーパーモデルの友達と出かけないでください。一人で行ったり、醜い友達を二人連れて行ったりすると、人々はあなたを実際よりも魅力的ではないと認識するでしょう。

参照: 可用性バイアス (ch. 11);養老効果 (ch. 23);ハロー効果 (ch. 38);社会的比較バイアス (ch. 72);平均値への回帰 (ch. 19);希少性エラー (ch. 27);フレーミング (ch.42)

アトラクションバイアス

「祖父が1日3箱吸って100歳を超えて生き延びたなら、喫煙はそれほど有害ではない」とか、「マンハッタンは本当に安全だ。私の友人はドアに鍵をかけずにビレッジのすぐ近くに住んでいる」といったことを言う。休暇中であっても、彼のアパートには一度も侵入されていません！」要点を証明するために使用できますが、実際には何も証明しません。そうすることで、可用性バイアスに屈してしまいます。

K で始まる英単語の方が多いですか、それとも 3 番目の文字が K で始まる英単語が多いですか?答え: K が 3 番目にある英単語は、K で始まる英単語の 2 倍以上です。ただし、多くの人は後者の方が多いと信じています。人々は、K で始まる単語をより早く思い出す可能性が高いため、そうではないと誤って信じています。したがって、これらの方が記憶に残りやすいのです。

利用可能性バイアスでは、これらの出来事は簡単に想像できるため、実際にはそれほど頻繁に発生しないにもかかわらず、私たちの心は記憶の中で最も簡単に見つけた例に基づいて現実のイメージを作成する傾向があると述べています。

可用性バイアスのせいで、私たちはしばしば不正確なリスクマップを念頭に置いて生活を送っています。このバイアスのせいで、私たちは飛行機事故、交通事故、殺人のリスクを過大評価する一方で、糖尿病や胃がんなどのそれほど重大ではない原因によるリスクを過小評価する傾向があります。爆弾攻撃の頻度は私たちが思っているよりも低い一方で、うつ病の発生率ははるかに高い可能性があります。この偏見により、私たちは素晴らしい成果を重視しすぎて、静かな成果や目に見えない成果を必要以上に簡単に軽視してしまいます。私たちの脳は、ありふれた結果よりも派手な結果を好みやすいため、定量的な方法ではなく、劇的な方法で思考するようになります。

医師は、利用可能性のバイアスに屈することがよくあります。より適切な治療法が存在するにもかかわらず、記憶バンクに隠されたままであるにもかかわらず、考えられるすべてのケースで通常の治療法を使用します。コンサルタントも、この現象の餌食になることがよくあります。まったく馴染みのないケースを「本当にわかりません」と言って無視するのではなく、直感に基づいて行動せず、代わりに行動を起こすよう最善を尽くします。
人は、何を伝えるべきかを正確に見つけ出す代わりに、それが理想的かどうかに関係なく、実証済みのアプローチの 1 つに頼ってしまうことがよくあります。

繰り返しは私たちの心に長期的な痕跡を残す可能性があります。十分に頻繁に繰り返される何かは、たとえその内容が間違っていたとしても、集合意識の一部になります。人々がそれが重要な問題であると信じ始める前に、ナチスの指導者が「ユダヤ人問題」をどのくらい繰り返したかを聞いてください。これらの概念を信じ始めるために必要なのは、人々がそれらに注目して信じる前に、UFO、生命エネルギー、またはカルマという言葉を十分な回数言うことだけです。

可用性バイアスは、世界中の企業取締役会で定着した特徴となっています。取締役会のメンバーは、競争の動き、従業員のモチベーションの問題、直接影響を与える可能性のある顧客の行動の変化など、より重要な問題に取り組むのではなく、経営陣が提出した内容(通常は四半期ごとの数字)に焦点を当てて議論する傾向があります。彼らは議題以外のことについて話し合う傾向がありません。人々は意思決定をする際に、経済データであれレシピであれ、簡単にアクセスできる情報を好む傾向があります。より適切ではあるがアクセスが難しいデータではなく、この基準に基づいて選択を行うと、決定に悲惨な結果をもたらす可能性があります。例: 私たちは、デリバティブ金融商品の価格設定に関するいわゆるブラック・ショールズ方式が機能しないことを10年前から知っていましたが、実行可能な解決策が不足しているため、不適切なツールを使用し続けています。それは、地図を持たずに見知らぬ街にいて、どこかから自宅用の地図を見つけてそれを代わりに使用するようなものです。まったく情報がないよりも不正確な情報が好まれ、その結果、可用性バイアスにより銀行が数十億ドルの損失を被ることになります。

フランク・シナトラは有名にこう歌いました:「ああ、私の心臓は激しく高鳴っている/すべてあなたのせいで/愛する人の近くにいないときでも/私はまだ彼女を愛している。」これは可用性バイアスの一例です。これに効果的に対抗するには、その影響を克服するために、私たちとは異なる経験や専門知識を持つ他の人からの意見を取り入れます。
曖昧さの回避 (ch. 80) も参照してください。注意の錯覚 (ch. 88);アソシエーションバイアス (第 48 章);フィーチャーポジティブ効果 (ch. 95);確証バイアス (ch. 7-8);コントラスト効果 (ch. 10);この主題の詳細については、確率の無視 (ch. 26) を参照してください。

「痛みがなければ利益もありません」が警鐘を鳴らすべき理由

「良くなる前に悪くなるという誤った考え」

かつて、コルシカ島で休暇を過ごしていたときに、病気になりました。見慣れない症状で、痛みは日に日に増してきました。そこで私は近くの診療所に医師の診察を求めました。若い医師が私のお腹をつつき、肩と膝をしっかりと掴み、各椎骨に問題の兆候がないか突いて、注意深く検査を始めました。彼の検査は私には奇妙に思えましたが、「症状が治まるまで、1日1錠を1日3回服用してください」と書かれた抗生物質が書かれた彼のノートが出てくるまで、私は耐え続けました。治療として投薬を検討する前に、症状が改善するまで抗生物質を服用してください。」終わった後、処方箋を持ってホテルの部屋に戻りました。

医師の予測どおり、痛みは次の 3 日間で悪化しました。彼は私の何が問題なのか分かっていたはずですが、3日たっても痛みが治まらなかったので、どうしたらよいか尋ねるためにもう一度電話したところ、「痛いかもしれないから、投与量を1日5回に増やすように」とアドバイスされました。もう少し」。さらに苦痛な2日が経過した後、私は国際航空救急車に電話することにしました。そこでスイスの医師は虫垂炎と診断し、すぐに手術をし、後から「なぜそんなに長く待ったのですか？」と尋ねました。

「すべては医師の予測通りだったので、私は医師のアドバイスを信じました。」

「なんてことだ！ 事態は好転する前に悪化するだけだという誤った考えにあなたは陥ったのです。」あなたのコルシカ島の医師はおそらくこのことを知らなかったでしょう。おそらく繁忙期の単なる観光客の罠だろう。」

別の例を挙げてみましょう。CEO は、営業がトイレにこもり、営業担当者がやる気を失い、マーケティング キャンペーンが完全に頓挫し、不満を感じています。絶望のあまり、彼は 1 日 5,000 ドルでコンサルタントを雇いました。その評価には、営業部門にビジョンが欠けていること、ブランドが明確に位置づけられていないことなどが含まれます。両方を修正することはできますが、改善が起こるまでにはさらに時間がかかる可能性があります。おそらく売上は減少します。状況が好転するまではさらに先のことだ」CEO はこのコンサルタントを雇います。このコンサルタントが強調したように、1 年後、売上は再び減少し、進歩は見られません。これらの協議中、彼らは、この日、分析を行ったこの男性の調査結果によって得られた分析結果と比較して、進歩が会社の進歩といかに密接に関係しているかを繰り返し強調した。
3 年目に入っても売上は低迷を続けるため、CEO はコンサルタントの解雇を決定します。

「良くなる前に必ず悪くなる」という誤謬は単なる言い訳であり、確証バイアスの一例です。問題が予測どおりに悪化し続ける場合、確証バイアスはそれ自体を裏付けますが、予想外の改善が予想外に発生した場合、顧客は満足し、専門家のスキルセットを評価することができます。どちらにしても彼が勝つ。

自分が国の大統領で、国を効果的に管理するノウハウを持たないところを想像してみてください。あなたの最初の動きは何でしょうか？おそらく、「困難な年」を予測し、国民にベルトを締めるよう求め、この「浄化」、「浄化」、「再構築」というデリケートな段階の後の改善を約束し、この期間がどれくらい長く厳しいのかを明らかにしたままにするのだろうか？

キリスト教は、この戦略の有効性の究極の証拠です。キリスト教の信者は、地上で天国を体験する前に、まず洪水、火災、死などの災害によって世界が破壊される必要があると信じています。これらはすべて、神のより大きな計画の一部であり、状況の悪化はすべてです。彼らの預言が成就したことを示すもの。あらゆる改善は神の祝福とみなされます。

結論: 誰かが「良くなる前にさらに悪化するだろう」と言った場合、これは警鐘を鳴らすはずです。ただし、時間の経過とともに改善する前に、最初は悪化する状況が存在することに注意してください。たとえば、キャリアの変更には給与の喪失が含まれることが多く、事業の再構築には時間がかかる場合があります。しかし、これらすべての場合において、講じられた対策が機能しているかどうかは比較的すぐにわかります。マイルストーンは明確な指標を提供します。魔法のような解決策による救済を求めるのではなく、これらに焦点を当ててください。

行動バイアス (第 43 章) も参照してください。サンクコストの誤謬 (ch. 5);詳細については、平均値への回帰 (ch. 19) を参照してください。

実話でも寓話になることがある

人生は混乱することがあります。目に見えない火星人が、あなたが行ったこと、考えたこと、夢を見たことすべてを記録するために、同様に目に見えないノートを持ってあなたを追いかけていると考えてください。あなたの人生は次のようになります。「砂糖を2つ入れたコーヒーを飲む」。「画鋲を踏んで船乗りのように悪態をついた」「隣人にキスする夢を見た」「モルディブへの旅行を予約したが、お金がなくなりそうになった」「耳の下から髪の毛が飛び出しているのを見つけて、すぐに引き抜いた」。これらはすべて、毎日何が起こっているかを記録する日記のエントリになります - エントリは続きます。人々は自分の人生の断片を一貫した物語に織り込むことを楽しみ、それぞれ意味とアイデンティティと呼ばれる散在する詳細から物語を形成します。マックススイスの著名な小説家フリッシュはかつてこう述べた、「私たちは服を着るのと同じように物語を試着する。」

人間として、私たちは世界の歴史を理解するために物語を使用し、異なる出来事を一貫したストーリーラインに凝縮します。このレンズを通して、私たちは特定の問題を理解するようになります。たとえば、なぜベルサイユ条約が第二次世界大戦に貢献したのか、なぜアラン・グリーンスパンの金融緩和政策がリーマン・ブラザーズの破綻を引き起こしたのかなどです。理解は異なる場合があります。ここでは理解を理解と呼びますが、これらのものは元の状態では理解できません。後からそこから意味を作り出します。ストーリーは非常に主観的な存在です。それらはしばしば現実を歪め、適合しないものを排除しますが、それらがなければ私たちは無力です。なぜそうなるのかはまだ不明です。私たちが確かに知っていることは、人類は科学的になる前に、世界を説明する方法として最初に物語を使用したということです。そのため、神話が哲学よりも古くなり、物語の偏見が生じます。

メディア報道にはストーリーバイアスが蔓延しています。一例を挙げると、車が橋の上を走行し、突然橋が崩壊した場合、翌日、私たちは何を読むでしょうか?不運な運転手についての物語。彼らはどこから来てどこへ向かうのか。私たちは彼の伝記を読みました(どこかで生まれ、どこかで育ち、どこかで生計を立てています)。もし彼が生き残り、インタビューに答えることができれば、橋が崩壊したときに彼が何を感じたかを正確に知ることができる - しかし、これらの物語はどれもその原因を説明していない - それらをすべて読み飛ばしてください

橋そのものについても考慮する必要があります。橋の弱点はどこにあったのか、疲労が原因で損傷が生じたかどうか、などです。適切な設計が使用されていましたが、これに似た同様の橋はありましたか。これらすべての質問は有効ですが、その答えは魅力的なストーリーにはなりません。私たちは抽象的な詳細よりもストーリーを好みます。したがって、関連する事実よりも面白いサイドストーリーが優先されます (これは良い面として、私たちはノンフィクションの本しか読まなくなることを意味します!)

イギリスの小説家 E.M. フォースターによる 2 つの物語をご紹介します。どれが一番よく覚えていますか？ A)「国王は亡くなり、王妃も悲しみのあまり亡くなりました。」B)「国王が亡くなり、王妃も悲しみのあまり亡くなりました。」ほとんどの人は、ストーリー B の 2 つの死が単に連続して起こるだけでなく、感情的に結びついているため、より簡単にストーリー B を思い出すでしょう。A はより事実に近く、B にはより深い意味があります。情報理論によれば、A は短いため、より簡単に覚えられるはずですが、私たちの脳はそのようには機能しません。

広告主もまた、製品の利点だけではなく、製品に関する説得力のある物語を作成することで、この事実を利用することを学びました。Google は、2010 年のスーパー ボウルの YouTube のコマーシャル「Google Parisian Love」でこのテクニックを完璧に説明しました。ここでご自身の目で見てください。

現実を意味のある物語に還元すると、現実が歪められ、私たちの決定に影響を与えます。この歪みを修正するには、解決策が 1 つあります。これらの物語を分解してください。彼らは何を隠そうとしているのか、自問してみてください。図書館に行って半日かけて古い新聞を読んでください。現在は関連しているように見える出来事が、当時は存在しなかったことがわかります。さらに、自分の人生のストーリーを文脈から切り離して見てみましょう。古い日記やメモを掘り下げて、人生が今日に直接つながるまっすぐな道をたどっていないことを発見してください。むしろ、それは計画外で予測不可能な一連の経験や出来事でした。これについては第 5 章でさらに詳しく説明します。

話を聞いたらすぐに、それが誰から来たのか、そしてその意図を考えてください。語られずに残ったこと。たとえば、金融危機や戦争について議論する場合など、提示されている内容よりも関連性のある詳細が省略されている可能性があります。物語に関する問題の 1 つは、物語が私たちに誤った安心感を与えてしまうということです。理解すると、必然的に私たちはより大きなリスクを負い、未知の海を慎重に歩むようになります。

誤った因果関係 (ch.37) を参照。「なぜなら」の正当化 (ch.52);擬人化 (ch.87);後知恵バイアス (第 14 章);基本的な帰属の誤り (第 36 章);接続の誤謬 (第 41 章);歴史の改ざん (ch.78);考慮すべき追加の問題として、チェリーピッキング (ch.96) と News Illusion (ch.99) が挙げられます。

日記をつけるべき理由

後知恵バイアス 最近、大叔父の日記を見つけました。1932年、彼は映画制作の機会を求めてスイスの村からパリに移り、フランスが侵攻されてからわずか2か月後にこの記事を書いた。「ドイツ軍は12月までに撤退し、その後イギリスは急速に崩壊すると誰もが信じている。そうすれば、ようやくドイツ統治下でパリでの生活が再開できるでしょう。」残念なことに、この職業は4年間続きました。

今日の歴史書では、ドイツによるフランス占領が組織的な軍事戦略の一環として描かれています。したがって、振り返ってみるとその可能性が高いと思われます。残念ながら、私たちは後知恵バイアスの餌食になってしまいました。

ここで、2007 年の例を考えてみましょう。経済専門家は今後数年間は明るい見通しを示していたにもかかわらず、1 年以内に金融市場は崩壊しました。記者からこの危機の説明を求められた専門家らは、その原因を挙げた。グリーンスパンの金融拡大。住宅ローンの検証基準が緩い。腐敗した格付け会社。資本要件が低いなど - 今になって考えると、これらの説明はますます明白になっているように思えます。

後知恵バイアスは、最も蔓延している誤解の 1 つです。これを「言ったでしょ」現象と呼ぶこともできます。過去を振り返ると、すべてが明らかになり、予測可能になります。CEO が純粋な努力と純粋な幸運によって成功を収めた場合、その確率は実際よりもはるかに高く認識されることがよくあります。1980年の選挙でロナルド・レーガンがジミー・カーターに勝利した後、最終投票日の数日前まで接戦だったにも関わらず、評論家たちは彼の任命を予測した。今日のビジネスジャーナリストは、たとえそのような予測が1998年に行われていたら笑いを引き起こしたであろうにもかかわらず、グーグルの最終的な優位性を確信しているようだ。一つの驚くべき事実：今日では、1914年にサラエボで発砲された一発の発砲が30年間の被害につながったというのは、胸が張り裂けるほどもっともらしい。紛争が起こり、5,000万人の命が犠牲になることは、すべての児童が学校で教えられることですが、当時は誰も夢にも思わなかったでしょう。エスカレーションはあまりにも不合理に思われたでしょう。

何が後知恵バイアスをそれほど危険にしているのでしょうか？簡単に言えば、それは私たちが実際よりも優れた予測者であると信じ込ませ、自分の知識に対する傲慢な過信を引き起こし、ローカルな問題だけでなく地球規模の問題に対して過度のリスクを負うように導きます。「聞いた? シルビアとクリスは別居した。彼らは性格があまりにも違うので、もしくはとても似ているので、あるいは一緒に多くの時間を過ごしすぎていたり、ほとんど会っていなかったりするので、いつもうまくいかなかったのです。」

後知恵バイアスを克服するのは難しい場合があります。研究によると、それに気づいている人でもそれに陥ることが多いため、この章を読んで時間を無駄にしたことを心から後悔しています。

ここまで読んだ方には、仕事上の経験ではなく個人的な経験に基づいた最後のヒントを1つ提供します。それは、日記をつけることです。政治的変化、キャリア開発、体重の問題、または株式市場に関連する予測を記録します。しばらく経ってから、矛盾を評価するために、これらの予測を実際の展開と照らし合わせて確認します。自分の予測能力の低さにびっくり！歴史の教科書を読むだけでなく、過去を振り返っての遡及理論だけに頼らないでください。当時の日記、オーラルヒストリー、歴史的文書は、専門家ですら得られない貴重な情報を提供します。ニュースなしではいられない人は、5年、10年、20年前の新聞を読むとよいでしょう。そうすれば、私たちの世界がいかに予測不可能であるかをさらに深く理解できるでしょう。過去を振り返ると一時的に慰められるかもしれません。しかし、すべてがどのように機能するのかをより深く明らかにするには、将来に目を向けることでさらに多くの利益が得られるでしょう。

参照: 単一原因の誤謬 (ch. 97)。歴史の改ざん (第 78 章);ストーリーバイアス (ch. 13);予測の錯覚 (ch. 40);知識と能力を過大評価する際に考慮すべき追加の視点として、結果バイアス (ch. 20) と自己奉仕バイアス (ch. 45) があります。

なぜ私たちは常に自分の知識や能力を過大評価してしまうのでしょうか?

ヨハン・セバスティアン・バッハは単なる一発屋ではありませんでした。彼の作品は数多くあり、この章の最後でさらに詳しく説明します。ここでは、彼が作曲した協奏曲の数を推定してみるという簡単な課題を提示します。理想的には、推定値が 98% 正確で、推定値間の差異がわずか 2 ～ 2% である 100 ～ 500 の範囲を選択します。

私たちは自分の知識にどの程度自信を持つべきでしょうか?心理学者のハワード・ライファ氏とマーク・アルパート氏は、インタビューやフォーカスグループを通じてインタビューした何百人もの人々に同じ質問を投げかけました。彼らは参加者に、米国の卵の総生産量を見積もったり、ボストンのイエローページ名簿に掲載されている医師や外科医の数を見積もったり、米国への外国車輸入額を見積もったり、さらにはパナマ運河の料金徴収額を数百万ドル単位で見積もったりするよう求めた。被験者は、2% を超えて間違えないことを目指して、希望する範囲を選択するように求められましたが、実際には 40% も外れていました。研究者らはこの驚くべき現象を自信過剰と名付けました。

過信は、株式市場の 1 年間の業績や 3 年間の利益の予測、また自分の知識や予測能力の予測にも当てはまります。人々は、私たちの知識と予測能力、そして個々の予測が正しいか間違っているかという自信の両方を過小評価することがよくあります。むしろ、人々が何を知っているかと、予測を行うことにどれだけ自信を持っているかを測定します。専門家の方が素人よりも自信過剰に悩まされていることに驚く人もいるかもしれない。5年後の原油価格を予測するように頼まれた経済学の教授は、他の教授よりも確信をもって予測を与えるかもしれない。しかし、5年後の原油価格を予測するよう求められたとき、彼らは相手が予測するよりもさらに自信を持って予測しました。

自信過剰は経済的な側面を超えて広がっています。調査によると、フランス人の 84% は自分自身を平均以上の恋人だと考えています。自信過剰の影響がなければ、その数字はちょうど 50% になるはずです。統計的中央値は、それぞれ 50% が上位、50% が下位にランクされることを意味します。別の調査では、この自信過剰の影響にもかかわらず、93% が自分たちは平均以上の恋人だと信じていることが示されています。調査対象となった米国の学生は自分自身を「平均以上」のドライバーであると評価しており、ネブラスカ大学の教員の68%は自分自身を指導能力で上位25%にランクしていると評価した。起業家や結婚を望んでいる人々もまた、自分たちが優れていると認識しており、自分たちは困難に打ち勝つことができると信じていました。過剰な自信が存在しなければ、起業家活動はおそらく劇的に減少するでしょう。たとえば、すべてのレストラン経営者は、自分のレストランが次のミシュランの星を獲得することを望んでいますが、投資収益率が低く、常にゼロ以下であるため、多くは 3 年以内に倒産します。

大規模なプロジェクトが予定通りに完了し、予想よりも低いコストで完了することはほとんどありません。著名な例としては、エアバス A400M、シドニー オペラ ハウス、ボストンのビッグ ディグなどがあります。その理由を理解するには、2 つの力が同時に作用します。自信過剰が 1 つの要因です。第二に、プロジェクトに直接関心を持つ人々は、コストを過小評価するインセンティブを持っていることがよくあります。コンサルタント、請負業者、サプライヤーは皆、より多くのビジネスを求めています。建設業者は楽観的な人物に励まされると感じ、政治家はこれらの活動を通じてより多くの支持を獲得します。戦略的虚偽表示については後述します (第 89 章)。

自信過剰がこれほど蔓延し、その影響が非常に厄介なものになっているのは、その容赦のなさです。自信過剰はインセンティブに反応せず、インセンティブによって動かされるというよりはむしろ本能的な特性です。それに対応する「自信なさ」も存在しません。一部の読者にとっては驚くべきことではないでしょう。男性の自信過剰はより顕著になる傾向があるのに対し、女性は自分の知識や能力をそれほど誇張する傾向がありません。さらに、自分自身を過大評価するのは楽観主義者だけではありません。自称悲観主義者でさえ、それほど極端ではないにもかかわらず、依然として自分自身を過大評価しています。

結論: 私たちは自分の知識を過大評価しやすいということを忘れないでください。専門家の予測には注意してください。すべての計画において、より現実的に状況を正確に判断する機会が得られる悲観的なシナリオを優先してください。

現在の質問に戻ります。ヨハン・セバスティアン・バッハは、今日まで生き残っている 1127 の作品を残しましたが、その多くは時間の経過とともに失われてしまった可能性があります。詳細については、「Illusion of Skill (ch. 94)」を参照してください。予測の錯覚 (ch. 40) と戦略的虚偽表示。
(第89章);インセンティブ超反応傾向 (第 18 章);利己的なバイアス (第 45 章)。

ニュースアンカーを真剣に受け止めないでください

マックス・プランクは、1918年にノーベル物理学賞を受賞した後、新しい量子力学の理論を発表するためにドイツ全国を講演旅行しました。彼はどこへ行っても同じ講義を行った。時間が経つにつれて、彼の運転手は彼のスピーチに慣れてきました。「プランク教授は自分のことを繰り返すのは単調だと感じているに違いありません。ミュンヘンでやらせてもらえますか？私の運転手用の帽子をかぶって最前列に座って、私の運転手用の帽子をかぶってください。そうすればお互いに多様性が得られるからです！」プランクはこのアイデアに満足し、運転手はエリート聴衆の前で量子力学に関する夜の講義を開催しました。ミュンヘンの物理学教授の一人が立ち上がって彼に質問をしたとき、運転手は驚いた。「ミュンヘンのような先進都市から来た人が、これほど単純な質問をするとは思ってもみませんでした！」私の運転手が喜んでお答えいたします。」

世界有数の投資家の一人であるチャーリー・マンガー（私はこの話を引用しました）は、2種類の知識を特定しました。本当の知識は、あるトピックを理解するために多大な時間と労力を費やした人々の間に見られます。運転手の知識とは、印象的な声や見事なヘアスタイルでショーを上演する方法を知っている人々の知識を指します。しかし、彼らの言葉は台本を読んでいるかのように聞こえます。

残念ながら、本当の知識と運転手の知識を区別することはこれまで以上に困難になってきています。ニュース アンカーは、この二分法を示す良い例です。これらの俳優たちが単に役を演じているだけであることは誰もが知っていますが、私は、これらの洗練された脚本の読者が、自分たちでもほとんど理解していないトピックについてのパネルの司会を務めているだけでなく、敬意を払っていることに驚き続けています。

ジャーナリストはさらに多くの課題を提示します。ジャーナリストの中には真の専門知識を持っている人もいます。これらのベテラン記者は通常、1つの分野を何年も専門としています。これらの記者は、主題の複雑さを理解するよう努め、事例と例外を詳述する長い記事を通じて効果的に説明します。しかし、ほとんどのジャーナリストは運転手と似ています。報酬を得るための調査をあまり行わず、Google 検索を使って一方的な文章を素早く書きます。彼らの文章は内容が一方的、短く、一次元的なものになる傾向があります。
このような人は、口調で優越的な雰囲気を漂わせながら、ほとんど知識を示さない傾向があります。

ビジネスでは表面的なことがよくあります。企業が大きくなるにつれて、CEOには「スター性」が求められるようになります。残念なことに、トップでは献身性、厳粛さ、信頼性が過小評価されることがよくあります。株主やジャーナリストは、ショーマンシップがより良い結果を生み出すと誤って信じていることがありますが、それは決して真実ではありません。

マンガー氏のビジネスパートナーであるウォーレン・バフェット氏は、彼の「能力の輪」という優れた解決策を考え出した。この円の中にあるものは直観的に理解できますが、その外側にあるものは部分的にしか理解できないかもしれません。マンガー氏は人々に、彼が言うところの「能力の輪」、つまり自分が理解していることと理解していないことを理解することの範囲内にとどまるようアドバイスします。周囲がどこにあるのかを知っている限り、サイズは問題ではありません。」マンガー氏はこの点を強調する。あらゆる努力で成功を収めるためには、自分自身の適性を理解する必要があります。自分よりも優れた適性を持つ人々と対戦することが自分にとって不利益であり、そうでない場合、おそらく負けに終わる可能性が高く、それくらいのことは保証できます。したがって、優位性を見つけて、自分の能力の輪の中に留まることが最も重要です。」

結論: 運転手の知識には気をつけてください。会社の広報担当者、リングマスター、ニュースキャスター、シュムーザー、または言葉遣いのベンダーを真の知識を持った専門家であると誤解しないでください。明確な指標が 1 つあります。真の専門家は、自分の専門知識がいつ終わり、いつ再び始まるかを知っています。真の専門家はまた、何かが自分の専門知識の範囲から外れていることを認識し、沈黙したり、自由に発言してそのような知識のギャップを示します。運転手は自分自身に対してこのようなことをすることはめったにありません。

権威バイアス (第 9 章) も参照。ドメイン依存性 (ch. 76);さらに詳しく調べるには、Twaddle Tendency (ch. 57) を参照してください。

あなたは思っているよりもコントロールができていない

毎晩9時頃、つまり9時半頃、赤い帽子をかぶった人物が広場に立ち、帽子を激しく振り始めます。5分後に彼は姿を消し、1日後に警察官が近づいてきたとき、この人物はキリンを遠ざけていると答えましたが、ここには一匹も見えなかったので、効果的な仕事をしているに違いありません！」これに対して警察官は「それでは、私は元気にしているはずです！」と答えました。

ある日、足を骨折した友人が家に閉じこもっていて、宝くじを買ってほしいと頼まれたとき、私は町に出て箱をいくつかチェックし、名前を書いて支払いました。しかし、私がそれを彼に与えるとすぐに、彼は「なぜそんなことをしたのですか？」と反対しました。自分で記入したかったのです。こんな数字では何も得られないよ！」

「数字を選ぶことが抽選に何らかの影響を与えると本当に思いますか?」私は尋ねました。彼の顔はぼんやりと私の視線と合った。
カジノプレイヤーは、高い数字が必要な場合はできるだけ強くサイコロを投げ、低い数字を期待する場合はより慎重にサイコロを投げます。これは、テレビの前でジェスチャーをすることで試合に影響を与えることができると期待するサッカーファンとよく似た不条理な習慣です。残念なことに、彼らは、同じようにポジティブな雰囲気や「カルマ」を発信することで世界情勢に影響を与えようとする他の人々とこの幻想を共有しています。

ジェンキンスとウォードは 1965 年に、2 つのスイッチとライトを使用した実験を通じて、コントロールの幻想、つまり自分が影響を及ぼさないものに影響を与えることができると信じる傾向を発見しました。スイッチをフリックすることで、ライトがいつ点灯するか、ランダムに点灯するかどうかを制御できました。被験者たちは依然として、スイッチをフリックすることでその明るさに影響を与えることができると信じていました。

この例を考えてみましょう。アメリカの研究者は、音響ブースに人々を入れ、被験者が停止の合図をするまで徐々に音量を上げて、痛みに対する音響感度を調査するテストを実施しました。彼の 2 つの部屋 (A と B) は、B の壁に赤い非常ボタンが付いていることを除いて同一でした。
ボタンは、制御の錯覚としてのみ意図されていました。しかし、その存在により、参加者は自分たちの状況を形作り、大幅に大きな騒音レベルに耐えることができるという感覚を得ることができました。アレクサンドル・ソルジェニーツィン、プリモ・レーヴィ、あるいはヴィクトール・フランクルを読んだことがあるなら、この発見は驚くべきことではないでしょう。彼らの本には、たとえ運命にわずかな影響があったとしても、刑務所の受刑者が希望を捨てないように励まされたことが書かれています。

ロサンゼルスで道路を横断するのは難しいこともありますが、ボタンを押すだけで交通を止めることができます。それともできるでしょうか?ボタンの目的は、信号をある程度コントロールできると私たちに信じ込ませ、信号が変わるのを辛抱強く待ったり、イライラしたり忍耐力を失うことなく、長く待つことに耐えられるようにすることです。エレベーターの「ドア開閉」ボタンにも同様のトリックが採用されており、多くは配電盤にさえ接続されていません。オープンプランのオフィスにも同様の対策が導入されており、常に暑すぎる人もいれば、寒すぎる人もいます。賢い技術者は、偽の温度ダイヤルを設置して、制御しているかのような錯覚を作り出します。これにより、光熱費と苦情が削減されます。このような戦略はプラセボボタンとして知られるようになり、エレベーターやオフィスからレジカウンターのある店舗に至るまで、あらゆる場所で採用されています。

中央銀行家や政府関係者はプラセボボタンを巧みに活用しています。例としては、非常に短期の翌日物金利であるフェデラル ファンド レートが挙げられます。この金利は長期金利 (需要と供給に依存するため、投資判断において重要です) には影響しませんが、その変化はすべて株式市場に強い反応を引き起こします。なぜ翌日物金利が市場にこれほどの影響を与えるのか誰も理解していませんが、誰もが影響があると考えているため、実際にそのようなことが起こります。FRB議長の発言も同様の影響を与える可能性がある。議長の発言が実体経済に実際の具体的な利益をほとんどもたらさないにもかかわらず、市場は動く。単に音波を生成するだけです。それにもかかわらず、私たちは経済界のトップが幻のダイヤルで遊び続けることを許可しています。世界経済は最終的には私たちの手に負えず、効果的に管理することはできないということをすべての関係者が理解すれば、真の警鐘が鳴るだろう。

すべてがコントロール下にあると確信していますか?おそらくあなたが思っているよりも少ないでしょう
「偶然」(第 24 章)も参照。確率の無視 (第 26 章);予測の錯覚 (ch. 40)スキルの幻想 (ch. 94);クラスタリング錯視 (ch. 3);この章の内省的幻想 (ch. 67)。

弁護士に時給を支払わないでください。

超反応傾向

19 世紀のハノイのフランス植民地統治者は、ネズミの蔓延を規制する法律を制定しました。ネズミの死骸が当局に届けられるごとに、ネズミの捕獲者は報奨金を受け取ることになっていました。この取り組みによって多くのネズミが駆除されましたが、さらに多くのネズミがこの取り組みのために特別に飼育されました。

1947 年に死海文書を発見した考古学者は、羊皮紙ごとに発見者料金を設定しました。考古学者はさらに多くの巻物を発見する代わりに、発見者の報酬を増やすために既存の羊皮紙を引き裂いただけでした。19世紀にも中国でも同様の奨励金が提供されていた。農民たちは自分たちの土地で数匹の恐竜の骨を見つけ、それをバラバラにして報酬として換金した。現代の企業取締役会は、目標を達成した場合にボーナスを支給し、経営者は事業の成長ではなく目標の引き下げにエネルギーを費やしています。

これらの例は、超反応傾向を引き起こすインセンティブに関するチャーリー・マンガーの有名な観察を示しています。人はインセンティブに対して、自分にとって最善の利益となることをすることで反応します。しかし、注目に値するのは、新しいインセンティブが入ったり、既存のインセンティブが変更されたりすると、人々の行動がいかに迅速かつ大幅に変化するかということです。さらに、人々は、背後にある大きな意図ではなく、インセンティブそのものに直接反応しているように思えます。

優れたインセンティブ システムは、意図と報酬を組み合わせたものです。たとえば、古代ローマでは、開通式の際に技術者が橋の建設の下に立つよう招待されました。一方、貧弱なインセンティブシステムは、意図した目的を曖昧にしたり、歪めたりすることがよくあります。本を検閲することはその内容の悪名をさらに高めるだけかもしれないし、ローンを販売するたびに銀行員に報酬を与えると信用ポートフォリオにさらにダメージを与える可能性があり、CEO の給与を公表することはそれを増やすだけだった。誰も「負け組CEO」として認識されることを望んでいませんでした。

個人または は組織の行動を変えたいですか?価値観やビジョンについて説教したり、理性に訴えたりすることは効果があるかもしれませんが、多くの場合、インセンティブの方が効果的です。金銭的なものである必要さえありません。
学んだことはすべて、良い成績やノーベル賞、死後の世界での特別な扱いに至るまで、有効に活用できます。

教育を受けた中世の貴族がなぜ贅沢な生活を捨てて十字軍に参加したのかを理解するようになるずっと前から、この時代の高学歴の貴族が快適な生活を捨て、馬に乗った理由を理解するのに苦労しました。旅は少なくとも6か月かかり、敵地を直接通過しましたが、それでも彼らは危険を冒しました。少し考えて熟考した後、インセンティブ システムが重要な役割を果たしていることに気づきました。彼らが生き残った場合、彼らは戦利品をすべて保持しながら金持ちになることができますが、死亡した人は自動的に殉教者となり、すべての利益が得られるか、そうでなければ殉教者として直接天国に送られます。これにより、関係者全員にとってWin-Winの解決策が可能になります。この事業は、関係者双方が生きて帰宅できれば、初日から利益をもたらします。どちらにせよ勝ちか勝ちの状況だった

ちょっと想像してみてください。戦士や兵士が代わりに、提供されたサービスに対して時間単位で敵に料金を請求するとしたら、私たちは事実上、可能な限り長くかかるよう彼らに奨励することになるでしょう?では、なぜ弁護士、建築家、コンサルタント、会計士、運転指導員を雇うときに時給を支払うのでしょうか?私のアドバイスは、サービスを利用する前に固定価格契約を交渉することです。

特定の金融商品を推奨する投資顧問には注意してください。彼らの焦点はあなたの経済的幸福ではなく、手数料を稼ぐことかもしれません。ベンダーは自分たちの利益だけを念頭に置いているため、起業家や投資銀行家の事業計画は役に立たないことがよくあります。古いことわざにあるように、「髪を切る必要があるかどうか床屋に尋ねてはいけない」。

インセンティブの超反応傾向に注意してください。誰かや組織の行動に困惑したとき、その背後にどのような動機があるのかを尋ねれば、おそらく 90% のケースは簡単に説明できるでしょう。残りの 10% は、情熱、愚かさ、精神病、または悪意である可能性があります。

「モチベーション クラウディング (ch. 56)」も参照してください。互恵性 (第 6 章);モチベーションクラウディングに関する追加資料については、過信効果 (ch. 15) を参照してください。

医師、コンサルタント、心理療法士は信頼できない救済源となる可能性がある

平均への回帰

彼の腰痛は良くなったり悪くなったりを繰り返していました。他の日よりも良い日もあった。山を動かしたいと感じる日もあれば、最小限の移動さえ不可能な日もあった。これが問題になると（幸いなことに、それはめったに起こらなかったのですが）、彼の妻が彼をカイロプラクターのところへ連れて行ってくれました。そこに着くと、次の日には彼はもっと動けるようになり、すべての連絡先に彼を強く勧めるでしょう。

ゴルフハンディキャップ12の別の若い男性は、自分のインストラクターのことを熱狂的に絶賛しており、ゲームがうまくいかないたびに1時間予約を入れ、その後すぐに彼のパフォーマンスが大幅に向上したという。

大手銀行の投資顧問は奇妙な「雨のダンス」を創作し、株価が低迷するたびにトイレで踊っていた。当時はそれがばかげているように見えましたが、彼はそれをしなければならないと感じました。そしてその後は常に状況が改善されました。

この 3 人を結びつけているのは、平均値への回帰妄想として知られる誤りです。

あなたの地域が異常な寒冷期間を経験したとします。おそらく、今後数日で気温は月平均に向かって徐々に戻るでしょう。同様のことが、極度の暑さ、干ばつ、または雨の場合にも当てはまる可能性が高く、天気は平均値付近で変動します。天気は単なる指標の 1 つにすぎません。慢性的な痛み、ゴルフのハンディキャップ、株式市場のパフォーマンス、恋愛運、主観的な幸福度、テストのスコアも同様で、それらはすべてある種の平均値を中心に変動します。同様に、カイロプラクティックを受診せずに慢性的な腰痛を軽減することもできます。レッスンを追加せずにハンディキャップを 12 に戻す。トイレダンスに関係なく、投資アドバイザーのパフォーマンスは平均的な市場パフォーマンスに向かって戻りつつあります。

極端なパフォーマンスには、あまり極端ではないパフォーマンスが散りばめられています。3 年前に最も成功した銘柄選択であっても、あと 3 年はそうではないだろう。一部のアスリートが見出しになることを避けたがる理由は理解できます。
新聞はしばしば最高の結果を報道しますが、次回も同様の最高の結果を達成できない可能性があることを無意識のうちに知っています。これはメディアの注目とは何の関係もありません。ただし、これはパフォーマンスの自然な変動によるものです。

あるいは、部門マネージャーが従業員の士気を高めようとして、従業員の最もやる気のない 3% をコースに参加させることによって従業員の士気を高めようとした場合を考

えてみましょう。ただし、モチベーションのレベルは以前のように戻らないだけです (参加していた人はこの割合を占めなくなります。最下位には自分自身ではなく他の人がいる可能性があります)。コースはそれだけの価値がありましたか?トレーニングがなくてもモチベーションレベルは通常に戻る可能性が高いため、何とも言えません。うつ病で入院した患者が、気分がよくなって退院することが多いのと似ていますが、まったく効果がなかった可能性は十分にあります。

例 2: ボストンでは、成績の悪い学校が集中的な支援プログラムに参加しました。1 年以内に彼らのパフォーマンスは向上しました。当局は、これは平均値への自然退行ではなく、この努力のおかげであると直接考えました。

平均値への回帰は破壊的な結果をもたらす可能性があり、教師(または管理者)は、たとえばテスト後に成績の良い人に褒美を与える一方で、成績の悪い人を罰するなど、褒めるよりも規律を正す方が良いと信じ込ませます。その結果、教師は、叱責が助けとなり、賞賛が妨げになると結論付ける可能性があり、罰が助けになり、賞賛がパフォーマンスを妨げるサイクルが繰り返されるため、教師の信念が「叱責は助けになり、賞賛が妨げになる」となり、避けることのできない別の誤った認識が生まれます。

結論:「病気になって医者に行ったら、徐々に良くなった」とか、「うちの会社は一年を通して大変なことがあったが、会社は大変だった」などの話を聞くと、したがって、コンサルタントを雇ったところ、結果は正常に戻りました」という場合は、平均値に対する回帰誤差を示している可能性があります。

平均に関する問題 (ch. 55) も参照してください。コントラスト効果 (ch. 10);良くなる前に悪くなってしまうという誤謬(第12章)。偶然(第24章)。ギャンブラーの誤謬 (第 29 章)

決定を結果で評価してはいけない

結果バイアス

100万匹のサルが株式市場に投資しているところを想像してみてください。一見無作為に株を売買するとどうなるでしょうか？1週間後には、約半数が利益を上げ、半数が損失を経験していることになります。利益を上げた猿だけが残ることができる。損失を出した者は全員帰国させるべきである。1週間後、半分はまだ元気ですが、残りの半分は損失を経験しており、追い出さなければなりません。このサイクルはずっと続きます。10週間後、一貫して資金を賢く投資してきた約1000匹のサルが残ることになる。20週間後には1匹だけが残り、この猿 (サクセス モンキーと呼ぶことにします) は利益が得られる株を一貫して選択し、今では億万長者です。彼に電話しましょう。

メディアはどう反応するでしょうか？彼らは、その「成功原則」を求めてこの動物に襲いかかるだろうし、間違いなくいくつかのことを見つけるだろう。おそらく、このサルは他の霊長類よりも多くのバナナを食べるだろう。もしかしたら彼は檻の別の隅に座っているかもしれない。たぶん彼は、毛づくろいをするときに、長い思慮深い一時停止をしながら、真っ逆さまに枝を振り分けます。この素晴らしいパフォーマーが20週間もひるむことなく活動できるようにするには、何か秘密の材料が存在するに違いないのだろうか？不可能！

猿の話は、結果バイアスを示しています。私たちは、歴史家の誤りとしてよく知られる、プロセスではなく結果によって決定を判断する傾向があります。この誤謬の典型的な例は、日本の真珠湾攻撃でしょう。軍事基地は攻撃される前に避難すべきだったのだろうか？今日：はい。差し迫った攻撃を示す圧倒的な証拠があった。ただし、シグナルが明らかになるのは、後から振り返ってみることです。当時、1941年は攻撃を示す多くの矛盾した信号を提供しました。ある者はそれを示したが、他の者はそれを示さなかった。この決定の開始時 (つまり、決定が行われる前) の質を評価するには、その時点で入手可能な情報のみを考慮する必要があります。攻撃後に学んだことも考慮に入れる必要があります。

別の実験では、3人の心臓外科医を評価する必要があります。これを行うために、各自は自分自身に対して5つの困難な手術を連続して実行するように求められます。時間の経過とともに、これらの処置による死亡確率は20%で安定しました。外科医Aは手術中に誰も失いませんでしたが、外科医Bは1人の患者を失い、外科医Cの場合は2人の患者が亡くなりました。この3人の外科医は互いにどう判断されるべきでしょうか？あなたがほとんどの人と同じであれば、Aを最良、Bを次善、Cを最悪と評価することは、おそらく調査対象のサンプルが少なすぎるため、結果が無意味になってしまう結果バイアスの餌食になっているだけです。外科医を正確に評価するには、まず自分の専門分野を理解した上で、手術の準備や実行を注意深く観察する必要があります。つまり、評価の際にはプロセスと結果の両方を評価する必要があります。あるいは、この特定の手術を必要とする患者が十分にいる場合 (100 回または 1,000 回の手術)、より大きなサンプル サイズを使用することもできます。現時点では、平均的な外科医の場合、誰も死なない確率は 33%、1 人が死ぬ確率は 41%、2 人が死ぬ確率は 20% であることを理解すれば十分です。これは単純な確率計算であり、死者ゼロと死者二人の間に大きな差異はありません。これらの結果だけでこれら 3 人の外科医を判断することは過失であり非倫理的です。

結論: 特にランダム性や外部の影響が関与している場合は、結果のみに基づいて決定を判断しないことが賢明です。悪い結果が自動的に間違った決定を意味するわけではありません。逆も同様です。したがって、間違った選択を嘆いたり、偶然または偶然だけで成功した選択を賞賛したりするのではなく、なぜ自分がその行動を選んだのかを思い出してください。あなたの理由は合理的で理解できましたか？この方法が以前は機能していたが、今回は結果が得られなかった場合は、この方法を使い続けて、他の結果が得られる可能性があることを確認してください。

サンクコストの誤謬 (第 5 章) も参照。関連概念として、スイマーの身体の錯覚 (Ch. 2)、後知恵バイアス (Ch. 14)、およびスキルの錯覚 (Ch. 94)。

なぜ少ないほうが多いのか

私の妹と彼女の夫は最近未完成の家を購入したので、私たちが話すことができるのは、セラミック、御影石、大理石、金属、石、木製ガラスラミネートなどのバスルームタイルのことだけです。私の妹はよく「たくさんありすぎて選べない」と叫び、頼りになる知識源としてカタログに戻る前に、両手を上げて憤慨します。

私の調査によると、地元の食料品店には 48 種類のヨーグルト、134 種類の赤ワイン、64 種類の洗剤、合計 30,000 点の商品が在庫されています。Amazon は現在、オンライン書店で購入できる 200 万冊のタイトルを誇っています。今日の人々は、精神障害から仕事、休暇の目的地、ライフスタイルの選択に至るまで、多くの選択肢に直面しています。これほど多くの選択肢が彼らに与えられたことはかつてありませんでした。

私が幼少期を過ごしたスイスの家には、ヨーグルトが 3 種類、テレビが 3 チャンネル、教会が 2 つ、チーズが 2 種類 (マイルドまたはストロング)、魚はマスのみ、そしてスイス郵便が提供する電話は 1 台 (ダイヤルは 1 つ) だけでした。電話をかけるだけのサービスなので、ブランド、モデル、契約オプションが所狭しと並べられている今日の店頭よりも生活が簡単になります。

しかし、選択は進歩の尺度です。それは私たちを計画経済や石器時代とは区別します。豊かさは人を幸せにしますが、それを超えると生活の質が損なわれる可能性があります。この現象は選択のパラドックスとして知られています。

心理療法士のバリー・シュワルツは、これが真実である理由を同名の著書で詳しく述べています。選択が多すぎると、内部麻痺につながる可能性があります。この効果を実証するために、あるスーパーマーケットでは、顧客が割引価格で購入する前に試食できる 24 種類のゼリーを試食できるスタンドを設置しました。代わりに 6 つのフレーバーを使用した実験の 2 日目には、売上が 10 倍に急増しました。なぜ？多様性が多すぎると、意思決定のプロセスが複雑になってしまうのではないでしょうか？
顧客は決断ができず、何も買わずに立ち去ってしまいました。この実験はさまざまな製品で数回繰り返されました。ただし、毎回同様の結果が得られました。

第二に、幅広い選択は誤った決定につながる可能性があります。若者に理想的な人生のパートナーにふさわしい資質は何かと尋ねると、多くの人が知性、礼儀正しさ、温かさ、傾聴力、ユーモア、身体的魅力を優先事項として挙げています。しかし、人を選ぶとき、これらの基準は実際に考慮されているのでしょうか？かつては、平均的な規模の村の若い男性は、学齢期のおそらく20人の少女の中から結婚相手として選ぶことができた。彼は彼らの家族を知っており、多くの共通の特徴に基づいて決定を下すようになりました。現在、オンラインデートの時代では、私たち全員が利用できる潜在的なパートナーが何百万人もいます。研究によると、男性の脳は潜在的なパートナーの圧倒的な選択に圧倒され、その選択プロセスは身体的魅力という 1 つの基準のみに絞り込まれます。あなたはおそらく、個人的な経験やメディアの報道を通じて、この選考プロセスについてよく知っているでしょう。

選択肢が多いと不満が生じる可能性があります。200もの選択肢が押し寄せて困惑するとき、どうすれば自分が適切な選択をしていると確信できるでしょうか?それは不可能です。すぐに使える選択肢が増えると、不確実性が増し、最終的には不満が生じます。

それで、どうすればいいでしょうか？利用可能なオファーを検索する前に、希望の条件を慎重に検討し、その条件をしっかりと守ってください。また、選択肢が膨大にあるため、完璧な決定は存在し得ないことにも留意してください。完璧主義ではなく、十分な品質を目指してください。むしろ、「十分な」選択肢を評価してください。これには人生のパートナーも含まれる可能性があります(しかし、私たちが望む人を正確に選択できるのはあなたと私だけです！)。

「決断疲労」（第53章)を参照。詳細については、代替盲目 (ch. 71) およびデフォルト効果 (ch. 81) を参照してください。

あなたは私のことがとても好きです。それを教えていただけませんか??!

ケビンは最近、高級マルゴーワインを 2 箱衝動買いしました。普段ボルドーワインを飲まない彼ですが、ボルドーワインの販売員にとても魅了されました。偽りや押しつけがましくなく、本当に親しみやすく、彼は特別な人への贈り物として 2 つのケースを購入することに決めました。

ジョー・ジラードは世界トップの自動車セールスマンとして広く考えられている。成功のための彼の信条:「何かを売る上で、顧客が大切であり、人間として心から感謝していることを顧客に納得させること以上に効果的なものはない」ジラールは、単に話をするのではなく、顧客からの一文を読み上げたカードを毎月使用して、顧客の態度を示しています。愛情:あなたが好きです」

偏見を好むという現象は驚くほど簡単に理解できますが、私たちは頻繁にその餌食になってしまいます。簡単に言えば、これは次のことを意味します。誰かを好きになればなるほど、その人を購入したり支援したりする可能性が高くなります。しかし、「好感が持てる」とは一体何なのか疑問に思う人もいるかもしれない。研究によると、私たちは、A) 魅力的な特徴を持っている、B) 自分と同じような背景や興味を持っている、C) 興味を共有している場合に、人を魅力的であると認識します。広告には魅力的な人物が登場することがよくあります。醜い人は無愛想な印象を与え、採用すらされません(A を参照)。広告でも「私たちと同じような人」、つまり外見、アクセント、背景が似ている人を採用しています。似ているほど良いのです。ミラーリングは、まさにこの効果を達成するために使用される効果的な販売手法です。ここで、営業担当者は、最大限の効果を達成するために、見込み顧客のジェスチャー、言語、顔の表情を反映しようとします。買い手が頻繁に頭をかきながらゆっくりと静かに話す場合、売り手も同じようにするのが理にかなっており、商取引が成立する可能性が高くなります。広告主はセールストークの一環として褒め言葉を頻繁に使用します。「あなたにはこれに値します!」というような言葉が広告で書かれているのをどのくらい聞いたことがありますか?ここでもまた、要素 C が作用します。人々は私たちを好きであれば、私たちをより魅力的に感じます。たとえそれが嘘のように聞こえたとしても、褒め言葉は魔法を働きます。

マルチレベルマーケティング(人的ネットワークを通じた販売)は、好感度に訴える能力のみに依存します。優れたプラスチック容器が市場に出回っているにもかかわらず、好意を利用したマルチ商法が依然として機能している。
タッパーウェアは、手頃な小売価格と、両方の気の合う基準を完全に満たす友人が主催するフレンドリーなパーティーにより、年間売上高 20 億ドルを誇っています。

援助機関は好意バイアスを有利に利用します。キャンペーンでは、笑顔の子供や女性がほぼ独占的に登場します。たとえあなたもあなたの支援を必要としているにもかかわらず、顔が固い、負傷したゲリラ戦士が看板から後ろを見つめているのを見ることは決してないでしょう。自然保護団体も同様の技術を採用しています。クモ、ミミズ、藻類、細菌を主役に据えた世界自然保護基金のパンフレット以外に見る必要はありません。これらの絶滅危惧種の生物は、パンダ、ゴリラ、コアラ、アザラシと同じくらい生態系にとって重要であるにもかかわらずです。しかし、私たちはこれらの生き物に対して何も感じません。代わりに、ボーンスキッパーフライのような絶滅した生き物よりも、私たちと同じように行動し、同じように行動する生き物とより強くつながります...それはあまりにも残念です！

政治家は聴衆の間に好意的な雰囲気を作り出す達人です。人口動態と関心の分析に基づいて、居住地域、社会的背景、経済問題に応じてメッセージを調整し、私たちを喜ばせます。「あなたの投票は重要です!」のような言葉を聞くことで、潜在的な有権者は一人ひとり、必要不可欠な存在であると感じさせられます。そしてその場合でもほんのわずかな部分だけで、場合によっては無関係の境界線に達することもあります。

パイプライン関連のオイルポンプを扱う私の友人の一人は、ロシアのパイプラインで8桁の取引を、賄賂を一切使わずにどのようにして成功させたのかについて話してくれた。"贈収賄？"私は尋ねましたが、友人はノーと答えました。彼らはセーリングについて話し始め、突然、私たちが二人とも 470 ディンギーセーリングが大好きであることに気づきました。それ以降、彼らの取引は賄賂よりもはるかに優れた友好的な形で完了しました。」

したがって、あなたが営業マンである場合は、お世辞やその他の手段で、購入者に自分が気に入っていると思わせてください。消費者側では、誰が販売したかに関係なく、製品を常に客観的に判断し、気に入らないふりをして販売員を頭から追い出しましょう。
互恵性 (第 6 章) を参照。これらの主題についてさらに詳しく読むには、擬人化 (ch. 87) を参照してください。

物に執着しない・物に密着しない

寄附効果 中古車販売店の駐車場に誇らしげに佇むBMWが、走行距離わずか数マイルで新車同様にピカピカに輝いているのを見たとき、私は愕然としました。私には40万円くらいの価値があるように思えました。しかし残念ながら、そのセールスマンは5万ドルを希望しており、価格には一歩も譲ろうとしませんでした。翌週彼から電話がかかってきて、代わりに4万ドルを受け取ると言われたとき、私はそれに乗ろうと決めました。その日最初のスピンで車を取り出し、ガソリンスタンドに立ち寄ったところ、オーナーが出てきて私の車を賞賛していました。その場で現金 53,000 ドルを提供してください！言うまでもなく、丁重にお断りしました。家に帰る車の中で、自分の決断がいかにばかげていたかが明らかになりました。40,000 ドル相当の品物が私の手元に来たのに、たちまち 53,000 ドル以上の価値があったのです。しかし、もし私の思考が純粋な合理性に基づいていたら、その車はすぐに売れたでしょう。しかし残念なことに、私にとっては、賦与効果として知られる現象（所有すると物の価値が高まる）のせいで、そのため、私たちはより多くの請求をする傾向があります。自分で直接購入する場合よりも、商品を販売する場合。

心理療法士のダン・アリエリーは、この理論を検証するために実験を行いました。彼のクラスの１つで、彼は主要なバスケットボールの試合のチケットを抽選し、生徒たちに投票して、その試合に対する評価を測りました。手ぶらの学生は約 170 ドルと見積もられます。しかし、優勝した学生は、平均販売価格 2,400 ドルを下回ってチケットを売ることは決してありませんでした。所有権には、予想よりも高い販売価格が関係しています。

不動産は長い間、賦与効果を実証してきました。売り手は自分の家に感情的な愛着を持つようになるため、その価値を過大評価し、買い手が市場価格が許す以上の金額を支払うことを期待することがよくありますが、この超過は感情的な価値だけを表しているため、このようなことは決して起こり得ません。

リチャード・セイラーは、寄附効果を測定するためにコーネル大学で驚くべき教室実験を実施しました。彼は生徒の半数にコーヒーマグをランダムに配り、希望の価格で受け取るか売ることができると言いました。次に、それを持っていない人には、それを買うためにいくら払ってもよいか尋ねました。つまり、セイラーは、いわゆる賦与効果を測定したのです。
コーヒーマグの市場を立ち上げます。およそ 50% の学生が、売りか買いのいずれかの取引を行うと考えられるでしょう。しかし、結果ははるかに低かった。購入者は通常、マグカップあたり 2.25 ドル以上は支払わないのに対し、所有者の 4 人に 1 人だけが 5.25 ドル以下で販売しました。

人間は物を捨てるよりも収集する方が得意であると言って間違いありません。これが、なぜ私たちが家の中にこれほど多くの散らかったものを集めているのか、そしてなぜ切手、時計、美術品のコレクターが自分の貴重な所有物をめったに手放さないのかの両方を説明しています。

驚くべきことに、授与効果は所有だけでなく、所有に近い状態にも及びます。クリスティーズやサザビーズのようなオークションハウスは、この現象を利用して成功しています。最後の瞬間まで入札する人々は、その品物が実質的に自分のものであると感じ、計画よりもはるかに高い金額を支払う意欲があります。あらゆる論理にもかかわらず、入札からの撤退は損失とみなされます。採掘権やモバイル無線周波数などの大規模なオークションでは、「勝者の呪い」が頻繁に発生します。つまり、最初の勝者が、入札の熱や超過入札に巻き込まれて、実際には経済的に損をすることになるのです。このトピックについてさらに詳しく知りたい場合は、第 35 章を参照してください。

同様の現象が雇用市場にもあります。仕事に応募して何のフィードバックも受け取れなかったり、面接の段階で不採用になったりした場合、通常の選考プロセスに感情的に集中してしまい、失望はさらに大きくなる可能性があります。仕事を得るか、それとも得ないかのどちらかです。他に何も問題はありません。

結論: 物理的なものに執着しないでください。それらは、予告なくすぐに消えてしまう可能性のある宇宙からの一時的な贈り物であると考えてください。このことを心に留めて、残り少ない時間を楽しんでください。
ハウスマネー効果 (第 84 章) も参照。サンクコストの誤謬 (第 5 章);勝者の呪い (ch. 35);コントラスト効果 (ch. 10);損失回避 (第 32 章);認知的不協和 (第 50 章);Not-Invented-Here 症候群 (ch. 74) と後悔の恐怖 (ch. 82)

ありそうもない出来事の必然性

偶然

1950年3月1日午後7時15分。ネブラスカ州ベアトリスでは、教会の聖歌隊の15人のメンバーがリハーサルを予定していた。さまざまな理由により、それらはすべて予定より遅れています。特に、大臣の家族が娘のドレスにアイロンをかけるのが遅れたときはそうだった。午後7時25分、教会が爆発し、村中に衝撃波が伝わり、壁や屋根が粉砕した。奇跡的に、消防署長がガス漏れによるものと判断したこの爆発では、聖歌隊のメンバーらが神の介入か単なる偶然だと信じていたにもかかわらず、死者は出なかった。

先週、しばらく話していなかった学生時代の友人、アンディのことを思い出しました。驚いたことに、ちょうどそのとき私の電話が鳴りました。発信者はアンディ以外にはいませんでした。「あなたはテレパシーを持っているに違いありません！」それに答えるためにそれを手に取ったときの私の興奮の叫び声でした… しかし、これは偶然でしょうか、それともテレパシーでしょうか？

1990 年 10 月 5 日、The San Francisco Examiner は、Intel がライバルの AMD が、明らかに Intel の 386 チップをほのめかした AM386 という頭字語のコンピュータ チップを発売する計画を明らかにしたことを発見し、法廷で訴訟を起こすと報じた。Intel が AMD の意図に気づいたのは全くの偶然でした。両社は Mike Webb という名前の人物を雇用していました。二人の男性は一緒に滞在した後、同じ日に同じホテルをチェックアウトしました。受付は Mike Webb 宛のパッケージを受け取りましたが、代わりに Intel に送信され、法的分析のために直ちに転送され、両社の法務部門の弁護士によって直ちに AMD に対して措置が取られました。

このような話はどれくらいの確率で起こりますか？スイスの精神科医C.G.ユングは彼らの中に、彼が共時性と呼んだ目に見えない力の証拠を見ました。合理的思考者はそのような物語にどのようにアプローチすべきでしょうか？できれば紙と鉛筆を使ってください。たとえば、教会の爆発事件では、潜在的な結果を表す 4 つのボックスを描画することを考えてください。最初のボックスは実際に起こったことです。聖歌隊が遅れ、教会が (現実に) 爆発しました。これら 4 つのボックスは、考えられる 4 つのイベントを表すことができます: (1) 教会の爆発が起こる前に合唱団が遅れた (2) 爆発は起こらずに合唱団が遅れた可能性 (3) 教会が爆発する前に、合唱団の遅延の間に起こった可能性のある合唱団キャンセルイベント (実際には、これがまさに起こったことです)場所) 破壊される前 (聖歌隊のリハーサル遅延、教会の爆発)。このような説明に紙と鉛筆でアプローチする場合、考えられる可能性は 4 つあります。1) 聖歌隊のリハーサルが遅れ、その後教会の爆発が起こった (つまり、
これらの出来事の頻度を推定し、「聖歌隊は時間通りに行われ、教会は爆発しなかった」ことがどのくらいの頻度で起こったかに特に注意を払いながら、対応するボックスに

記入してください。何百万もの合唱団がリハーサルのために集まる頻度が高く、ネブラスカ州ベアトリスで起こったのと同様の状況（統計的確率に基づいて100年に1回以上起こる可能性がある）に遭遇していないことに注目してください。したがって、神の介入はあり得ません（それに、神が教会を爆破したいというのはかなりばかげているように思えます!)

この考えを電話に適用してください。「アンディ」があなたのことを考えているのに電話をかけなかったときのことをすべて考えてください。彼のことを考えているのに彼が電話をかけないとき。それとも、どちらも相手のことを考えていないのに電話をかけてくる場合?...お互いがお互いのことをまったく考えていない場合はいくらでもありますが、特に100人の友達から選択できる場合は、最終的にはどちらかが電話に出て電話をかけてきます。

確率の推定は難しい場合があります。誰かが「決して」と言ったとき、私は通常、「決して」を負の確率で補うことはできないため、これをゼロより大きい推定値として登録します。

ですから、夢中にならないようにしましょう。ありそうもない偶然の一致は確かにありそうにありませんが、完全に起こり得る出来事です。彼らの出現は驚くべきことではありません。もしそれが実現しなかったら驚くべきことだ。

参照：誤った因果関係（第37章）。確証バイアス (chs 7-8);平均値への回帰 (ch 19);コントロールの幻想 (ch 17) とクラスタリングの幻想 (ch 3)。

あらゆる状況において適合性が強制されるわけではない

会議中に集団思考を経験したことがありますか?確かに。そこに座って、静かにうなずきながら、いつまでも意見の相違の声が聞かれないことを祈りながら、周りの誰もが同意しているときは大変なので、声を上げないことにします。残念なことに、ここでは集団思考が働いています。メンバー全員がこのように行動すると、個々のメンバーがよく知っているにもかかわらず、全員が合意しているように見える意見に合わせて意見を合わせるため、無謀な決定をしてしまいます。その結果、同調圧力がなければ可決されなかったであろう動議が可決されることになります。この影響については、第 4 章で詳しく説明しました。

1960年3月、米国秘密機関はフィデル・カストロ政権に対する武器として、キューバからマイアミに住む反共産主義者の亡命者を募集し始めた。就任からわずか数日後、ケネディ大統領はキューバ侵攻のこの秘密計画について知らされた。3か月後、ケネディと彼の顧問らが出席した重要なホワイトハウス会議では全員が侵略に賛成票を投じた。1961年4月17日、1,400人の亡命キューバ人がアメリカ海軍、空軍、CIA軍の支援を受けてキューバ南海岸のピッグス湾に上陸した。カストロ政権を打倒するという彼らの試みは、当初はすべて計画通りに進んだ。しかし初日には補給船はキューバに到着しなかった。2隻はキューバ空軍によって撃沈され、さらに2隻が帰国したが、全員が引き返したり、向きを変えたり、あるいは一斉にアメリカに向かって逃げたりした。2日目、カストロは旅団を包囲し完全に破壊した。3日目、生存者1,200人全員が捕らえられ、軍事刑務所に拘留された。ケネディ大統領のピッグス湾侵攻は、アメリカ外交政策における最悪の失敗の一つとして広くみなされている。その構想と実装は今でもばかげているように思えます。侵略を支持するすべての仮定は誤りでした。たとえば、ケネディと彼のチームはキューバ空軍を大幅に過小評価していた。緊急戦略の一環として、感染爆発が起きた場合には旅団がエスカンブレー山脈に逃げ、そこからカストロに対して地下戦争を行うことも意図されていた。地図をざっと見ると、この潜在的な安全地帯はピッグス湾から 160 マイル離れた場所にあり、十分な遮蔽物があることがわかります。
しかし、ケネディと彼の顧問たちは、アメリカ政府を率いるための驚くべき知性を持っていました。では、1961 年 1 月から 4 月までの間に何が問題だったのでしょうか?

心理学教授のアーヴィング・ジャニスは、数多くの大失敗について広範な研究を行っている。彼は共通のテーマを発見しました。それは、緊密なグループは (無意識のうちに) 幻想を生み出すことでチームスピリットを育むということです。そのような妄想の 1 つは、無敵の感覚です。私たちの指導者 (ケネディ) とグループの両方が私たちの計画がうまくいくことに自信を持っているなら、幸運がやってくるはずです。全会一致はまた、この幻想を生み出すのに役立ちます。全員が何かに同意する場合、異なる意見は無効でなければなりません。チームの結束を乱すような人物になることを好む人はいません。一般に個人は参加してもらえることに感謝するため、反対意見を表明すると排除を意味する可能性があります。そのような追放はおそらく私たちの種にとって死を意味するため、私たちは集団の一部であり続けたいという強い本能を持っています。

スイス航空が証明しているように、ビジネスにおけるグループシンクは新しいものではありません。ここでは、高給取りのコンサルタントのグループが元 CEO の支持のもとに結集し、リスクの高い拡大戦略 (ヨーロッパの航空会社数社の買収を含む) を策定しました。彼らの熱意がチーム内で圧倒的なコンセンサスを築いたため、2001 年にチームが崩壊するまで合理的な留保さえ抑制されました。

誰もがすべてのことに同意する環境にいる場合、声を上げることは容認されるだけでなく、歓迎されるべきです。たとえ退学の危険があるとしても、暗黙の仮定に疑問を抱くことも、停滞した思考を打ち破り、有意義な対話を確立するのに役立つかもしれません。リーダーとして、悪魔の代弁者として誰かを任命することを検討してください。彼女は最も人気のあるメンバーではないかもしれませんが、最も有益であることが証明される可能性があります。

参照: 社会的証明 (第 4 章)。社会的手抜き (第 33 章)。グループ内グループ外バイアス (ch. 79) と計画の誤謬 (ch. 91)。

あなたがもうすぐ MEGATRILLIONS をプレイする理由

確率の無視

2 つの運のゲームで、それぞれが 1,000 万ドルを獲得するチャンスが等しいと想像してください。どれを選びますか？最初に勝てばあなたの人生は変わるでしょう。仕事を辞め、上司を解雇し、賞金で生活することもできます。対照的に、10,000 ドルを獲得すれば、仕事を休みながらカリブ海への忘れられない休暇を過ごすことができます。その後すぐにポストカードが職場に届くことを心配する必要はありません。どちらの確率もそれぞれ 1 億分の 1 です。では、どちらを選びますか?それぞれの確率は1/10000です！どのゲームを選びますか？

オッズ (予想勝利確率) の客観的な評価にもかかわらず、感情により、あるゲームを他のゲームよりも選択してしまうことがよくあります。したがって、小さなオッズに関係なく、メガ ミリオンズ、メガ ビリオンズ、メガ トリリオンズのような、ますます大きなジャックポットに向かう傾向があります。

1972年に行われた実験では、参加者は2つのグループに分けられました。1 つに割り当てられた人には、感電する可能性があると説明され、2 番目に割り当てられた人には、感電が起こるリスクは 50% しかないと告げられました。研究者らは開始直前に身体的不安（心拍数、神経過敏、発汗）の測定を行った。彼らが発見したことは驚くべきことでした。どちらのグループでもストレス レベルにまったく差はなく、両方の参加者全員が同様に不安に圧倒されていました。その後、研究者らは、2 番目のグループのショック確率が 50% から 20%、次に 10%、最後に 5% と一連の減少を発表しました。それでも、違いは認められませんでした。しかし、両方のグループが予想される流れの強度を高めるつもりだと告げられると、不安レベルは再び上昇し、ほぼ同じ程度になりました。これは、私たちがイベントの可能性ではなく、予想される規模に基づいてイベントにどのように反応するかを示しています。私たちは確率を直感的に把握することができません。

確率を無視すると意思決定の間違いにつながります。私たちが新興企業に投資するのは、その潜在的な利益に興味を惹かれるからですが、新規事業が実際にそのような成長を達成するかどうかを調査することは無視されます（または怠けすぎます）。あるいは、飛行機事故に関する大規模なメディア報道の後、私たちは選択肢を十分に検討せずにフライトをキャンセルします。
暴落が起こる可能性は低い（したがって収益は変わらない）ため、アマチュア投資家は利回りのみに基づいて投資を比較することがよくあります。たとえば、期待収益率 20% の Google 株は、収益率 10% の不動産よりも 2 倍望ましいとみなされます。彼らの心。残念ながら、そのアプローチではリスクが見落とされており、私たちの自然な直観では適切に考慮するように指示されません。

電気ショックを伴う実験に戻ります。グループ B では、電気ショックを受ける確率が 5%、4%、3% と段階的に減少し、確率がゼロに達しました。そのとき初めて、グループ B はグループ A とは異なる反応を示しました。たった 1% のリスクを冒すよりも、このほうがはるかに望ましいと思われました。

飲料水を処理する 2 つのアプローチを検討して、これをテストしてみましょう。川に同じくらい大きな支流が 2 つあり、どちらも方法 A と B を使用して処理され、汚染による死亡のリスクがそれぞれ 5 パーセント ポイントから 2 パーセント ポイント低下すると仮定します。B はそれを 1 パーセントポイントからゼロまで減らし、完全に排除します。つまり、脅威を完全に排除します。ほとんどの人にとって、B を選択するのが賢明だと思われます。しかし、措置 A では死亡者数が B の 3 分の 1 であることを考えると、これは愚かなことでしょう。一方、方法 A は 3 倍優れています。この誤謬はゼロリスクバイアスとして知られています

象徴的な例は、発がんリスクゼロを達成するために発がん物質を含む食品を禁止した 1958年の米国食品法です。この禁止は当初は効果的でしたが、より危険な(ただし発がん性はない) 食品添加物が導入されることになりました。パラケルススは 16 世紀に、中毒は常に用量の問題であり、食品からすべての禁止分子を除去する方法はないため、中毒を禁止するいかなる法律も本質的に無効であることを実証しました。すべての農場は超無菌コンピューターチップ工場のように機能する必要があり、食料の価格は高騰するでしょう。経済的に言えば、ゼロリスクが意味を持つことはほとんどありません。例外は、バイオテクノロジー研究所から逃げ出す致死性のウイルスや、農作物を破壊する激しい嵐などです。

人間はリスクを直感的に把握できないため、脅威を区別することができません。放射能のような感情的な話題を扱うとき、私たちはリスクの増加をあまり安心できないものとして認識します。シカゴ大学の 2 人の研究者がこの発見を実証しました。
有毒化学物質による汚染に対する恐怖は、多くの場合非合理的な反応です。それでも、それは理解できるものであることに変わりはありません。

可用性バイアス (ch. 11) も参照してください。基本料金無視 (ch. 28)、平均値の問題 (ch. 55)、生存者バイアス (ch. 1)、コントロールの幻想 (ch. 17)、指数関数的成長 (Ch. 34)、曖昧さ回避 (Ch. 80)。

瓶の中の最後のクッキーが口に水を出すのはなぜですか

ある晩、友人の家でコーヒーを飲みに行ったところ、彼女の3人の子供たちが床で格闘を始め、私たちは彼らの体が私のガラス玉の入った袋から誰が最後の1個を手に入れるかで争っている間、子供たちを会話に引き込もうと全力を尽くした。一緒に平和に遊ぶことを願って、いくつかを広げます。信じられないことに、激しい議論が勃発しました。起こったことは完全に予想外でした。たくさんの青いビー玉の中に、たった1つの青いビー玉があり、それを子供たちが争って追いかけました。他のすべてのビー玉はまったく同じサイズと明るさを持っていましたが、1つの青いビー玉は他に類を見ないものであるため、有利でした。子供がいかに幼稚であるかに大声で笑ってしまいました。

Google が 2005 年 8 月に電子メール サービスを開始すると聞いてすぐに、私も電子メール サービスが欲しいと思いました (最終的にはそうしました)。しかし当時、新しいアカウントは非常に限られており、招待があった場合にのみ許可されていました。これにより、私の願望はさらに大きくなりました。別の電子メール アカウントが必要だったわけではありません (その時点ですでに 4 つ持っていました)。Gmail が競合製品よりも優れていたからではありません。誰もがそれにアクセスできるわけではなかったので、それに対する私の渇望はさらに大きくなりました。振り返ってみると、これは私を笑顔にさせます。大人は時に子供っぽいこともあります！

ローマ人が言ったように、ララ・サント・カラ。珍しいものは貴重です。実際、人間は長い間、この欠乏に対する誤った認識に苦しんできました。3 人の子供を持つ私の友人は、不動産業者としてパートタイムで働いています。彼女は、2 つの物件の選択肢のどちらかを決められない潜在的な購入者がいるたびに、「ロンドンからの医師が昨日そこを訪れました」と電話して言います。「彼はとても気に入ってくれました。あなたはどうですか、まだ興味はありますか？」ロンドンの医師 (教授や銀行家である場合もあります) は明らかに架空の人物です。しかし、彼の効果は非常に現実的である可能性があります。見込み顧客は、機会が目の前から消えていくと見て、再び供給不足の可能性があるため、すぐに取引を完了するために行動します。この状況は客観的に説明することはできません。なぜなら、彼らは設定された価格で土地を欲しいか、欲しくないかのどちらかだからです。ロンドンからの架空の医師が現れる可能性は関係なく。

スティーブン・ウォーチェル教授は、クッキーの品質をテストするために参加者を 2 つのグループに分けました。1 つは箱全体を受け取り、2 つ目は一部だけを受け取りました。
サブグループ B には 2 つのクッキーのみが含まれていました。品質を評価するよう求めたところ、これらの被験者はグループ 1 の被験者をはるかに上回っていました。実験は数回繰り返され、毎回同様の結果が得られました。

広告ではよく「在庫限り」と宣伝されています。ポスターでは、希少性に関するエラーが発生した場合に迅速に行動するよう頻繁に警告されています。ギャラリーの所有者は、ほとんどの絵画の下に赤い「売れた」点を配置することでこのエラーを利用し、残りの少数の希少で望ましい作品をさらに望ましいものにし、したがって、すぐに入手する必要がある希少品になる前にすぐに入手する必要がある希少性エラーを作成します。素早く。切手コレクター、コイン愛好家、ヴィンテージカー愛好家は同様に、実用的ではなくなったにもかかわらず、切手、コイン、車を収集することがよくあります。これらの魅力は実用的なものではなく、希少性によるものです。これがすべて合計されます。

学生たちは、魅力に応じて 10 枚のポスターを配置するように指示されました。ただし、参加したご褒美として 1 枚は後で保管してもよいという理解のもとでした。5分後、1台は利用できず、残り3台は警備員が引き上げたため利用できないと知らされた。その後、10 枚のポスターすべてを最初からレビューするように依頼され、存在しなくなった 1 枚のポスターが突然最も美しいポスターになりました。心理学者はこの現象をリアクタンスと呼んでいます。選択できない選択肢に直面したとき、私たちの脳はしばしば、もう存在しない選択肢に大きな魅力を割り当てるという反応を示します。これは、選択肢をコントロールできなくなることに対する反抗的な行為です。ロミオとジュリエット効果はよく知られています。シェイクスピアのティーンエイジャーの間の禁断のロマンスが、彼らを境界のない抑えられない憧れへと導きます。本質的には必ずしもロマンチックなわけではありません。アメリカでは未成年者の飲酒に関する法律が禁止されているため、学生パーティーは絶望的に酔った学生でいっぱいです。

結論: 不足に対応して、ほとんどの人は明確な思考をほとんど持たずに意思決定を行う傾向があります。費用対効果の分析のみに基づいて購入や意思決定を行う場合、アイテムがすぐになくなる可能性のある兆候は問題ではありません。ロンドンの医師も興味を持つべきではない。
コントラスト効果に関する注意事項 (ch. 10);後悔の恐怖 (第 82 章) と家のお金の効果 (第 84 章) さらに詳しく説明すると、蹄の音が聞こえてもシマウマを期待しないでください。

フービートを聞いても期待しないでください。

基本料金無視

マークはドイツ出身の眼鏡をかけたやせた男性で、モーツァルトを聴くのが好きだと想像してください。彼は A) ドイツのトラック運転手、B) フランクフルトの文学教授のどちらかである可能性が最も高いでしょうか?ほとんどの人は B と推測するでしょうが、ドイツには文学教授の 10,000 倍のトラック運転手がいるので、これは不正確です。つまり、彼はトラック運転手である可能性が高いということです。私たちの心は詳細な説明にだまされ、統計的現実から遠ざかってしまいました。科学者は、この論理の誤りを基本率無視と呼んでおり、これは私たちを基本的な分布レベルの考慮から遠ざけます。これは、私たちが最も頻繁に行う推論の誤りの 1 つです。多くのジャーナリスト、経済学者、政治家が定期的にこの被害に遭い、その結果、私たちをこの道に導く可能性のある決定を下す際に、基本的な分配レベルに関する仮定が無視され、どのような結果が生じるかを仮定する際に、誤った決定が行われてしまいます。

これは、若い男性が刺されて致命傷を負った別のシナリオです。どちらの選択肢がより可能性が高いでしょうか? A) 攻撃者はコンバットナイフを違法に輸入するロシアの不法移民である可能性がある、または B) 攻撃者はこれらのナイフを違法に輸入しているアメリカ中流階級の出身である可能性がある - ロシアのナイフよりも中流階級のアメリカ人が何百万人も多いことを考えると、選択肢 B の可能性がはるかに高い輸入業者。

基本率無視は医療において極めて重要な役割を果たします。たとえば、片頭痛は、ウイルス感染や脳腫瘍から心臓の問題まで、あらゆるものを示している可能性があります。医師は通常、患者の健康を確保するために腫瘍の検査を行う前に、まずウイルス感染の有無を評価します。医学部の研修医は、基本料金の無視を一掃するのにかなりの時間を費やします。米国の将来の医師たちによく繰り返されるモットーの 1 つは、「後ろで蹄の音が聞こえても、シマウマがいるとは思わないでください!」です。つまり、専門分野で必要な場合でも、珍しい病気を診断する前に、まず可能性の高い病気を調べてください。

このような広範なトレーニングを受けることができる専門家は医師だけです。残念ながら、そのような紹介を受けるビジネスマンはほとんどいません。次の Google になる可能性のある、高飛車な起業家のビジネスプランを読むと、興奮することがよくあります。しかし、詳しく調べてみると、彼らの会社が最初の 5 年間存続する確率はわずか 20% であることがわかりました。したがって、彼らの生存の可能性もこの現実を反映している必要があります。
ウォーレン・バフェットはかつて、バイオテクノロジー企業に投資しない理由を次のように説明しました。それは単に起こりませんか?...これらの企業にとって最も可能性の高いシナリオは、おそらく中間のどこかに留まるでしょう。」これは明らかな基本料金の考え方です。ほとんどの人が基本料金を無視しているのは、生存者バイアス (第 1 章) に起因している可能性があります。つまり、成功していないケースは報告されない (または過少報告される) 傾向があるため、成功した個人や企業だけを見る傾向があり、そのため、より「目に見えない」ケースを見逃してしまうのです。中に存在します。

これを想像してみてください。レストランでワインを試飲するとき、各ボトルのラベルが剥がされ、その産地に関する指標だけが残されます。通常、提供されているワインの 4 分の 3 がフランス産であるため、よく知らなければ、おそらくフランスを選ぶでしょう。チリ産またはカリフォルニア産のオプション。

残念ながら、名門ビジネススクールの学生たちの前で講演する機会が時々あります。キャリアの目標について尋ねると、多くの人が、中期的にはグローバル企業の取締役会に就任することを考えていると答えます。私たちが出席したとき、私の仲間の学生からも同様の答えが得られました。この情報を与えられると、学生は通常、この学校の学位を取得してもフォーチュン 500 企業の役員になれる可能性は 0.1% 未満であると答え、代わりに中間管理職のどこかに就く可能性が最も高いと答え、常にショックを受けた視線を集めます。しかし、私は彼らの将来の中年の危機を緩和することに少し貢献できたと思います。
関連項目:hesitez 1 26 ギャンブラーの誤謬 (ch. 29);接続の誤謬 (第 41 章);平均に関する問題 (ch. 55) 情報バイアス (ch 59);曖昧さ回避 (ch 8) (バロニー理論 29 - 証明された事実)。

バランスをとる力

ギャンブラーの誤謬 1913 年にモンテカルロで何か驚くべきことが起こりました。ルーレット テーブルの周りに集まった大勢の群衆は、ボールが 20 回連続して黒に着地するのを目撃して驚きました。プレーヤーたちはこの現象を最大限に利用し、すぐに赤にお金を置きましたが、以前よりも多くの人が赤に賭けたにもかかわらず、ボールが黒に止まったときがあり、最終的に 27 回目のスピンでボールが赤に落ち着きました。数百万ドルの賭け金が残り、プレイヤーは数分以内に破産します。

これを想像してください。大都市の生徒の平均 IQ は 100 です。これをさらに調査するために、50 人の生徒からランダムにサンプルを採取し、そのうちの 1 人は IQ 150 のテストを受け、彼らの進歩を数か月間観察します。ほとんどの人は 100 を推測します。おそらく、この超頭の良い生徒は、平均 IQ 50 の生徒か、平均 IQ 75 の平均以下の生徒 2 人のどちらかによって相殺されるだろうと考えているかもしれませんが、このシナリオは可能性が非常に低いです。むしろ、残りの 49 人がそれぞれ平均 IQ 100 を持ち、50 人の生徒の平均スコアが 101 になることで母集団を代表すると予想する必要があります。

モンテカルロとIQの実験は、人々が目に見えない「宇宙のバランスをとる力」があると信じがちであることを示しています。これはギャンブラーの誤謬として知られています。しかし、独立したイベントではそのような強制力はありません。ボールは黒に着く頻度を覚えていません。しかし、私の友人の 1 人は、最も頻繁に出ていないものをプレイする前に、週ごとのメガ ミリオンズの数字を Excel スプレッドシートに入力しています。これはすべて無駄な作業です。彼もギャンブラーの誤謬の犠牲者です。

この現象はジョークで説明されています。テロ攻撃の危険があるため飛行機に乗るのを恐れている数学者は、機内で何かが起こった場合に備えて手荷物に爆弾を入れて毎回飛行機に乗ります。この措置を講じると、彼が機内に搭乗する可能性が大幅に高まります。
「1 つの飛行機に 2 つの爆弾が搭載される可能性は非常に低いです!」彼はさらにこう述べています。

次のコイントスの結果に賭けて、自分のお金の何千ドルも費やすことを強いられ、毎回表になることを想像してみてください。このシナリオを考えると、表が出る可能性が同等であっても、多くの人は裏を選択する可能性が高くなります。ギャンブラーの誤謬は、私たちに何かを変えなければならないと信じさせます。

またしても誰かがあなたに賭けを強要します。今回は表か裏どちらを選びますか？いくつかの例を見てきたので、このゲームについてはよく理解したはずです。どちらの方向にも進む可能性があることを知っています。残念ながら、数学者の変形プロフェッ

ショネル (専門家の監視) という別の落とし穴に遭遇したところです。論理的には、コインが裏に対して仕掛けられているように見えるため、表の方が賢明な選択肢である可能性が高いことがわかります。

最近の記事では、平均値への回帰を調査しました。例として、次のシナリオを考えてみましょう。あなたの地域が記録的な寒さに見舞われている場合、カジノと同じように、数日以内に気温が通常の値に戻る可能性があります。大気中の複雑なフィードバック メカニズムにより、時間の経過とともに極端なバランスが保たれますが、極端な場合には、たとえば金持ちがさらに金持ちになり、株価が爆発的に目立つことで追加の需要が発生し、逆の補償効果のようなものが生じます。

環境内の独立したイベントと相互依存するイベントの両方に注意してください。純粋に独立したイベントは、カジノ、宝くじ、および理論的設定にのみ存在します。これらは、カジノ、宝くじ、または理論的レベルで存在する可能性があります。現実の生活では、金融市場や健康など、相互に影響を与える相互に影響を与える出来事が頻繁に起こります。過去の出来事は将来の出来事に影響を与えます。慰める考えのように聞こえるかもしれませんが、独立したイベントを悪影響から守るバランスをとる力は存在しません。「何が起こるかは必ず起こる」という概念も存在しません。
参照: 平均 (ch. 55);基本レート無視 (ch. 28);変形専門職 (ch. 92);平均値への回帰 (ch. 19);これらの主題についての追加の議論については、Simple Logic (ch. 63) を参照してください。29

なぜ運命の輪が私たちをスパイラルにするのか?

エイブラハム・リンカーンはどこで生まれましたか?すぐに答えが得られず、スマートフォンのバッテリーが切れたばかりの場合、このような質問にどう答えるでしょうか?おそらく、彼が 1860 年代の南北戦争中に大統領を務めたこと、そして彼が史上初めて暗殺された米国大統領になったことを知っていれば十分なのではないでしょうか?ワシントンのリンカーン記念堂を見ると、元気な若者のイメージが思い浮かぶのではなく、むしろ 60歳の老兵のイメージが思い浮かぶ。彼は 1860 年から 1864 年の間に暗殺されたため (1809 年に死亡)、1805 年が推定誕生年となります (実際には 1809 年になるはずです)。どうやってこれを理解したのでしょうか? 1865 年のようなアンカー ポイントを開始点として使用し、そこから逆算して推定値を作成します。

ミシシッピ川の長さ、ロシアの人口密度、フランスの原子力発電所の数など、何かを推測する必要がある場合、私たちはアンカーを使用します。身近なものから出発して、そこから未知の領域を探索していきます。私たちの頭から乱数を取り出す以外に、他にどんな方法があるでしょうか?それは全く不合理なことです。

残念ながら、アンカーは悪用される可能性もあります。たとえば、ある講義の授業では、ある教授が生徒たちに社会保障番号の下 2 桁を書き留めさせ、その数値に基づいてオークションでワインのボトルを入札するかどうかを決定し、次の場合はさらに 2 桁近く入札することになった。彼らの数は、低いものに比べて多かったです!したがって、社会保障番号がどのようにアンカーとして機能するかを示しています。たとえ間接的または欺瞞的な方法であっても。

心理学者のアモス・トベルスキーは、運命の輪を使った実験を行いました。参加者はそれを回し、その後、国連の加盟国が何カ国あるかを尋ねられました。彼らの推測はアンカー効果を裏付けました。ホイールで高い数値を回転させた人は、それほど高い数値を回転させなかった人よりも高い推定値を出しました。

ルッソ氏とシューメーカー氏は、フン族アッティラがヨーロッパでいつ敗北したかを明らかにすることを目的とした研究を行った。これは、学生に社会保障の導入が始まったのは何年かを尋ねるのと同様である。
その後、参加者には電話番号の最後の数桁に基づいてアンカーポイントが与えられ、より高い番号を持つ人は後年を選択し、その逆も同様でした(アッティラは453年に殺害されました)。

錨はたくさんあり、私たちは皆、それにしがみついている。たとえば、多くの製品には宣伝された「希望小売価格」が含まれており、アンカーポイントとして機能します。営業担当者は、販売を確実に成功させるには、オファーが提示されるずっと前に、早期に価格を設定する必要があることを知っています。さらに、生徒の過去の成績を知ることは、教師が新しい課題を採点する方法に影響を与えることが研究で実証されており、最新の成績が出発点として機能します。

私の初期の数年間はコンサルティング会社で過ごしました。私の上司はアンカーの使い方に長けていました。彼はクライアントとの最初の会話で、法律で社内コストをはるかに上回る開始価格を設定しました。「見積もりを受け取ったときに驚かないように、○○さんは最近、ある契約書を完成させました。競合他社の同様のプロジェクトの費用は500万ドルの範囲でした。」その後、その錨は降ろされ、まさにこの金額で価格交渉が始まりました。

フレーミング (ch. 42) も参照してください。

どうすれば何百万もの彼らの苦しみを解放できるでしょうか

最初は、内気な動物は懐疑的に見えます。しかし、最終的には抵抗力が弱まり、定期的にお互いから餌を食べるようになります。しかし、最終的には彼らの疑いは消え、最終的には彼らの信頼が以前よりも強くなります。数カ月後、ガチョウは飼い主が自分の利益を最優先に考えていると信じるようになり、毎日餌をあげるたびにこの思い込みが裏付けられる。クリスマスの日に彼がそれを囲いから取り出したとき、彼女は唖然としましたが、代わりに彼女を惨殺するだけでした。デヴィッド・ヒュームは、帰納的思考、つまり個々の観察から普遍的な真実を推測する傾向に対する警告として、クリスマスのガチョウに関する寓話を使いました。彼の物語はクリスマスの時期にのみ関係があるように見えるかもしれませんが、その教訓はこの象徴的な休日の鳥をはるかに超えています。しかし、帰納的推論はガチョウだけに影響を与えるわけではありません。

投資家は株 X を購入しますが、最初はその株価が急騰し、バブルが存在するのではないかと疑念を抱きます。しかし、時間が経ち、株価が上昇軌道を続けるにつれて、彼の疑念は興奮に変わりました。この株は決して下がることはないかもしれません。彼は、自分の人生の貯蓄をそれに投資することに伴うクラスターのリスクなどほとんど考慮せず、わずか半年で貯蓄のすべてをそれに注ぎ込みました。後になって、貪欲と無知から下されたそのような愚かな決断の代償を払うことになります。

帰納的思考があなたを破滅への道に導く必要はありません。実際、来月の価格が上昇する予測と、価格が下落する可能性を予測する電子メールを送信することで、帰納的思考を利益の源に変えることができます。最初の電子メールを 50,000 人に送信し、インデックスが大幅に低下した 1 か月後に 50,000 人の別のグループに送信します。今度は、最初のメールで正確な予測を受け取った 50,000 人にのみ、別のメールを送信します。10 か月後、約 100 人の顧客が残っているでしょう。彼らの視点から見ると、あなたは自分の預言の力を証明したことになります。お金を預けてあなたを信頼する人もいます。それを受け取って、ブラジルで再び生活を始めてください。

しかし、私たちは世間知らずの見知らぬ人たちに騙されるだけではありません。私たち自身さえだまされる可能性があります。めったに病気にならない人は、自分は不滅であると信じています。四半期連続で増益を達成している CEO は、従業員や株主と同様に、自分が無敵であると考える傾向があります。昔、ベースジャンプを楽しんでいた友人がいました。彼は崖、アンテナ、建物などから飛び降り、最後の瞬間にリップコードを引いて無事に地球に着陸しました。ある日、私は彼が選んだスポーツがもたらすリスクのレベルについて尋ねたところ、彼の答えは非常にカジュアルなものでした。「私はこれまでに 1,000 回以上のジャンプを経験していますが、私には何も起こったことはありません。」2か月後、彼は南アフリカの特に危険な崖から飛び降りて死亡した。この悲劇的な出来事は、すべての理論が反証することを繰り返し証明した。

帰納的思考は悲惨な結果をもたらす可能性がありますが、私たちは毎日、帰納的思考に依存して生きています。私たちが飛行機に乗るときも、航空力学の法則は有効です。私たちは路上で無差別攻撃が起こらないと信じています。私たちの心臓は明日も鼓動するはずです - これらは、人生が続けられない重要な保証です - しかし、永遠に続くのは死と税金のような確実なものだけであることを常に覚えておく必要があります。ベンジャミン・フランクリンは、「死と税金以外に確実なものは何もない」と最もよく言いました。

帰納法は私たちを「人類は常に生き残ってきたので、将来どんな困難にも立ち向かうことができるだろう」などと信じ込ませることができます。これは理論的には論理的であるように見えますが、多くの人が認識していないのは、そのような発言はこの時点まで生き残った種からのみ発せられるということです。私たちが今日生き残っていることが将来の生存を示していると仮定することは、重大な間違いであり、おそらくこれまでで最も重大な推論上の誤りとなるでしょう。

誤った因果関係 (ch.37);生存者バイアス (第 1 章) についてもここで説明します。

なぜ悪は善よりも激しく攻撃するのでしょうか?

損失回避 現在の気分を 1 から 10 までのスケールで表すとどうですか?では、ずっと憧れていたカリブ海への旅行やキャリアアップなど、あなたが 10 歳になるまでに何が起こるかを想像してみてください。この練習を続けると、スコアが同じだけ下がる可能性がありますか?麻痺、アルツハイマー病、癌、うつ病、戦争、飢餓、拷問、経済的破滅、評判の喪失、友人の誘拐、失明、死などは、大きな不快感をもたらす選択肢のほんの数例にすぎません。これらすべての可能性を単純に考えてみると、幸福のスペクトルを維持する上で、あらゆるポジティブな影響と比較して、どれほど多くの障害が存在するかがわかります。これらすべてのリストは、どれだけ多くの障害が存在するか、そしてそれらが利益よりもはるかに深刻な影響を浮き彫りにしています。私たちが以前思っていた以上に幸福を求めなくなったのも不思議ではありません。

私たちの進化の過去のある時点では、これはさらに真実であり、1 つの小さな間違いが即座に死につながる可能性がありました。不注意な狩猟行為、腱の炎症、グループからの排除など、さまざまなことが原因で人生から急速に離れてしまう可能性があります。不注意または無謀だった人々は、遺伝子を次世代に伝える前に死亡することがよくあります。用心深い者だけが生き残り、今日私たちの子孫となっています。

したがって、私たちが利益よりも損失を恐れる理由は理解できます。100ドルを失うことは、私が代わりにそれを与えた場合に得られるどんな喜びよりもはるかに大きな幸福をもたらします。実際、感情的な反応は同様の利益の 2 倍の重みをもつことが研究によって証明されており、社会科学者はこの現象を損失回避と呼んでいます。

このため、誰かに何かを説得しようとするときは、その利点に焦点を当てないでください。代わりに、それが不利益を回避するのにどのように役立つかを強調します。乳房自己検査 (BSE) を促進するキャンペーンでは、BSE に関する情報を広めるために 2 つの異なるリーフレットが女性に配布されました。パンフレットAには、「BSEに参加している女性は、より治療可能な早期の段階で腫瘍を発見する可能性が高いことが研究で示されている」と記載されている。パンフレットBは、「研究により、BSEの実施を控えた女性は、早期に、より治療可能な段階の癌性腫瘍を発見する可能性が高まることが明らかになった」と述べている。この研究は、パンフレットBの物語(「喪失フレーム」から書かれた)が、著しく大きな認識を生み出したことを示したパンフレットA(「獲得枠」に記載)より挙動が変わります。

損失の恐怖は、同等の価値のあるものを得るという見通しよりも人々を動機づけるので、あなたの会社が住宅断熱製品を提供している場合、顧客の購入を促す効果的な方法は、断熱材がいくらかではなく、断熱材がなければどれだけのお金を失う可能性があるかを顧客に示すことです。たとえ両方の金額が同じであっても、それで節約できるかもしれません。

株式市場では、含み損は実際の損失よりも痛みが少ないため、投資家は紙上の損失を無視することがよくあります。そのため、たとえ回復やさらなる下落の可能性が低いとしても、彼らは投資家であり続けます。私はかつて、一瞬で100ドルを失ったことに非常に動揺している大富豪に会ったことがあります。しかし、彼のポートフォリオは少なくとも毎秒これだけ変動しました。彼のポートフォリオは毎秒少なくともこれだけ変動するため、この感情は不当であると説明しようとしました。

大企業の管理者は通常、従業員にもっと大胆で起業家精神を持つよう奨励しますが、実際には多くの従業員がリスクを回避する傾向があります。彼らの観点からすると、これは当然のことです。ボーナスの増加、あるいはそれより悪いもの、つまりピンクスリップをもたらす可能性のあるものに、なぜ危険を冒す必要があるのでしょうか?ほとんどの場合、状況では、潜在的な報酬よりもキャリアの保護が優先されます。そのため、従業員のリスクテイクが不足しているように見える理由に困惑していた人は、その理由がわかりました(ただし、従業員が重大なリスクを負う場合、これは多くの場合、次のような装いで行われます)グループの決定 - 社会的手抜きについては第33章で詳しく学びます)。

悪は善よりも強力で蔓延しています。私たちは、ポジティブなことが起こったときよりも、ネガティブなことが起こったときに、より強く反応する傾向があります。街中では笑顔の顔よりも怖い顔の方が目立つ傾向があります。私たちは悪い行動をより長く覚えています - それが自分自身に関係する場合を除いて!
ハウスマネー効果 (第84章) も参照。養老効果 (第23章)、社会的手抜き、(第33章) デフォルト効果、サンクコストの誤謬とフレーミング、さらに詳しい洞察については、第42章の影響ヒューリスティックを参照してください。(CH 66)。

なぜチームメンバーは怠け者なのか

ソーシャル手抜き

1913 年、フランスの技術者マクシミリアン リンゲルマンは馬のパフォーマンスに関する研究を実施しました。驚いたことに、2頭の馬が馬車を引いても、1頭の馬の2倍にはならなかった。この結果に当惑したリンゲルマンは、研究の対象を人間に変えました。複数の人が同時にロープを引っ張り、各人が加える力を個別に測定したところ、2 人が一緒に引っ張ると、それぞれの力の平均 93% が一緒に引っ張るのに費やされることがわかりました。3 社が協力すると、投資は 86% に下がりました。3 つを合わせるとわずか 49%!

科学ではこの現象を社会的手抜き効果と呼んでいます。これは、個人のパフォーマンスが容易に認識できない場合、つまり個人の貢献が観察者に直接見えるのではなく、集合的な取り組みに溶け込んでいる場合に発生します。社会的手抜きはボート競技ではよく起こりますが、個人の貢献が明らかになる駅伝では起こりません。社会的手抜きは合理的な行動である可能性があります。半分で済むのに、なぜすべてのエネルギーを投資するのでしょうか。誰にも気付かれずに近道をすることもよくあることです - リンゲルマンの馬のように！全体として、社会的手抜きは、リンゲルマンが敵対者に対して取り組んだときと同じように、私たち全員が無意識のうちに関与している罪を犯している一種の不正行為であると見なすことができます。

人々が協力すると、個人のパフォーマンスが低下する傾向がありますが、これは驚くべきことではありませんが、注目すべきは、個人のパフォーマンスが低下しているにもかかわらず、私たちが継続的にインプットを行っていることです。私たちが完全に諦めて、すべての大変な努力を他の人に任せることを妨げているのはなぜでしょうか?結果 - パフォーマンスがゼロであることが注目され、グループからの排除や中傷などの深刻な結果につながる可能性があります。進化は私たちに、どれだけの怠惰が自分自身から気づかれずに通過するか、あるいは他人の中にどれだけ検出されるかを識別できるように、細かく調整された感覚を与えました。

社会的手抜きは身体的なパフォーマンスをはるかに超えて広がります。私たちは精神的にも緩みます。たとえば、参加者が多すぎる会議では、20 人または 100 人しか出席していない場合に比べて、個人の参加が弱くなる傾向があります。ただし、このしきい値を超えると、パフォーマンスレベルは頭打ちになります。グループが 20 人のメンバーで構成されているか、100 人のメンバーで構成されているかは、慣性が最大に達し、パフォーマンスの可能性が最大に達しているため、問題ではありません。

しつこい疑問が 1 つ残っています。それは、チームが個人を上回るという概念を誰が発案したのかということです。おそらく日本人でしょう。30年前。

ビジネス経済学者は日本の産業の奇跡を調査し、工場がチームに組織されているのを観察しました。その後、ビジネス経済学者はこのモデルを模倣しようとしましたが、成功はまちまちでした。一部のチームは非常に優れた成績を収めましたが、他のチームはそうではありませんでした（おそらくそこでは社会的手抜きがほとんど起こらなかったため）。一方、ヨーロッパでは、多様でありながら専門的な人々で構成されたチームが全体的に最高の成績を収めました。そのようなグループ内では、個々のパフォーマンスを簡単に特定し、追跡することができます。

社会的手抜きは深刻な影響を与える可能性があります。グループのメンバーは、グループの不正行為や不適切な決定に対する参加と説明責任の両方を制限する傾向があります。誰も一人で責任を負いたくないのです。ひどい例の一つは、ニュルンベルク裁判でのナチスの訴追です。議論が少なく、取締役会や経営陣を考慮してください。私たちは責任を取ることを避けるために、チームの決定の背後に隠れることがよくあります。この行為は責任の分散として知られています。また、チームの力関係により、個人で行う場合よりも大きなリスクを負うことになります。メンバーは、何か問題が起こっても個人的な責任は問われないと考える傾向があり、それが危険なシフトにつながります。この現象は、数十億ドルの危機に瀕している企業や年金基金のストラテジスト、および核兵器の配備時期をグループが決定する国防部門の間で特に危険です。

結論: 人はグループにいるときと一人でいるときでは行動が異なります (そうでなければグループは存在しないでしょう)。グループのマイナス面は、個人のパフォーマンスを可能な限り可視化することで相殺できます。実力主義万歳！パフォーマンス社会万歳！

モチベーション クラウディング (ch. 56);社会的証明 (ch. 4);グループシンク（第25章）。損失回避 (第 32 章)

紙に囲まれていませんか？

指数関数的な成長

一枚の紙を繰り返し 2 つに折り、今回はもう一度折り重ねます (合計 50 回) と想像してみてください。50回折りたたんだ後の厚さはどれくらいになると推定しますか?読み続ける前に、推測をメモしてください。

2 番目のタスク。以下の 2 つのオプションのいずれかを選択します。A) 今後 30 日間、毎日 1,000 ドルを差し上げます。B) 1 日目から毎日 1 セントを与え、2 日目に 2 セント、その後 4 セントというように 31 日目が到来し、その後毎日報酬の合計が 8 セントに達するまで与えます。しかし、A か B のどちらかをすぐに決めますか?

準備したの？コピー用紙の厚さが約 0.004 インチであると仮定すると、50 回折った後の厚さは 6,000 万マイルを超えます。これは、電卓で測定した地球と太陽の間の距離に等しい。質問 2 に答えるとき、オプション B を選択することはあまり魅力的ではないように思えるかもしれませんが、わずか 30 日間で A よりも多くの報酬が得られます。オプション A を選択すると 30,000 ドルが得られますが、B は 500 万ドル以上になります。

直線的な成長を直感的に把握できます。しかし、私たちには指数関数的 (またはパーセント) 成長の感覚がありません。おそらく、私たちの祖先が以前はそれを必要としていなかったからでしょう。彼らの経験は直線的な傾向があり、ベリーの収集に 2 倍の時間を費やすと 2 倍の収益が得られ、マンモスを 1 匹ではなく 2 匹殺すと狩りの時間が半分に延びました。しかし今日では、指数関数的な成長はもはや珍しいことではありません。石器時代には、人々が指数関数的な成長に遭遇することはほとんどありませんでした。今は状況が違います。

「交通事故は毎年7%ずつ増加している」と、ある政治家は警告する。これが何を意味するのかを直観的に理解するために、簡単な公式を使ってみましょう: 70 割る 7 = 10 年 - これは、交通事故が 10 年ごとに 2 倍になることを示しています (なぜ 70 という数字なのかについては、注記のセクションを参照してください)。これは憂慮すべきシナリオを示しているでしょう。この数字に見慣れない場合は、対数に注目してください。その定義はそこにあります)。

別の例: インフレ率は 5% であり、多くの人々はインフレがそれほどの脅威ではないと考えています。倍増時間を計算するまでは、70 割る 5 = 14 年です。つまり、14 年後には 1 ドルが 2 倍になるまでです。価値が半分になる - 普通預金口座を持つ人にとっては絶対的な災害です。

あなたがジャーナリストで、あなたの街の犬の登録数が毎年 10% ずつ増加していることを報告していると想像してください。このニュースを読者にどのように伝えますか?誰も気にしないので、代わりに「犬の洪水: 7 年間で雑種犬の数が 2 倍に!」と発表しましょう。誰もそれほど気にしないでしょう - 登録数が 10% 増加したことも気にしないでしょう。

指数関数的に成長するものは永遠に続くことはありません。多くの政治家、経済学者、ジャーナリストがこの真実を忘れています。このような成長は最終的には限界に達します。たとえば、大腸菌は 20 分ごとに分裂し、数日以内に地球を覆う可能性がありますが、利用可能な以上の酸素と糖を消費するため、継続できなくなります。したがって、その成長は最終的に行き詰まり、途絶えてしまいます。

古代ペルシア人は、成長率に伴う困難を理解していました。これは興味深い地元の物語です。ある賢明な廷臣が王にチェス盤を贈り物として贈り、どのように感謝したらよいかと尋ねました。彼の返事は？ 1マスにつき1粒を覆うように米で覆い、その後は1マスにつき2回、さらに2粒ずつ増やしていきます。驚いたダレイオス王は、これほど立派な廷臣たちからこのようなささやかな要請があったのは、彼らにとって本当に光栄なことだと答えました。

しかし、彼はどのくらいの量の米を必要とするでしょうか？最初は1袋程度と見積もっていました。使用人たちがその仕事を始めたとき、つまり、各正方形に 1 つの穀物を順番に置き、1 つの正方形に 4 つの穀物ができるようにするという作業を始めたとき、彼は地球上で入手可能な穀物よりも多くの穀物が必要であることに気づきました。

成長率に関しては、直感に頼らないでください。直感はありません。代わりにそれを受け入れてください。本当に役立つのは、計算機を使用することです。成長率が低い場合には、魔法の数字として 70 を使用することです。

シンプルロジック (第 63 章) も参照してください。確率の無視 (第 26 章);少数の法則 (第 61 章)

熱意をコントロールする

勝者の呪い

1950年代のテキサス。石油会社 10 社が、1,000 万ドルから 1 億ドルの価値のある土地を競売にかけます。入札中に価格が高騰すると、より多くの企業が入札をやめ、最終的には 1 社が最高額で入札し、シャンパンのコルクがはじける勢いでオークションに勝ちます。

「勝者の呪い」とは、油田オークションで一貫して落札者となった企業が過払い金を支払い、その後破産したと業界アナリストが指摘したように、オークションの勝者が最終的には敗者になることが多いということだ。1000万ドルと1億ドル。推定値は多くの場合、その中間に位置します。多くの場合、オークションの高額入札額はその真の価値を超えます。しかしテキサス州では、石油管理者らは結局、犠牲を伴う勝利となった勝利を祝った。

今日、この現象は私たち全員に影響を与えています。eBay から Groupon、Google AdWords まで、価格は eBay から Groupon、Google AdWords までオークションによって設定されます。携帯電話の周波数をめぐる入札合戦により、通信会社は倒産に近づく。空港は最高入札者に商業スペースを貸し出す。あるいは、ウォルマートが洗剤の展開を計画しており、5社のサプライヤーに入札を求めている（実質的には、当選と勝者の呪いで呪われるというリスクを伴うオークションだ！）。ウォルマートでさえ、オークションを通じて商品を導入しています。サプライヤーに 5 社の入札を求めるのは単なるオークションです。今回だけは呪われる危険があります。

日常生活のインターネットオークションは業者にも広がりました。壁の塗装が必要になったとき、近くの塗装業者を探すのではなく、代わりにオンラインに広告を掲載しました。300マイル離れたところから集まった30人の塗装業者が競って、あまりにも低額の見積もりを提示したため、私には受け入れられなくなりました。モール！最高のオファーは、あまりにも貧しい人からのものだったので、勝者の呪いを免れるために、同情心から断りました。

新規株式公開 (IPO) や合併・買収 (一般的には合併・買収と呼ばれます) もオークションと見なすことができます。残念なことに、マッキンゼーのある調査によると、買収の半分以上が価値を破壊しました。

なぜ私たちは勝者の呪いに屈してしまうのでしょうか？いくつかの要因が作用しています。まず、多くのものの実際の価値は依然として不確実です。さらに、より多くの利害関係者がいると、過度に熱心な入札が行われる可能性が高くなります。2 つ目はベンダー間の競争です。マイクロアンテナ工場を経営する友人の一人は、iPhone の開発時に Apple がサプライヤーを求めて熾烈な入札合戦を引き起こした経緯を語った。たとえ勝ち取ったサプライヤーにとって将来的には経済的損失を意味するとしても、誰もが正式な契約を望んでいたのだ。

100ドルでいくら提供しますか？あなたと相手がオークションに招待され、最も高い金額を提示した人が落札され、両方の入札者がその時点で最終的な金額を提示しなければならないとします。あなたの入札額はどれくらいになるでしょうか?あなたの観点からすると、20ドル、30ドル、または40ドルを提示するのは理にかなっています。相手も同じことをしており、100ドル札について議論するときは99ドルでも妥当であるように思えますが、今度は代わりに100ドルを提案するようになっています。これが最高入札額のままであれば、彼は損益分岐点になります (100ドルに対して100ドルを支払う) 一方で、あなたは99ドルを咳き込むだけで済みます。これが最高入札額である限り、両プレイヤーは互角の勝負を勝ち取ることになります。したがって、入札を続行します。110ドルでは、10ドルの損失が保証されます。対戦相手は $109 (最後の入札額) を用意する必要があります。これは、どちらかまたは両方が完全にプレイを放棄するまで、両方がプレイを続けることを意味します。あなたはいつ入札を停止し、競合他社はいつ入札を停止しますか?友達と一緒にテストしてみましょう！

ウォーレン・バフェット氏は、オークションに関して「行かないでください」と的確なアドバイスを行った。あなたの業界でオークションが必要な場合は、最高価格を設定し、勝者の呪いに対する相殺としてそこから20%を差し引いてください。この数値を書き留めておき、決してそれを超えないようにしてください。

詳細については、「養老効果」(ch. 23) を参照してください。

作家は作家に自分の小説が自伝的かどうか決して尋ねてはなりません

基本的な帰属エラー

新聞を開くと、また別の CEO が業績不振により追放されたことを知りました。一方、スポーツのセクションでは、選手 X またはコーチ Y がチームの勝利シーズンに大きく貢献したと書かれていますが、歴史書には、ナポレオンが 1800 年代初頭のフランスで軍隊を率い、成功を収めた責任があると書かれています。「すべての記事には顔がある」というのは、どのニュース編集室でも譲れないルールのように思えます。ジャーナリスト (およびその読者) は、あらゆる「人物の角度」に注意を払うことで、この原則をさらに推し進めます。この「人物の視点」の結果として、多くのジャーナリスト(そして読者も同様)が根本的な帰属の誤り、つまり外部の状況要因を過小評価しながら個人の影響力を過大評価することによって引き起こされる誤りの餌食になります。

デューク大学の研究者は1967年に実験を行った。参加者は、実際の見解に関係なく、割り当てられた著者からフィデル・カストロを称賛または中傷する議論を読んだ。しかし、ほとんどの聴衆は、彼の発言が彼の本当の意見を表していると信じ、外部要因、つまりそれを作成した教授を無視しました。

基本的な帰属エラーは、ネガティブなイベントを管理可能な単位に単純化するのに特に効果的です。サラエボのユーゴスラビア人暗殺者が第一次世界大戦を担ったとか、ヒトラーが自ら第二次世界大戦を始めたように、私たちは戦争の責任を個人に帰すことが多いが、たとえ戦争は、金融市場と同じように、複雑な力学を私たちが完全に理解することはおそらく決してないだろう予測不可能な出来事であるにもかかわらず、そして気候問題も！

企業が良い業績か悪い業績を発表するとき、真実を知っているにもかかわらず、すべての目がその CEO に集中する傾向があります。経済的な成功は、業界の魅力など、企業がコントロールできない要因によって大きく左右されます。より繁栄している企業ではCEOが交代することはめったにないのに比べて、低迷している業界の企業がCEOを交代する頻度がいかに高いかは注目に値します。
困難に直面している業界は、採用活動にあまり慎重になっていないのでしょうか?このような決定は、サッカーのコーチとクラブの間で起こっていることと同じくらい非合理的であるように思えます。

私の故郷、スイスのルツェルンでは、私に感動を与えてくれる魅惑的なクラシックのリサイタルがたくさんあります。しかし、休憩中の会話はほとんど指揮者とソリストのみに集中する傾向があり、作曲が話題になることはほとんどありません。ただし、作曲家たちがオープンに議論できる世界初演のときは別だ。何故ですか？音楽の真の奇跡は作曲にあります。一見何もないところから音、雰囲気、リズムを作り出します。しかし、(指揮者やソリスト、あるいは指揮者やソリストとは異なり) 実際にはこれら 2 つの要素がそのスコアの演奏を構成しているときに、スコアには指揮者やソリストと比較する対象がないということを考慮することができないため、このスコアは過小評価されることがよくあります。

小説作家として、私は朗読をした後 (それ自体が物議を醸す可能性があります)、人々が「あなたの小説のどの部分が自伝的ですか？」と尋ねるたびに、この根本的な帰属の間違いに遭遇します。このようなとき、私はこう叫び返したいと思う。「それは私のことではありません。この本、文章、言語、そして物語についてです！」しかし、私の教育のせいで、そのような爆発が頻繁に起こることはありません。

帰属の誤りを厳しく判断すべきではありません。他の人々に対する私たちの執着は、私たちの進化の過去に由来しています。グループのメンバーシップは生存のために不可欠でした - 繁殖、防御、大型動物の狩猟は、部族の助けなしには不可能でした - 追放は確実な死を意味しました。ソロライブを選択した人は、同様に特定の運命に直面することがよくありました。

しかし、生き残った人々さえも最終的には遺伝子プールを去り、その後の世代の生活はさらに困難になりました。私たちの生活は他者に依存し、他者を中心に回っていました。これは、私たちがなぜ今日も他人のことで頭がいっぱいで、時間の約 90% を他の人のことを考えることに費やし、他の要因や状況を考慮することに 10% しか当てていない理由を説明しています。

結論: 私たちは人生の光景に魅力を感じますが、そこに住む人々は外部の助けを必要とせずに意思決定を行う理想的な人物とは程遠いです。彼らは自分の意志で行動するのではなく、状況から状況へと飛び回ります。現在の演劇やミュージカルを真に理解するには、その出演者だけでなく、俳優のキャラクターがどのように影響を受けているかに細心の注意を払う必要があります。
ストーリーバイアス (第 13 章) も参照してください。スイマーの身体錯覚 (Ch. 2)、顕著性効果 (Ch. 83)、ニュース錯覚 (Ch. 99)、ハロー効果 (Ch. 38)、および単一原因の誤謬 (Ch. 97)

語り手の語ることを信じてはいけない理由

誤った因果関係

アタマジラミはスコットランド北部のヘブリディーズ諸島の生活に欠かせない存在であり、アタマジラミがいないと宿主が病気になって発熱する原因となります。病気や高熱と闘うために、病気の人は意図的にシラミを髪に戻して熱を下げました。これらの新しいシラミが根を張り、再び定位置に定着すると、患者は改善を示し始めました。

ある都市で行われた調査によると、消火活動に出動する消防士の数が増えるほど、被害が大きくなることが判明した。これらの結果を受けて、市長はただちに雇用の即時凍結を発動し、それに応じて消防予算も削減した。

どちらの話も、ドイツの物理学教授ハンス・ピーター・ベック・ボーンホルトとハンス・ヘルマン・ダベンの著書に由来しています(残念ながら英語版はありません)。どちらの物語も、因果関係がどのように混乱するかを示しています。熱があるためにシラミが病人の頭から離れると、足が熱くなりシラミの存在は一時的になります。熱が下がると彼らは戻ってきます！そして、大規模な火災にはより多くの消防士が必要です。その逆はありません。

誤った因果関係は私たちを誤解させることが多く、ビジネス書の著者やコンサルタントは、この誤った考え方を利用して誤った因果関係の物語を売り込むことがよくあります。たとえば、「従業員のモチベーションが企業利益の向上につながる」という見出しを考えてみましょう。それは本当に根拠があるのでしょうか、それとも単に会社がうまくいっていると人々のモチベーションが高まるだけなのでしょうか?同様に、別の主張では、取締役会に女性がいることは収益性の向上と相関があると述べていますが、実際にそれはどのように機能するのでしょうか、それともこれらの企業は単に収益性の低い企業よりも多くの女性を取締役会に採用する可能性が高いだけなのでしょうか?こうしたビジネス書の著者やコンサルタントは、ビジネス書の執筆やコンサルティング、あるいはアドバイスの提供の際に、同様の誤った(少なくともあいまいな)因果関係を利用して行動することがよくあります。

アラン・グリーンスパンは、90年代に連邦準備制度理事会の長官として尊敬されました。彼の曖昧な発言は金融政策を正確な科学であるかのように見せかけ、アメリカを繁栄に向けて上向きの軌道に乗せ、政治家、ジャーナリスト、ビジネスリーダーなどから同様に賞賛を集めた。しかし、これらの評論家にとって残念なことに、米国と中国(米国の国債を容易に購入した低コスト生産国)との緊密な関係が、当初の想定よりもはるかに大きな役割を果たした。グリーンスパンは単に彼の政策が非常にうまく機能したことが幸運だっただけだ。
彼はよく任期を務めた。

科学者たちは最近、長期の入院が患者の健康に悪影響を与えることを示唆する研究を実施した。この情報は医療保険会社を喜ばせました。簡潔に残したい人は。しかし、すぐに退院できる患者はさらなる治療が必要な患者よりも健康であるため、長期滞在はまったく有害とは思えません。したがって、長期滞在は実際に良い結果をもたらす可能性があります。

あるいは、次の見出しを考えてみましょう。「事実: シャンプー XYZ を定期的に使用する女性は髪が強い。」科学的証拠はそのような主張を裏付けることができますが、この声明は実際には私たちに多くを伝えません - 少なくともシャンプーが髪を強くするということは！おそらく、強い髪を持つ女性がこの特定のブランドを使用する傾向があるのでしょう。ボトルに「太い髪のために特別に設計された」と書かれているからかもしれません。

最近読んだのですが、家に本がたくさんある生徒は学校の成績が高い傾向にあるそうです。この研究は書店員に後押しを与えたかもしれないが、この研究は誤った因果関係を証明した。教育を受けた親は子供の教育をより重視する傾向があり、一般に教育を受けた人は家に本がたくさんある。たとえそうであっても、埃を被った『戦争と平和』を一冊読んだだけでは、誰の成績も変わらない。重要なのは、親の教育レベルと遺伝子の両方です。

ドイツでは、1965年から1987年にかけて出生率とコウノトリのつがい数の減少との間に誤った因果関係が最も顕著に見られた。両方の傾向はほぼ相関しているように見えました。これはコウノトリが本当に赤ちゃんを運んでくるということなのでしょうか？間違いなくそうではありません。むしろ、この相関関係は単に偶然であった可能性があります。

結論: 相関関係は因果関係と同等ではありません。相関関係によって関連付けられたイベントを詳しく見てみましょう。原因のように見えたものが結果であることが判明したり、その逆の場合もあります。コウノトリと赤ちゃんの場合のように、明らかな因果関係がない場合もあります。

「偶然」（第 24 章）も参照。アソシエーションバイアス (Ch. 48);クラスター化幻想 (Ch. 3);ストーリーバイアス (Ch. 13) * 誘導 (Ch. 31) およびビギナーズラック (Ch. 49)

本質的には誰もが美しい

シリコンバレーの企業であるシスコは、かつてビジネスジャーナリストからニューエコノミーの象徴として称賛され、その素晴らしい顧客サービス、優れた戦略、タイムリーな買収、活気に満ちた企業文化、そしてカリスマ性のある CEO で高い評価を受けていました。2000 年 3 月までに、同社は世界で最も価値のある企業になりました。

翌年シスコの株価が80％下落すると、ジャーナリストらの見方が変わった。今や、同社の競争上の優位性は有害な欠点として認識され始めた。貧弱な顧客サービス、不明確な戦略、無謀な買収、ダサい企業文化、そしてやる気のないCEOが非難されているにもかかわらず、同社の戦略もCEOも変わっていなかった。ドットコム暴落のおかげで需要が減っただけで、この変化はドットコムとは何の関係もなかった。

「ハロー効果」は、全体の一側面が私たちを幻惑し、全体の認識を変えるときに発生します。シスコは、この現象が顕著に現れた例外的なケースでした。ジャーナリストたちは同社の株価に魅了され、それ以上の徹底的な調査を行わずに、その事業全体が同様に注目に値するものであると思い込みました。

ハロー効果は通常、次のように機能します。つまり、財務状況など、企業に関する把握しやすい詳細または顕著な詳細を取得し、そこから経営上のメリットや戦略の実現可能性など、評価が難しい側面についての結論を推定します。ここから、経営にメリットがあるか、戦略の実現可能性にメリットがあるかなど、正確であるかどうかわからない結論が導き出されます。単に評判が良いという理由だけでメーカーから製品を購入する場合など、何も期待されていないところで成功や優位性が与えられることもあります。別の例としては、ある業界の CEO が他の分野でも成功すると同時に、私生活でもヒーローになると信じていることが挙げられます。

エドワード・リー・ソーンダイクは約100年前に「ハロー効果」を発見しました。彼の観察は、個人の特質（美しさ、社会的地位、または年齢）が、外見などの他のすべてを圧倒する肯定的または否定的な認識を生み出す可能性があるということでした。この発見は、多くの研究で確認されており、見た目の良い人はより快適で、正直で、知的であるということに対する私たちの偏見が確認されています。また、魅力的な人は、人生全体で大きな成功を収めていることがよくあります。
これらの結果は、「女性は成功への道を眠っている」という神話とは何の相関性もありません。実際、教師は魅力的な生徒に魅力のない生徒よりも意図せずに高い成績を与えてしまいます。

広告はハロー効果という形で味方を見つけました。テレビ広告、看板、雑誌で笑顔を見せている有名人を想像してみてください。ロジャー・フェデラーのようなプロテニス選手がコーヒーマシンの専門家である理由は依然として不明です。それにもかかわら

ず、それがキャンペーンの成功を損なうことはありませんでした。私たちは、有名人が
なぜ自分たちのサポートがそれほど重要なのか疑問を持たずに任意の製品をサポー
トするのを見ることに慣れてきました。これはまさにハロー効果が潜在意識でどのように
機能するかです。私たちの頭の中に登録する必要があるのは、その製品に関連する
夢のようなライフスタイルを持つ魅力的な顔だけです。その後、ブーム、ブーム、成功
が続きます。

マイナス面としては、国籍、性別、人種が焦点になると、ハロー効果が大きな不公平や
固定観念につながる可能性があります。人種差別主義者や性差別主義者になる必要
はありません。ハロー効果によって視界が曇らされるだけです。ジャーナリスト、教育
者、消費者はいとも簡単に餌食になってしまいます。

あなたは恋に落ちた経験はありますか？もしそうなら、「一人の完璧な人」を見つけたと
きの高揚感を理解できるでしょう。彼らは魅力的で、知的で、好感が持て、温かいよう
に見えますが、他の人は明らかな欠点を指摘するかもしれません。目に入るのは愛ら
しい奇行ばかりです！

このハロー効果を軽減し、本当の特徴を明確にするには、額面以上のことに注目し
て、目を引く最も顕著な特徴を排除します。オーケストラは、性別、人種、年齢、外見
が決定に影響しないように、スクリーンの前で候補者を審査することによってこれを行う
ことがよくあります。ビジネスジャーナリストも同様に、四半期ごとの数字以外にも目を
向けることを検討すべきだ(株式市場はすでにそれを提供している)。さらに深く掘り下
げる - 研究に時間とエネルギーを投資すると、予期せぬ、しかし教育的な発見が得ら
れることがよくあります。

関連項目: 基本的な帰属の誤り (第 36 章)。顕著性効果 (ch. 83);スイマーの体の錯覚
(ch. 2) コントラスト効果 (ch. 10)。期待 (第62章)

おめでとう！ロシアンルーレットに勝ちました

代替パス

あなたがあなたの街の外の近くの森でロシアの寡頭政治家と会う約束をしていると想像してみてください。その後すぐに彼はスーツケースと銃の両方を持って到着します。車のボンネットにスーツケースを置いて、中身が見えるようにすると、総額 1,000 万ドルの現金が山積みになっています。ロシアンルーレットをプレイするかどうか尋ねられたとき、彼はこの戦略を提案し、すべてを勝ち取るために引き金を 1 つ引くよう勧めます。現在空の 5 つの弾丸が 1 つあれば、引き金を 1 回引くだけですべてがあなたのものになります。考えられるすべての結果を考慮します。1,000 万ドルがあればすべてが変わります。二度と仕事をしたり、切手収集から切手収集、切手収集、切手収集からスポーツカー収集に移行したりする必要はありません。

挑戦を受け入れると、リボルバーをこめかみに当てて引き金を絞り、カチッという音が聞こえた後、体中にアドレナリンが駆け巡るのを感じましたが、何も起こりませんでした。部屋は空だった！お金を手に入れたあなたは、地元住民の間で動揺を引き起こす豪華な別荘を建設する可能性が高い、最も美しい都市の 1 つに引っ越します。

現在近くに自宅がある隣人の一人は、熟練した弁護士で、弁護士としては珍しくない時給 500 ドルで、年間 300 週以上、1 日 12 時間働いています。税金と生活費を差し引いた彼の年間純貯蓄額は、あらゆる出費を考慮すると50万に達する。彼が私道で通り過ぎるたびに、あなたは心の中で微笑みます。彼はあなたに追いつくだけでも 20 年かかります。

想像してみてください。20 年後、勤勉な隣人が 1,000 万ドルを蓄えることに成功しました。ある日、ジャーナリストがやって来て、あなたの地域のより裕福な住民に関する記事を書きます。その記事には、あなたとあなたの隣人が取得した壮観な建物や後妻の写真、インテリアデザインの特徴、絶妙な景観の詳細が掲載されています。しかし、重要な違いが 1 つ隠されたままです。それは、それぞれの 1,000 万ドルの口座の背後にリスクが潜んでいることです。この作品が意味をなすためには、それぞれが利用できる代替パスを認識する必要があるでしょう。

しかし、このスキルが不足しているのはジャーナリストだけではありません。私たち全員がそうしています。
代替パスとは、発生する可能性があったにもかかわらず発生しなかったすべての結果を指します。ロシアン ルーレットをプレイする場合、1,000 万ドルを獲得する可能性のある 4 つの道があり、他の 5 つは死につながる可能性があり、大きな違いが生じます。対照的に、弁護士の場合、彼らが考えられる道は近くにある傾向があります。田舎では時給200ドルを稼ぐ。しかし、ニューヨークの都市部では、大手投資銀行の一つで働けば、財産や命を失う危険を冒さずに、時給600ドルを得ることができた。

代替パスが常に表示されるとは限らず、私たちがそれを考慮することはほとんどありません。しかし、ジャンク債やオプション、クレジット・デフォルト・スワップで何百万ドルも儲けようと投機する人は、破滅へ真っ直ぐにつながる多くの代替ルートを心に留めておくべきだ。合理的な頭脳であれば、よりリスクの高い手段で得た 1,000 万の価値は、より日常的な仕事で得た価値よりも低いと主張するでしょう (ただし、会計士は同意しないかもしれません)。

最近、私はアメリカ人の友人とのディナーに出席しましたが、その友人が、誰が請求書を支払うべきかコインを投げて確認しようと提案しました。残念なことに彼は負けてしまったので、彼が私のゲストとしてスイスに来ていたとき、この気まずい状況は私にとってさらに厄介なものになりました。「次回は、ニューヨークに来ても、ニューヨークに帰っても、半分は自分で負担するつもりです」と私は約束しましたが、彼はこれについて考え、「代替手段を検討すると、すでに半分払っているかもしれません」と言いました。

結論: リスクは目に見えないことが多いため、リスクの高い取引を伴う意思決定を行う前に、可能な代替手段を常に評価してください。このような危険な手段によって達成された成功は、最初は魅力的に見えるかもしれませんが、合理的な心にとっては、より骨の折れる手段(たとえば、弁護士、歯科医、スキーインストラクター、パイロット、美容師、コンサルタントになるなど)によって達成された成功と比較すべきではありません。外部の視点から他の道を見るのは困難ですが、自分の内側を見つめることは、ほとんど不可能に近い。なぜなら、脳は、危険が伴うと認識されているにもかかわらず、その価値を納得させようと懸命に働き、現在検討されている道以外の道を歩もうとする考えを積極的にブロックしてしまうからである。

ブラック・スワン (ch. 75) も参照。曖昧さ回避 (ch. 80)、後悔の恐怖 (ch. 82)、自己選択バイアス (ch. 47)

偽預言者

予測の錯覚

専門家は毎日私たちに予測を浴びせかけますが、それらは実際にどの程度信頼できるのでしょうか？最近まで誰もわざわざ調査しようとはしませんでした。しかしその後、フィリップ・テトロックがやって来ました。彼は10年間にわたって、284人の自称専門家による28,361件の予測を評価しました。彼の結果は、精度の点でランダム予測ジェネレーターに比べてわずかな改善しか示さなかった。カナダ、ナイジェリア、中国、インド、インドネシア、南アフリカ、ベルギー、さらにはEUの崩壊を予言した破滅預言者らに対し、メディアの寵児たちは特に成績が悪かった。どれも爆破していない！

ジョン・ケネス・ガルブレイスは、「予報官には二種類しかいない。何も知らない人と、自分が何も知らないことに気づいていない人だ」と述べたことは有名であり、その職業において彼自身は広範な批判を浴びた。ファンドマネジャーのピーター・リンチ氏はさらに雄弁に次のように要約した。これを2回成功させていたら、今頃彼らは全員億万長者になっていただろう。しかし、そのほとんどが依然として有給で雇用されており、これが私たちに何かを物語っている。これは10年前に公開されたものですが、現在では、品質予測にまったく影響を与えることなく、この数字は3倍になる可能性があります。

問題は、専門家がほとんど影響を受けずに無制限の裁量権を享受していることです。専門家が期待を裏切ったり、規制に違反した場合、その行為は効果的な管理や管理が困難な重大な影響を与える可能性があります。
専門家がうまくやれば、宣伝、コンサルティングのオファー、出版契約を得ることができます。完全にそれを怠った場合でも、経済的または評判上の罰則は適用されません。このインセンティブは、彼らにできる限り多くの予言を生み出す動機を与えます。実際、彼らが生成する予測が偶然に現実になることが増えます。理想的には、専門家は、予測ごとに1000ドルなど、ある種の予測基金に支払うべきです。彼らの予測が的中した場合、投資と利息が戻ってきますが、不正確な予測によって失われたお金は代わりに慈善活動に寄付されます。

では、正確に何が予測でき、何が予測できないのでしょうか？いくつかのことは非常に簡単に予測できます。来年の体重は大体どれくらいになるかわかっています。しかし、複雑さと期間が増すにつれて、地球温暖化、原油価格、為替レートなど、その将来を予測する私たちの能力も高まります。発明も同様に不可知です。将来どのようなテクノロジーを発明するかを知っていたら、すでにそれらを生み出していたでしょう。

予測に遭遇したときは懐疑的になってください。私は、専門家による予測を聞いたときはいつも笑顔で、専門家による予測について2つの質問を自分に投げかけます。1) 彼らが間違った予測をし続ける動機は何ですか？ 2) 専門家が従業員として働いている

場合、予測が外れ続けた場合、その専門家は仕事を危険にさらす可能性があります
か?彼らは書籍や講演で資格を取得し、報酬をもらっているコンサルタントでしょうか、
それとも自費出版や公開講演で生計を立てている自称達人でしょうか？メディアの注
目に依存している人は、メディアによって報道されないことも多い衝撃的な予言をする
傾向があります。第二に、5年間の予測の的中率はどのくらいでしたか - 予測者は何
件の予測を行ったのか、何件が的中し、どれが正しくなかったのか - この情報はメディ
アによって決して報道されるべきではないため、実績を提供せずに予測を公表しない
でください。評論家から。

トニー ブレアはかつてこのように述べました。「私は予測をしません。予測はしませ
ん。」決して持っていないし、決してないだろう。
「期待」(第 62 章)も参照してください。計画の誤謬 (ch. 91);権威バイアス (第 9 章);後
知恵バイアス (第 14 章);自信過剰の影響 (ch. 15);コントロールの幻想 (ch. 17);ヘドニッ
クトレッドミル (ch. 46) と Black Swans (ch. 75)

特定の事件の欺瞞性

クリスは 35 歳です。彼は 10 代の頃に社会哲学を学び、それ以来発展途上国に興味を持ちました。卒業後、クリスは西アフリカの赤十字社で 2 年間働き、その後ジュネーブ本社に戻りアフリカ援助部門の責任者としてさらに 3 年間勤務し、最終的に MBA を取得し、企業の社会的責任に関する論文を執筆しました。現在、A) クリスは主要銀行の 1 つに勤めており、そこで第三世界の財団も監督しているか、B) のどちらかである可能性が高いようです。どのシナリオが最も可能性が高いと思われますか?

ほとんどの人は選択肢 B を選択する傾向がありますが、これは誤った対応です。B は、クリスが大手銀行に勤務していることと、追加の条件が満たされたことの両方を述べています。つまり、銀行の第三世界の財団内で働いている従業員は、銀行家の少数のグループで構成されています。したがって、選択肢 A の可能性が高くなります。ノーベル賞受賞者のダニエル・カーネマンとエイモス・トベルスキーは、この現象を広範囲に研究しました。

人間として、私たちは心地よく思える、あるいはもっともらしく見える物語に惹かれます。援助活動家クリスに関する説得力のある話は、誤った推論のリスクを高めます。もし私がこの質問を別の言い方で表現していたら、あなたはこれらすべての追加の詳細が過剰であると認識したかもしれません。おそらく例:「クリスは 35 歳で、A) セントラルパークを見下ろす 24 階にオフィスがあるニューヨークの銀行、または B) どちらでもないのいずれかで働いています。」

もう一度、シアトルの空港閉鎖とフライトキャンセルの例を考えてみましょう。どのシナリオが最も可能性が高いでしょうか?この例では、B は悪天候という追加の条件が満たされたことを意味するため、A の可能性が高くなります。爆破予告、事故、ストライキなどの他の可能性を考慮すると、閉鎖される可能性もあります。しかし、おそらく A や B のようなもっともらしい話を考えるとき、私たちはそのようなことを考慮しません。このプロセスをよりよく理解できたので、友達と一緒にやって、どちらの結果が最も好ましいかを確認してください。

専門家でも接続詞の誤謬に陥る可能性があります。1982年の将来の研究に関する国際会議で、ダニエル・カーネマン主催のイベントで専門家（全員学者）が2つのグループに分けられた。グループAは石油消費量が30％減少するという彼の予測を受けた。グループBは「原油価格の高騰で消費が3割減る」と聞いた。次に、両方のグループは、各シナリオがどの程度可能性が高いかを示す必要がありました。グループ B がグループ A よりも自分たちの予測についてはるかに強く感じていることがすぐに明らかになりました。

カーネマンは 2 つのタイプの考え方を信じています。1 つは直感的、自動、直接的なタイプです。2つ目は、意識的で、合理的で、時間がかかり、労力がかかり、論理的です。残念なことに、直観的思考は、意識が結論を下すずっと前に結論を導き出します。私は、9/11の世界貿易センター攻撃の後、特別な「テロ補償」が追加された旅行保険を探していたときに、これを個人的に経験しました。たとえ他の政策がテロ行為を含むあらゆる起こり得る事件をカバーしていたにもかかわらずです（しかし、とにかく私はその提案に騙されました！）。さらにばかばかしいのは、魅力的だが不必要に見えるアドオンに喜んで追加料金を払ったことです。

結論: 左脳と右脳を混同しないでください。直観的思考と意識的思考はさらに大きく異なります。重要な決断を下すときは、この違いを念頭に置いてください。無意識のうちに、私たちはもっともらしい話を好む傾向があります。追加の条件を満たす必要があるものではなく、都合の良い詳細や、納得できるハッピーエンドに注目してください。条件を追加すると、可能性は増加するのではなく減少することに注意してください。

「Base-Rate Neglect (ch. 28)」も参照してください。ストーリーバイアス (ch.13) 42

何を言うかではなく、どのように言うかが重要です

フレームを構成するときは、次の 2 つのステートメントを考慮してください。

「おい、ゴミ箱が溢れてるぞ！」

「ゴミ箱を空にできたら本当に素晴らしいですね、ハニー。」

調性が音楽を作ります。重要なのは、メッセージがどのように伝わるかです。異なる方法で伝えられたメッセージは、受信者によっても異なる方法で受け取られます。このテクニックは心理学の用語でフレーミングとして知られています。

カーネマンとトベルスキーは 1980 年代に実験を実施し、流行抑制戦略の 2 つの選択肢を提示しました。参加者には、600 人の命が危険にさらされているが、選択肢 A か選択肢 B のどちらかがあればそのうち 200 人が救われると告げられた。オプション B では、600 人全員が生き残る可能性は 33% のみで、誰も生きて生還できない可能性は 66% で、どちらのシナリオでも 200 人の生存者が生き残ると予想されていました。ほとんどの回答者は、生き残る可能性がより高いという理由で、選択肢 B ではなく選択肢 A を選択しました。具体的なものを持っていたほうが、後で失うよりは良いという知恵を信じているからです。同じ選択肢を再構成すると、非常に興味深いものになりました。「選択肢 A では 400 人が死亡する」一方、「選択肢 B では、誰も死なない確率は 33%、600 人全員が死亡する確率は 66%」です。その時点では、A を選択したのは少数で、ほとんどが B を選択しました。研究者らは、ほぼすべての参加者が顕著なU ターンをしていることに注目した。フレーズ（生き残るか死ぬか）が意思決定を完全に変えるかどうかに依存します。

一例: 研究者らは、99% 無脂肪、1% 脂肪と表示された 2 種類の肉を人々のグループに提示し、どちらがより健康的であるかを尋ねました。彼らがどれを選んだかわかりますか?あなたの推測は正しかった - 回答者は、脂肪含有量が高いかどうかに関係なく、最初の選択肢を選択しました。

光沢仕上げは、ますます人気のあるフレーム形式です。ルールによれば、株価下落は修正の対象となり、過大な買収価格は「のれん」となる。
どの管理コースも魔法のように問題を機会や課題に変えます。解雇されることは「自分のキャリアを再評価する」機会となり、戦死した兵士への対処は機会を創出したり課題に対処する機会とみなされる。

戦場での死は戦争の英雄の地位と同等になります。その原因や方法に関係なく。大量虐殺は「民族浄化」となり、たとえばハドソン川への緊急着陸は航空の勝利として称賛される（確かに、教科書通りの着陸はそのような勝利としてさらに価値があるだろう

が！)。たとえば、ハドソン川への緊急着陸の成功は、そのような成果として広く称賛されています (空港の滑走路は、航空のさらに大きな勝利として数えられるべきではないでしょうか?)

ETF(上場投資信託)の目論見書やパンフレットをじっくり見たことがありますか?通常、パンフレットには、フレーミングと呼ばれる魅力的な上昇曲線を作成するのに十分な歴史的詳細を含む最近のパフォーマンス統計が示されています。シンプルなパンは、別の素晴らしい例として役立つかもしれません。16 世紀の宗教改革時代に見られたように、キリストの象徴的な体として表現されるか、実際の体として表現されるかによって、宗教内に不和が生じる可能性があります。

フレームは商業でも効果的に使用できます。中古車セールスマンのメッセージは、セールスマンが伝えるメッセージ、特定の機能や独自の基準を宣伝する看板などを通じて、消費者が購入を検討する際に特定の要素のみに注目するように導きます。たとえば、走行距離が少なく、タイヤが良好な中古車をセールスポイントとして見る場合、多くの場合、エンジンの状態、ブレーキの状態、内装の状態などとは無関係に、他のどの側面よりも走行距離やタイヤに重点を置きます。残念ながら、購入を決定する際に、考えられるすべての長所と短所を考慮するのは難しい場合があります。車を販売するときに他のフレームが使用されていたら、私たちは今とは異なる選択をしていたかもしれません。

著者は優れたフレーマーです。犯罪小説は、すべてのページが単に各殺人事件が起こったまま、つまり「刺し刺しごと」に表示されているだけでは、すぐに退屈になってしまいます。動機や凶器が徐々に明らかになってきても、フレーミングによって物語にドラマとサスペンスが加わります。

結論: どのようなコミュニケーションにもある程度の枠組みが含まれていることを意識してください。あらゆる事実は、信頼できる友人から提供されたものであっても、信頼できる新聞に掲載されたものであっても、この章の内容であっても、フレーミング効果の影響を受ける可能性があります。

コントラスト効果 (ch. 10) も参照してください。コントラスト回避 (ch. 21);後悔の恐怖 (ch. 82);損失回避 (第 32 章);互恵性 (第 6 章);アンカー効果 (ch. 30) とスリーパー効果 (ch. 70)。

見たり待ったりするのは苦痛です

行動バイアス

サッカーのペナルティ状況では、ボールが元のキッカーからゴールキーパーまで伝わるまでに 0.3 秒もかかりません。したがって、いつ再び蹴り戻さなければならないかを決定する前に、その軌道を観察する時間が制限されます。ペナルティーキックを受けるサッカー選手は、シュートの 3 分の 1 が中央、3 分の 1 が両サイド、そして 3 分の 1 がゴールの中心から外れる傾向にあり、状況に応じて左右どちらかに飛び込むゴールキーパーもこれに気付かないわけではありません。プレイヤーが射撃する場所。全ボールの約 3 分の 1 がそこに着地するにもかかわらず、プレーヤーが中央に立ったままになることはほとんどありません。なぜ彼らは起立しないことで罰則を回避する危険を冒すのでしょうか？それは単にテレビの質を向上させるためです。外観は重要な役割を果たします。その場で固まるよりも、片側にダイブしたほうが印象的に見え、恥ずかしさも軽減されるかもしれません。これは行動バイアスと呼ばれます。具体的な結果が何も出ていないにもかかわらず、活動的に見えることです。

この研究は、PK戦の大規模なテストを行ったイスラエルの研究者マイケル・バーエリ氏によるものだ。行動バイアスの影響を受けやすいのはゴールキーパーだけではありません。若者のグループがナイトクラブから出てきて、口論になり、口論に巻き込まれる前に、お互いに叫び、身ぶりをし始めた場合を想像してください。本格的な暴力行為の瀬戸際に状況が揺れる中、若い警察官も上級警察官も同様に待機し、死傷者が出るまで離れた場所から監視し、必要に応じて介入する。この状況が経験の浅い若い警察官だけに任せられると、すぐに暴力的な事態に発展する可能性があります。行動バイアスに負けた若くて熱心な警察官は即座に反応して真っ先に突進し、結果として死傷者を招くことがよくあります。研究結果によると、上級将校が後になって介入を促進すると、死傷者が減少する可能性があるという。

行動バイアスは、なじみのないものや不明瞭なものに直面すると増幅されます。最初は、多くの投資家は、ナイトクラブの外で熱心な若い警察官と同じように行動します。投資家は経験が浅いため、株式市場を評価できないため、多動で補います。残念ながら、これは貴重な時間を無駄にします。チャーリー・マンガーがこのアプローチを次のように要約したのは有名です。「無活動が耐えられなくなるからといって、どんなひどいこともしないようにするには、規律が必要です。」

行動バイアスは高学歴のサークルにも存在します。患者が病気にかかると、たとえ上級の学位を持った医師であっても否定的な反応を示し、適切な治療を受けるのが遅れることがよくあります。
病状を適切に診断できず、医師が介入（つまり、何かを処方する）か様子見のどちらかを選択しなければならない場合、介入を決定する場合、何か決定的なことが起こるまで座して待つのではなく、ただちに行動を起こす傾向があります。このような決定は暴利を反映したものではなく、不確実性に直面したときに休眠状態にならずに行動を起こす人間の傾向を表しています。

では、何がこの傾向を推進しているのでしょうか?私たちの以前の狩猟採集環境(私たちにぴったりでした)では、行動は反省よりも優先でした。生き残るためには、電光石火のような反応が不可欠でした。熟慮は致命的になる可能性があります。私たちの祖先は、森の端でサーベルタイガーのシルエットに似た何かを見たとき、すぐに行動を起こしました。彼らは、そこに何かがあったのではないかと考えるのではなく、単純に安全を確保するために作り、潜在的な脅威に長時間執着するのではなく、すぐに逃げました。本能がそうでないと告げる今日の私たちとは異なります。

私たちの社会は熟考することが価値のあるものであるとますます認識していますが、完全な無行動は依然として大罪です。待って正しい決断を下した場合、あなたの名前が刻まれたメダルや像はあなたを待っていません。逆に、物事が好転したときに決断力と迅速な判断を示すことは、雇用主、政治家、さらには市長からの賞賛をもたらす可能性があります。社会一般では、賢明な静観戦略よりも、性急な行動のほうが勝つ傾向にあります。

結論:新しい状況や不確実な状況に直面したとき、私たちの本能は、無力感や動揺を感じないように、結果がどうであれ、何かをしようとするものかもしれません。残念なことに、この傾向はしばしば裏目に出て、物事を改善するどころか悪化させる道に私たちを導きます。待っていること自体が見出しにならないかもしれませんが、状況が不透明なままの場合は、選択肢についてより明確な評価ができるまで静観する方が賢明かもしれません。ブレーズ・パスカルによれば、「すべての人間の問題は、人間が自宅の書斎で、一人で一部屋に静かに座ることができないことに起因する」という。
省略バイアス(第44章)も参照してください。考えすぎ(90章)。先延ばし(第85章);良くなる前に悪くなってしまうという誤謬(第12章)。コミュニケーションの問題が誤って処理される可能性のある要因として、ドアを閉められないこと(Ch 68)が挙げられます。

なぜあなたが解決策なのか、それとも問題の一部なのか?

省略バイアス

2人の登山者と一緒に氷河にいるところを想像してみてください。ある人は滑ってクレバスに落ちます。助けを求めれば彼は救われたかもしれないが、あなたはそうではなく、二人を谷底に突き落とし、その後すぐに死んでしまうのですが、どちらの死があなたの良心により重くのしかかるのでしょうか?

合理的に検討すると、どちらの選択肢も同様に不快であり、仲間の死につながることがわかります。しかし、何らかの理由で私たちはパッシブなオプションをより好意的に評価します。この現象は省略バイアスとして知られており、行動と不行動の両方が致命的な結果につながる場合に発生します。私たちは何もしないことを好む傾向があります。なぜなら、その結果があまり気にならないからです。

あなたが連邦医薬品局の長官で、致死性の副作用を伴う末期患者向けの薬を承認するかどうかを決定しなければならないと想像してください。これらの薬は20%を即座に死亡させ、短期間で80%以上の命を救っています。。あなたの決断は何ですか?

大半は承認を拒否する可能性が高い。彼らにとって、患者の5人に1人が死亡する薬を服用することは、残りの80%に治療薬を投与できないことよりもはるかに悪いことのように思えます。このような決定は省略バイアスを完全に示しています。そのような偏見に気づきながらも、理性と良識の名の下にとにかく承認することを選択することを想像してみてください。しかし、患者の一人が死亡したときに憤慨が起こり、仕事がなくなったことに気づきました。公務員や政治家として、この蔓延する偏見を真剣に受け止め、さらにそれを奨励することは、彼らにとってより賢明であり、実際に不可欠なことです。

判例はこうした「道徳の歪み」の深さを示している。安楽死は、死にゆく人が希望した場合でも違法ですが、救命措置を意図的に拒否すること(例えば、DNRの命令に従うこと、つまり「蘇生禁止命令」に従うこと)は依然として合法です。

このような推論は、ワクチン接種が病気の伝播に関連するリスクを大幅に低下させることが証明されているにもかかわらず、多くの親が自分の子供にワクチン接種をしなくてもまったく問題ないと信じている理由を説明しています。
ワクチン接種には非常に小さな副作用のリスクが伴いますが、全体としてはワクチン接種は理にかなっています。自分自身のためだけでなく、社会全体のためでもあります。免疫のある人は他の人に病気を感染させ、さらに病気を広めることはできません。もちろん、ワクチン接種を受けていない子供が何らかの病気にかかった場合、ワクチン接種を拒否して子供に危害を加えたとして親を非難するかもしれませんが、それでも、子供たち自身が意図的に感染させた場合よりも深刻ではないと思われます。

妄想の根底には省略バイアスが存在します。私たちは、自分で行動を起こすよりも、他の人が行動するまで待つことを好みます。投資家やビジネスジャーナリストは、どちらの道も破滅につながるにもかかわらず、標準以下の製品を生産する企業よりも、新製品を生産しない企業に対して寛容です。悪い株を積極的に買うよりも、惨めな株を受動的に座っているほうが気分が良いです。石炭火力発電所に排出フィルターを組み込まない方が、コスト上の理由から排出フィルターを除去するなどの措置を講じるよりも優れているように思えます。余分な燃料をすべて燃やすよりも、住宅の断熱を怠ったほうが望ましいと思われます。所得税の申告漏れは、どちらにしても国家損失につながるとはいえ、虚偽の税務書類を提出するよりも問題は少ない。

第 7 章では、行動バイアスについて検討しました。しかし、これは省略バイアスの逆なのでしょうか?ではない正確に;行動バイアスにより、物事が不明確または矛盾しているように見える場合、私たちは無駄な多動性で明晰さの欠如を補おうとします。一方、省略バイアスは、情報が容易に識別できる場所に現れることがよくあります。洞察によって、直接行動することで回避できる将来の不幸が明らかになる可能性がありますが、この洞察は、私たちの中にそれに対抗する動機をそれほど生み出しません。

省略バイアスを見つけるのは難しい場合があります。通常、行動は何もしないことよりも目立ちます。1960 年代の学生運動は、これに対抗する効果的なスローガンを作り出しました。「あなたが解決策に参加していないのなら、あなたも問題の一部であるということです。」

ボランティアのエラーに関するメモ (第 65 章);行動バイアス (第 43 章);先延ばし (第85 章)。

私を責めないでください

利己的なバイアス

CEOの発言に特に注目して年次報告書を定期的に読んでいますか?そうでない場合は、利己的なバイアスという、あまりにも頻繁に発生するエラーの例が数多く見つかるため、それは残念です。会社が成功を収めるたびに、CEO は時間をかけて、賢明な意思決定、たゆまぬ仕事、革新的な企業文化の育成などのあらゆる努力を強調します。ある企業が不成功の年を迎えた場合、為替レートの変動、政府の介入、西側の知的財産基準に違反する中国の貿易慣行、消費者の信頼を低下させる隠れた関税など、その衰退に寄与したさまざまな要因について調べます。私たちの心は、成功や失敗を自分の内側ではなく、外側にあると考えます。これは利己的なバイアスが働いています。

この用語を聞いたことがなくても、高校では多くの生徒に利己的バイアスの意味を教えました。A を獲得した場合、その成功はその人自身にのみ反映されますが、失敗した場合は、管理者や教育者によって不公平なテスト手順が使用されたことを意味します。

しかし、成績はもはや重要ではないようです。株式市場がその代わりをしているのかもしれません。ポートフォリオが利益を上げたとき、あなたは自分自身を称賛します。パフォーマンスが悪ければ、その責任は「市場」(これが何を意味するかは別として)あるいはおそらくその迷惑な投資顧問に真っ向から押し付けられることになる。私自身、利己的なバイアスの達人です。自分の新しい小説がベストセラーリストに急上昇すると、それを自分の最高の本として祝います。もし新作が出版される中で失敗したとしたら、それは単純に読者がその本を認識していない、あるいは私の本に優れた文学を認めないことで私に何か敵対する批評家が嫉妬しているということを意味しているに違いありません。

研究者は性格テストを実施し、参加者に高得点または低得点をランダムに割り当てました。高い評価を得た人は、それが徹底していて公平であると感じました。低い評価を受けた人は、それがまったく役に立たないと感じました。なぜ私たちは成功を自分自身のせいにし、失敗を他の場所に帰してしまうのでしょうか?さまざまな理論がありますが、おそらく1つの簡単な説明は次のとおりです。さらに、進化論はおそらくもっと早くからこの問題に対処していたでしょう。
利己的な偏見は、10万年以上にわたり、人間社会の進歩とともに根絶されてきましたが、多くの隠れたリスクを抱える現代社会では、利己的な偏見が再び台頭し、すぐに大惨事につながる可能性があります。しばしば自称「宇宙のマスター」と呼ばれるリチャード・ファルドもこの見解を支持するでしょう。2008年に破産申請するまでリーマン・ブラザーズの最高経営責任者(CEO)を務めた後、原因として政府の行動を非難しながら、彼は依然としてこの称号を主張する可能性は十分にある。

SAT テストを受ける学生は、通常 200 〜 800 点のスコアを獲得します。1年後にスコアを更新するよう求められると、多くの人はスコアを約50ポイント増やす傾向があります。数値に嘘をついたり誇張したりすることはなく、新しい数値を自分自身で信じるようになるまで単純にスコアを「強化」します。

私の建物には 5 人の学生がシェアするアパートがあり、エレベーターでよく見かけます。ある人は、2回か3回ごとにゴミを出すと言いました。別の場合: 3 回または 4 回ごと。一方、ルームメイト #3 は、およそ 90% の確率でそれを行うと主張しました。彼らの回答は合計すると 100% になるはずでしたが、合計はなんと 320% でした。少年たちはそれぞれ自分の役割を過大評価していましたが、これは人間なら誰でもやってしまいがちなことです。研究では、結婚したカップルの間でもこの現象が実証されており、夫婦はお互いが結婚の健全性に 50% 以上貢献していると想定されています。

では、利己的な偏見を克服するにはどうすればよいでしょうか?何の抵抗もなく真実を語る友達がいますか?もしあなたがそうであれば、幸運だと思ってください。そうでない場合は、少なくとも 1 人の敵をコーヒーに連れてきて、自分の長所と短所についての正直な意見を聞いてください。あなたはいつもそれをしてくれたことに感謝するでしょう！

後知恵バイアス (ch. 14) も参照してください。自信過剰の影響 (ch. 15);
Not-Invented-Here 症候群 (ch. 74);生存者バイアス (ch. 1)、ビギナーズラック (ch 49)、認知的不協和 (ch 50)。フォア効果 (Ch 64); Introspection Ilusion (Ch 67) と Cherry-Picking (Ch 96) に慣れてください。

見たいものは何でも見てください！

ヘドニックトレッドミル

ある日、電話が鳴り、宝くじの 1,000 万ドルの高額当選を告げる熱狂的な声が聞こえてきたと想像してください。それはあなたをどのように感じますか、そしてそれはどれくらい続きますか？または、別のシナリオが展開される可能性があります。誰かが親友を失ったことを知らせるために電話をかけてきます。もう一度言いますが、あなたはどのように反応しますか?また、その影響はどれくらいの期間続きますか？

第 40 章では、政治、経済、社会事象などのさまざまな分野における予測の精度の低さを検証しました。私たちは、正確な予測を提供するという点では、自称専門家もランダムな予測生成者に劣らないという結論に達しました。さて、別の分野に移りましょう。私たちは自分の感情をどれくらい正確に予測できるでしょうか?私たちは自分自身の専門家ですか？宝くじに当たると、今後何年も幸せになれるでしょうか？ハーバード大学の心理学者ダン・ギルバートはそうではないと示唆しています。宝くじ当選者に関する彼の研究によると、ポジティブな効果は数か月以内にすぐに消失し、人々は小切手を受け取った後、以前と同じように満足したり、不満を抱いたりすることがわかりました。この現象を彼は「感情的予測」と呼んでいます。自分自身の感情を正確に予測できないこと。

ある銀行幹部は、豊富な収入で市外に新居を建てることを決意し、10 の部屋とプール、湖と山の素晴らしい景色を備えた別荘を建てることを夢見ていた。彼の計画は現実になりました。購入から数週間以内に、彼は興奮して顔を輝かせました。残念ながら、その熱意はすぐに消えてしまい、6 か月後、彼はこれまで以上に惨めになりました。なぜこのようなことが起こったのでしょうか?研究によると、幸福はわずか数か月ですぐに消え去り、別荘はもはや彼の夢を表現するものではなくなりました。毎日家に帰ってくると、歓迎されない現実が待っています。ドアを開けても、どこにつながっているのかわかりません。可哀そうな人です。ワンルームの学生アパートに対する彼らの気持ちに比べれば、彼の別荘に対する感情は無関心でした。さらに、1 時間の通勤が 1 日に 2 回発生するようになりました。研究によると、運転は大きな不満やストレスの原因となる可能性があり、ほとんどの人はその経験に決して慣れることができません。したがって、通勤に生来の親和性がない人は、(少なくとも) 毎日 2 回の長時間通勤に耐えることになるでしょう。したがって、私の友人の夢の別荘は、彼女の幸福に全体的に悪影響を及ぼしました。

他の多くの人はこれ以上うまくいきません。キャリアを変えたり昇進したりする人は、同様の運命をたどることがよくあります。

科学者はこの現象を快楽トレッドミルと呼んでいます。私たちは一生懸命働き、経済的に進歩し、より多くの富を獲得しますが、そのどれもが私たちを幸せにするものではありません。

では、脊髄損傷や友人の喪失などのネガティブな出来事は、私たちにどのような影響を与えるのでしょうか?通常、私たちはその期間と強度を過大評価します。たとえば、関係が終わると、人生は決して同じではないように思えるかもしれませんが、3か月かそこら以内に、彼らはデートに戻り、再び幸せを見つけます。

新しい車、キャリア、人間関係が私たちをどれほど幸せにしてくれるかを正確に知っていたら、素晴らしいと思いませんか?幸いなことに、これは部分的に測定できるものです。より良い、より明るい決断を下すときの指針として、これらの科学的に信頼できるガイドラインを参考にしてください。1) 通勤、騒音公害、慢性的なストレスなど、時間の経過とともに適応できないネガティブなことは避けてください。2) 長期的な幸福の源として、車、家、宝くじの当選金、ボーナス、賞品などの物質的なものに依存しすぎないでください。3) 持続的なポジティブな変化は、多くの場合、自らのイニシアチブでポジティブな行動をとることから生まれるため、できるだけ多くの自由と自主性を求めてください。たとえ収入を失うことになっても、自分の情熱を追求してください。友情に投資する。ほとんどの人は、同僚のグループを一度に変えない限り、職業上の地位を通じて永続的な幸福を見つけます。言い換えれば、他の幹部との友好関係だけを保ちながらCEOの役割に昇進した場合、その効果はすぐに減少します。

予測錯覚 (Ch. 40); Neomania (Ch. 69) と Envy (Ch. 86) はすべて危険な兆候とみなされ、軽く扱われるべきではありません。

私たちは皆、自分自身の存在に驚かないことを忘れずに、それに応じて生きるべきです。

フィラデルフィアからニューヨークまで旅行しているときに、交通渋滞にはまってしまいました。「なぜいつも私でなければならないの？」と、反対側を南行きのドライバーが猛スピードで走り抜けていくのを眺めながら、私は嘆いた。ブレーキングと加速のための頻繁な停止を繰り返しながら、カタツムリのペースで這いながら前進する1時間の間、私の心はさまよっていました。私は本当に人生で不運だったのでしょうか、それとも単に私の認識だったのでしょうか？銀行、郵便局、食料品店の行列が他の人よりも私を選ぶことが多いように見えるのですが、それとも単に認識されていたのでしょうか？

この高速道路では10%の確率で渋滞が発生すると想像してください。立ち往生する可能性はその可能性よりも大きくはありませんが、そのような状況では前進が制限されるため、旅のどこかの時点で立ち往生する可能性はこの数字を超えます。さらに、一度発生して動けなくなってしまうと、それが通常の速度で動き続けている場合よりもはるかに顕著になります。

同様のロジックが銀行カウンターや信号機にも当てはまります。AとB間の平均的な移動に10個の信号機がある場合、1つは常に赤で、残りは青になります。ただし、移動時間の10%以上を赤信号の待ち時間に費やす可能性があります。ただし、これは正しくないように思われるかもしれません。光に近い速度で移動することを想像してみてください。おそらく、時間の99.99%(10%ではありません)を、赤信号を待ったり罵ったりすることに費やすことになるでしょう。

不運を訴えるときはすぐに、自己選択バイアスに注意するのが賢明です。私の男性の友人が自分の会社に女性がいないことに不満を言い、女性の友人が男性が少なすぎることに不満を言うとき、これは不運とは何の関係もありません。これらの不平不満は、ほとんどの男性労働者が女性が多数を占める業界で働いている可能性を示すサンプルの一部を形成します。ほとんどが男性です（女性労働者の場合はその逆です）。さらに、中国やロシアのような、どちらかの性別の比率が高い国に住んでいると、その大きなグループの一員となり、大変なことをされていると感じる可能性があります。選挙中に投票が行われる場合、この現象は最も顕著になります。
投票時には、あなたの投票が勝利多数派の多数決と一致する可能性が高くなります。

マーケターは自己選択バイアスの餌食になることがよくあります。マーケティング担当者は、ニュースレターの顧客価値を評価しようとするマーケティング調査を通じてこの問題に陥る可能性がありますが、完全に満足し、時間があり、キャンセルしていない現在の購読者のみに到達します。したがって、これらの世論調査は効果がないことがわかります。

私のかなり悲しい友人が最近述べた発言は、よくある自己選択バイアスについて触れたものでした。このような観察ができるのは生物だけです。非実体は、多くの場合、その非存在についてあまり考えません。しかし、この同じ妄想が、言語の発展に毎年驚嘆する多くの哲学的作品の基礎となっています。私は彼らの驚きには同情しますが、彼らの驚きは正当化できないと思います。私たちがその奇跡を崇拝しなければ、言語は存在しないでしょう。その驚異は、その環境にさらされることによってのみ具体的になり、その奇跡は、人間の精神による創造または破壊の奇跡と同じように、その環境の中に存在することによってのみ具体的になります。

面白いのは、この最近の電話調査です。ある会社が、各世帯が平均して何台の電話 (固定電話と携帯電話) を所有しているかを確認するためにこの調査を実施しました。彼らは、何も持っていないという世帯がないことを知って驚きました。本当に驚くべき成果です。

代替パス (第 39 章) も参照してください。フィーチャーポジティブ効果 (ch. 95);さらなる議論については、スイマーの体の錯覚 (ch. 2) を参照してください。

なぜ経験が私たちの判断力を損なうのか

アソシエーションバイアス

ケビンは、会社の取締役会に対して自分の部門の結果を3回プレゼンテーションしましたが、そのたびにすべてが完璧に進みました。ケビンは、この緑の水玉模様のボクサーパンツが自分の幸運のパンツであると信じています。

ケビンは彼女が見せた見事な婚約指輪を買わずにはいられませんでした。1万ドルという金額は彼の再婚の予算をはるかに超えていたが、この女性の何かが彼にとって魅力的だった。おそらく、この美しい物体を誰かと関連付けることは、将来の花嫁に、彼女も息をのむほど美しいかもしれないという希望を抱かせるでしょうか？

ケビンは毎年、健康診断のために医師の診察を受けますが、通常、44歳である彼の健康状態は良好であると言われます。しかし、彼は二度、憂慮すべき知らせを持って去った。一度は盲腸のため（すぐに切除された）。もう1つは、最初は前立腺が腫れていたためでしたが、さらに検査したところ、癌ではなく単なる炎症であることが判明しました。どちらの場合もケビンは不安を感じながら帰り、両日とも異常に暑かったです。それ以来、健康診断の予約の前後で気温が上がり始めると、彼はすぐにそれをキャンセルしました。

私たちの脳は接続マシンです。たとえば、未知の果物を摂取し、その後吐き気を経験すると、私たちの心は知識を生み出します。ただし、この方法では誤った知識も生まれます。ロシアの科学者イワン・パブロフは、犬の唾液分泌を測定するためにベルを使用してこの現象を最初に研究しました。しかし、その後、音だけで唾液が分泌されるようになります。ベルを鳴らすことと動物の脳内での唾液生成のような、一見無関係な2つの機能の間に関連性を生み出します。たとえば、音だけでも唾液分泌を誘発するのに十分です。

パブロフの方法は人間にも同様に当てはまります。広告は、コカ・コーラなどの製品と感情とのつながりを生み出します。その結果、広告には、現実の他の場所で見るようなしかめ面やしわだらけの体ではなく、幸せそうな顔をしたコーラの人々が一緒に登場します。コーラの人々は現実世界と比べて大きな塊となって現れます。

誤った関連付けは関連付けバイアスによって引き起こされ、これも私たちの意思決定の質を損ないます。私たちは、悪いニュースを伝える人をその内容と自動的に関連付けることがあります（シュート・ザ・メッセンジャー症候群として知られています）。CEOや投資家の中には、意識的か無意識的にか、ネガティブなニュースを聞くことを避けている人もおり、それが現実の不正確な把握につながっています。人々のグループを率いるときに誤ったつながりの餌食にならないように、また誤ったリードの餌食にならないようにするには、メッセンジャー症候群を防ぐために、悪いニュースだけをできるだけ早く伝えるようにスタッフに指示してください。明るいニュースは十分に提供されると信じてください。まだ来てください！ポジティブなメッセージで過剰補償することでメッセンジャー症候群を過剰補償し、良いニュースで過剰補償することで、誤ったつながりを克服します。

電子メールや電話マーケティングが存在する前は、巡回セールスマンは訪問販売手法を使用していました。ある日、ジョージ・フォスターは、何週間も目に見えない漏れによってガスが充満していた空き家に遭遇した。彼は気づかなかったが、ジョージが押すと破損した鐘が火花を発し、爆発を引き起こしてジョージは病院に直行したが、最終的には彼はすぐに回復した。しかし残念なことに、ドアベルに対する彼の恐怖は非常に強く残り、何年も経っても仕事に戻ることができませんでした。可能性が低いとわかっていても、それを元に戻すことはできない別の感情的な愛着を生み出すことしかできなかったので、懸命に努力しました。

マーク・トウェインは、この重要な教訓を見事に捉えました。「私たちはあらゆる経験から、そこに含まれる教訓だけを集めるべきです。」熱いストーブの蓋の上に座って火傷を負った猫のようにならないように、二度と熱いストーブの蓋にも冷たいストーブの蓋にも座ることはありません。」

物事が順調に始まったときは注意してください。伝染バイアスに注意してください (第54章)。誤った因果関係 (第37章);初心者の運 (ch 49)、可用性バイアス、影響ヒューリスティック。(これらの主題の詳細については、第54章を参照してください)。

物事が急速に起こり始めたら注意してください

ビギナーズラック

私たちは最近、連想バイアス、つまり存在しないところにつながりを見出してしまう傾向について調査しました。たとえば、ケビンが緑の水玉模様のパンツを履いて大規模なプレゼンテーションで成功を収めたとしても、毎回成功を保証できるわけではありません。

ここで、連想バイアスの中でも最も厄介な形態の1つである、過去との人為的なつながりを作り出すことにたどり着きます。カジノプレイヤーはこの戦術をよく知っており、これをビギナーズラックと呼んでいます。ゲームに不慣れな人は最初のラウンドで負けることが多く、賢明にフォールドしますが、幸運に恵まれた人は継続する傾向があります。ただし、初めてのタイマーが幸運に恵まれた場合、その自信が賭け金をさらに増やす可能性があります。その後、確率がすぐに平均レベルに戻ったことに気づくだけです。

ビギナーズラックは経済的成功において重要な役割を果たします。A社が小規模な企業B、C、Dを連続して何事もなく買収し、それぞれの買収を成功裡に完了したと想像してください。合併するたびに管理が難しすぎ、以前の買収でこの方向性を示す客観的な証拠があったにもかかわらず、相乗効果の実現は不可能と推定されるため、信頼を築き上げています。初心者の運が彼らをこの現実から盲目にするだけです。

同様の傾向が証券取引所でも起こりました。当初の成功に惹かれ、多くの投資家は90年代後半、貯蓄やローンさえインターネット株につぎ込みましたが、当時の目覚ましい利益が知識に基づいた銘柄選択能力によるものではなく、単に市場の上昇傾向によるものであることには気づいていませんでした。;事前に投資知識のない人でも、状況が最終的に悪化したときに大きな勝利を収めることがよくありました。しかし、その勢いがついに衰えると、多くの人がドットコム負債の山に直面することになりました。

最近の米国の住宅ブームの際に見られたように、多くの人がこの罠にはまりました。歯科医、弁護士、教師、タクシー運転手などがキャリアを捨てて、利益のために住宅を「ひっくり返し」、地下室の格安価格で購入し、すぐに高値で売り戻しました。価格は彼らを莫大な利益への陶酔的な道へと導きますが、実際には実生活や彼らのキャリアとはほとんど関係がありません。
住宅ブームにより、アマチュアの仲介業者も繁栄することができました。投資家たちはどんどん大きな邸宅を購入するにつれて巨額の借金を負い、最終的にバブルが崩壊すると、資産としては売れない不動産だけが残されました。

歴史は、初心者が幸運であることの十分な証拠を私たちに提供しています。ナポレオンもヒトラーも、小規模な戦いでの支援がなければ、ロシアに対する遠征に乗り出すことはなかったでしょう。

しかし、ビギナーズラックと本当の才能をどうやって区別できるのでしょうか？その判断に役立つ明確なルールはありませんが、2 つのヒントが効果的であることが証明される可能性があります。1 つ目は、自分のパフォーマンスが長期間にわたって一貫して他のパフォーマンスを上回っている場合、才能が影響している可能性があります。第二に、あなたのビジネスをめぐって競争相手が増えると、誰かが大々的に事業を立ち上げ、数年にわたって市場のリーダーシップを発揮する可能性が高まります。おそらくあなたです。10 社の競合他社でそれが起こった場合は、自分が市場リーダーであることを誇りに思ってください。しかし、(金融市場で)トッププレーヤーの一員であることは、才能の証拠と見なすことができます。しかし、ある特定の年に自分が 1,000 万人のプレイヤーの中でトップに立ったとしても、あらゆる種類のプレイヤーが参加していれば簡単にそうなる可能性がありますが、まだバフェットのような帝国を想像し始めないでください。おそらくあなたはただ幸運だったのでしょう！

最終的な結論を出す前に、様子を見て待ってください。初心者の運は壊滅的なものになる可能性があります。有能な科学者がそうするように、誤解を防ぎ理論を反証するために、私は小説「35」をある出版社に送り、そこですぐに受け入れられました。一瞬、天才的な成功のように感じました(この出版社がそれを引き受ける確率は 15,000 分の 1 でした。私の理論をさらに検証するために、さらに 10 社の大手出版社にコピーを送りました...そして 10 通の拒否の手紙を受け取り、私の考えを持ち帰ってきました)すぐに地球に戻ります。

参照: 生存者バイアス (第 1 章)。利己的なバイアス (第 45 章);アソシエーションバイアス (第 48 章);誤った因果関係 (第 37 章);イリュージョン・オブ・スキル (ch.94)

スイートリトルライズ

認知的不協和

キツネがゆっくりとブドウの木に近づき、豊かに実った紫色のブドウを懐かしそうに見つめました。前足を幹に当て、首を伸ばし、手を伸ばそうとしましたが、高すぎました。イライラして、彼はもう一度試みました - 彼の顎は空中でのみ鳴りました。最後に彼は全力で飛び跳ねたが、ドスンという音とともに再び地面に着地した。葉一枚も動いていなかった。頭を高く上げて、彼は森に戻って行きました - キツネはそう思いました。

ギリシャの詩人イソップは、論理における最も一般的な誤りの 1 つを強調するためにこの寓話を作成しました。キツネが何かをしようとしたが失敗したときに矛盾が発生し、次の 3 つの方法のいずれかでしか解決できない矛盾が生じました: A) 何らかの方法でブドウを手に入れる B) 自分のスキルが十分ではないかもしれないことを受け入れる C) キツネのスキルを認める無能

C) 起こったことを遡及的に再解釈することによって。このアプローチは、認知的不協和またはその解決を表します。

新車を購入するだけですぐにその選択を後悔することを想像してみてください。エンジンは発進するような音を立て、運転席は不快です。だったらどうしようか？返品すると間違いを認めたことになり、全額が戻ってくるわけではない可能性があります。したがって、別のアプローチとして、エンジンの騒音や座り心地の悪い座席の機能は、運転中に居眠りを防ぐための安全機能の一部であると自分自身に納得させることもできます。これらの賢い選択は、考え抜かれた買い物であり、楽しい経験ももたらしてくれたことは間違いありません。

スタンフォード大学のレオン・フェスティンガーとメリル・カールスミスはかつて学生たちに、退屈で単調な作業を 1 時間行ってから 2 つのグループに分けるように指示しました。グループ A のメンバーは報酬として 1 ドル (1959 年当時) を受け取りました。グループ B の参加者は 20 ドルを受け取りました。その後、彼らは実際にそれをどのように感じたかを明らかにする必要がありました。驚くべきことに、1 ドルしか受け取っていない人々は、それがはるかに楽しくて魅力的であると感じました。
なぜ彼らはそんなことをしたのでしょうか？単に、わずか 1 ドルでは彼らがあからさまに嘘をつく動機として十分ではなかったからです。そこで彼らは、その仕事はそれほど悪くないと自分たちに納得させました。イソップのキツネも、これらの学生たちと同じように、状況を別の方法で再解釈したのと同じように。さらに、それ以上を受け取った人たちは、正当な報酬として20ドルを受け取りながらすでに嘘をついていたため、自分たち

の行為を正当化する必要はなかった。これらの学生は認知的不協和を経験しませんでした。

仕事に応募して、他の候補者に負けてしまったことを想像してみてください。彼らは自分よりもその役割に適任だったのかもしれないと認める代わりに、自分はその特定の役割を引き受けることにあまり興味がなかったと自分に言い聞かせます。それはずっと、あなたの「市場価値」があなたに面接の招待を獲得できるかどうかを確認するための単なる実験でした。

私も最近、2つの銘柄に投資するかどうかの選択を迫られたときに、似たようなことを経験しました。私が選んだ銘柄は購入後すぐに価値が下がり、投資していない別の銘柄の株価は急騰しました。自分の間違いに気づくことができませんでした。実際には全く逆で、この銘柄には歯が生え始めている問題はあるものの、全体としてはまだ潜在力がまだあると友人に説得したことを鮮明に覚えています。認知的不協和は、この一見不合理な反応を説明できます。友人が思い出させてくれたように、もし私が株式の購入を今日まで遅らせていたら、その「可能性」はさらに大きくなっていただろう。イソップはそのようなシナリオに対して警告していた、「いくらでも賢くなろうとしても、結局は何の収穫も得られないでしょう。」

養老効果 (ch. 23) も参照してください。利己的なバイアス (第 45 章);確証バイアス (ch. 7-8);「理由による正当化」(第 52 章)と努力の正当化 (第 60 章)。

それぞれの瞬間を、それが最後であるかのように楽しんでください。ただし日曜日のみ！

双曲線割引

「毎日を最後の日のように生きなさい」という格言を聞いたことがありますか?この言葉は、ライフスタイル雑誌や自己啓発書などに少なくとも 3 回は登場しているようです。しかし、これほど洞察力に富んだことわざにもかかわらず、それはあなたの知恵には何の役にも立ちません！このアドバイスに文字通り従ったらどうなるか想像してみてください。歯を磨いたり、髪を洗ったり、アパートを掃除したり、仕事に来たり、請求書を期日通りに支払ったりすることができなくなります。間違いなく、あなたはすぐに破産し、病気になり、場合によっては刑務所に閉じ込められることになるでしょう。それでも、その意味は本質的に高貴であり続けます。それは、合理的思考よりも優先されることがあまりにも多い、即時性への憧れと欲求を表しています。明日のことを心配せずに今日を最大限に生きるというのは、まったく賢明な人生アドバイスではありません。

1 年間で 1,000 ドルを受け取るのと、12 か月で 1,100 ドルを受け取るのとではどちらが良いでしょうか?ほとんどの人はおそらく後者を選択するでしょう - 月利は年 10% です。さらに、さらに 2 週間待つことで大きな利益が得られる可能性があるため、あまり長く待つよりも賢明な決定を下すことができます。

あと 2 つの質問です。今日 1,000 ドルを現金で受け取りますか、それとも 1 か月待ってさらに 1,100 ドルを受け取りますか?おそらく、今日ではほとんどの人が現金を好むでしょう。しかし、これは驚くべきことです。なぜなら、1 か月長く待っても、どちらの場合も 100 ドル余分に得られるからです。あるシナリオではそれが十分明らかであるように見えますが、別のシナリオではそれに応じて答える前に忍耐と考慮が必要になる場合があります。「もう一年は何年ですか？」あなたは自問しているかもしれません。この場合はそうではありません。しかし、「今」を導入するとき、私たちの脳は一貫性のない決定を下すことがよくあり、科学ではこの現象を双曲割引と呼んでいます。簡単に言うと、報酬が近づいてくると、私たちの「感情的関心」が高まり、報酬と引き換えにさらに多くのものを犠牲にしようとするようになります。残念ながら、ほとんどの経済学者は、人間が金利に対して一貫性がなく主観的に反応することをまだ理解できていません。したがって、彼らのモデルは一定の金利に依存していますが、これには非常に疑問があります。

双曲線割引、つまり瞬間的な報酬への欲求は、動物的な過去に由来しています。動物は、より早く生存を達成するのに役立つかもしれない即時の報酬を決して拒否しません。

ラットは訓練にあまり反応しません。彼らは、明日もっとチーズを受け取るために、今日一枚のチーズを放棄することはありません。はい、リスは食べ物を集めて、後で消費するために保存します。ただし、その行動は衝動制御や学習とは何の関係もありません。

そして子供たちはどうなるでしょうか？ 1960 年代に、ウォルター ミッシェルは、「マシュマロ 実験」で YouTube を検索すると、遅延満足感に関する実験を実施しました。4歳児のグループにはそれぞれマシュマロが1つずつ与えられ、すぐに食べるか、数分待ってから別のマシュマロを受け取るかのどちらかが与えられた。残念ながら、ほとんどの子供たちにとって待つことは不可能でした。しかし、さらに印象深いのは、ミシェルは、遅れて満足感を得る能力が将来のキャリアの成功の指標であることを発見し、忍耐こそが真の美徳であることを示しているということです。

年齢を重ねると自制心が強くなり、ご褒美を先延ばしにしやすくなります。さらに 100 ドルを家に持ち帰るのに 12 か月待つ代わりに、すぐに報酬が得られるなら喜んで 13 か月待つかもしれません。たとえば、すぐに満足したいという私たちの欲望を食い物にする、クレジットカード債務や短期個人ローンに対する銀行の法外な金利などです。

結論: 瞬間的な報酬は非常に魅力的ですが、双曲線割引には依然として欠陥があります。たとえばアルコールを飲むときなど、自分の衝動をコントロールできるようになると、この罠をうまく回避できるようになります。そうしないと、私たちは脆弱になってしまいます。逆に言えば、消費者向け製品を販売している場合、顧客は待たずに済むように追加料金を支払う人もいるかもしれないが、これをアマゾンは最大限に活用している。翌日配達の追加料金の一部は金庫に直接入金されます。毎週リマインドすることで、この罠を避けることができます -

「決断疲労」（第 53 章）を参照。単純な論理 (第 63 章) と先延ばし (第 85 章)。

先延ばしに対するつまらない言い訳

理由と正当化

路面補修のためロサンゼルスとサンフランシスコの間で渋滞が発生し、移動に 30 分かかったが、最終的にはバックミラーの中で混乱が消えた——そう私は思った。しかし、30 分後、さらなるメンテナンス作業が再び始まりましたが、不思議なことに私のフラストレーションのレベルは大幅に減少しました。なぜなら、道路沿いにある心強い標識が「私たちはあなたのためにこの高速道路を改修しています！」と告げたからです。

このジャムを聞いて私は、1970年代にハーバード大学の心理学者エレン・ランガーが行った実験を思い出した。このため、彼女は図書館に行き、コピー機の周りに列ができるまで待ち、その後最初の利用者に近づき、こう言いました。「すみません、コピーするページが 5 ページあります。」あなたのゼロックスのマシンを使ってもいいですか？』彼女の成功率は60%でした。それを94%まで高めるために、彼女は「すみません」と正当化しながら実験を繰り返した。今すぐ 5 部印刷する必要があります。時間の都合上、あなたのゼロックスのマシンを使わせていただいてもよろしいでしょうか？』ほとんどすべての場合、彼女は続行を許可されました。これは当然のことです。急いでいる人々は、理由をよく理解せずに列の先頭に割り込むことがよくあります。彼女はもう一度試み、今度は「すみませんが、コピーが必要なので先に行ってもいいですか？」と言いました。彼女が驚いたことに、これはほぼ常に (93%) 成功することがわかりました。

自分の行動を正当化すると、寛容さと協力性が高まります。「なぜなら」のような正当化を使用すれば十分だと思われます。彼らがこのように行動している理由についてあなたが与える言い訳が良いかどうかは関係ありません。同様に効果的です！「あなたのために高速道路を改修しています」という看板は、事態を混乱させるだけです。いずれにせよ、整備員は高速道路の別の場所で同じように簡単に仕事をすることができます。何が起こっているかを見ることで、気づかずにいるのではなく、安心して落ち着くことができます。結局のところ、気づかれないことほどイライラすることはありません。

JFK空港のゲートA57で1234便を心配して待っていると、拡声器で「乗客の皆さん、注意してください」というアナウンスが流れた。1234 便は現在 3 時間遅れています。」私はその理由を聞くためにデスクを訪れることにしましたが、15 分以内に戻ってきましたが、延期についての回答や説明はありませんでした。
私は激怒しました。彼らはよくも私たちを何も知らずに待たせておくのでしょう！他の航空会社は、少なくとも乗客に「5678便は運航上の理由により3時間遅れました」と知らせる良識を持っていた——そのような言い訳は、少なくとも十分な慰めになるだろう。

人々は、たとえそれが必要でない場合でも、「なぜなら」という言葉を使うことに執着しているようです。私たちはリーダーとして、間違いなくこの傾向を目の当たりにしてきました。効果的な結集がなければ、従業員のモチベーションは急速に低下します。あなたの靴会社が履物を生産するために存在していると言うだけでは、もはや印象的な主張にはなりません。今日では、あなたのストーリーの背後にあるより高い目的やストーリーも役割を果たさなければなりません。たとえば、あなたの靴が市場に革命を起こしたいと言うなど（それがどのような意味であっても）、あなたの靴会社は靴を生産するために存在していると言うだけです。より良い世界のためのアーチサポートを提供すること（または幸福ビジネスに携わっているというザッポの主張）はすべて、（それが何を意味するにせよ）成功を望むのであれば、今日のビジネス上の意思決定を理解する上で不可欠な部分です。

株式市場が0.5パーセントポイント上昇または下落したとしても、市場評論家はそれがホワイトノイズや無限の一連の市場変動によって引き起こされたなど、もっともらしい説明を提供しようとしません。その代わりに、人々は明確な理由を求め、評論家は非難すべき人を選ぶだろう。連邦準備銀行総裁の犯人発言への言及が頻繁に行われるため、彼らの説明はしばしば無意味であると思われるだろう。

誰かがなぜまだタスクを完了していないのかと尋ねたら、「まだそれに着手していないからです」と簡単に答えることができます。最初はばかげているように聞こえるかもしれませんが、すぐに完了しないためのもっともらしい理由を考え出す必要がなく、これで通常はうまくいきます。

ある日、私は妻が苦労して黒い洗濯物と青い洗濯物を分けているのを見ました。どちらの暗い色も同じ重要性を持っているため、私にはそれは不必要に思えましたが、この習慣により、長年にわたって私の服がにじみません。"どうしてそれをするの？"私は彼女に尋ねました。それに対して彼女は「別々に洗いたいから」と答えました。私にとってはそれで十分な説明でした。

「だから」を使わずに決して家を出ないでください。シンプルですが効果的なこの言葉は、人間関係を円滑にするのに役立ちますので、ぜひ活用してください。

認知的不協和 (第 50 章) も参照。ストーリーバイアス (Ch. 13) と単一原因の誤謬 (Ch. 97)

より賢く決定し、より少ない意思決定を

決断疲れ

あなたは何週間もの間、このプレゼンテーションに精力的に取り組んできました。PowerPoint のスライドは、ピカピカの光沢に磨き上げられています。Excel のすべての図は正確であることが証明されています。このピッチは、非常に明瞭なロジックを体現しています。すべてはこの売り込みにかかっています - 成功すれば、すべてがそれにかかっています - CEO の承認を得ることは、幹部のコーナーオフィスに昇進することを意味します。そうしないと、失業手当が支給されたり、即刻解雇されたりする可能性があります。上司のアシスタントは、午前 8 時、午前 11 時半の 3 つのタイムスロットを提案します。それとも午後 6 時 - どちらに行けばよいでしょうか?

心理学者のロイ・バウマイスターとジーン・トゥウェンゲはかつて、テニスボールやキャンドルからTシャツ、チューインガム、コーラの缶に至るまで、何百もの安価なアイテムでテーブル全体を埋め尽くしました。次に、彼らは生徒たちを 2 つのグループに分けました。意思決定者としてラベル付けされた人々は隔離され、関与していない人々は非決定者としてラベル付けされました。彼は最初のグループにこう言いました。「一度に 2 つのランダムなアイテムが含まれるセットを見せます。そのたびに、2 つの選択肢から選択するのはあなた次第です。実験の終わりに、そのうちの 1 つをお土産として渡します」彼らは、自分たちの決定によって、各セットからどのアイテムを残すかが決まると信じていました。彼は 2 番目のグループに、「それぞれの項目についてどう思うかを書いてください。最後に私がランダムに 1 つを選んであなたに渡します。」と指示しました。その後すぐに、彼は各学生に、できるだけ長く氷のように冷たい水の中に手を入れ、解放されるまでその位置を維持するように指示しました。心理学では、このテストを意志力や自制心の古典的な尺度として採用しています。意志力のない人はすぐに氷水から手を引っ込めるが、意思決定者は集中的な意思決定が意志力を奪うため、非決定者よりも早く手を引く――この効果は他の多くの実験でも確認されている。

決断を下すのは疲れるかもしれません。コンピューターをオンラインで設定したり、フライト、ホテル、アクティビティ、レストラン、天気などの長期旅行を調べたりしたことがある人は、このことをよく知っています。比較、検討、選択した後、すべての比較、検討、選択に時間がかかり、疲れを感じることがあります。場所 - 科学はこの現象を意思決定疲労と呼んでいます。

決断疲れは危険な場合があります。消費者は広告メッセージや衝動買いに敏感になります。経営幹部レベルの意思決定者になると、健全な判断を下す能力が大幅に低下する可能性があります。

Willpower はバッテリーのようなものです。しばらくすると空になり、充電する必要があります。これを行う 1 つの方法は、リラックスして何かを食べるために休憩を取ることで

す。そうしないと、血糖値が下がりすぎると意志力が急激に低下してしまいます。イケアはこのことを誰よりもよく知っています。迷路のような陳列エリアやそびえ立つ倉庫の棚を旅していると、決断疲れがすぐに襲ってくるため、レストランが店舗全体に便利に配置されているのはこのためです。再開前に完璧なローソク足を探し続ける前に、血糖値の補充に役立つスウェーデンのお菓子のために利益率を犠牲にしてください。

イスラエルの刑務所に収監されている4人の受刑者が、午前8時50分の事件1から始まる早期釈放を裁判所に請願した。事件 2 (午後 1 時 27 分予定) では、暴行罪で 16 か月の懲役刑を受けたユダヤ人が関与している。ケース 3 は午後 3 時 10 分に設定されました)。事件 1 (午後 4 時 35 分予定) では、暴行罪で 16 か月の懲役刑を受けたユダヤ人が関与した。事例4はアラブ人で、詐欺罪で30か月の懲役刑を言い渡された。裁判官はどのように判断を下したのでしょうか？被拘禁者の忠誠心や厳しさよりも重要だったのは、意思決定における彼らの疲労だった。裁判官は、朝食または昼食後でも血糖値がまだ正常に戻っていなかったため、申請1と2を認めたが、早期解放の危険を冒すほどのエネルギー貯蔵量が不十分であるとして申請3と4を却下した。彼らは安易な選択肢 (現状維持) を選択し、男性たちを刑務所に残した。何百もの評決を調査したところ、1回のセッションだけでも、「勇気ある」決定の割合は65%からほぼゼロに徐々に低下し、その後休憩後に再び立ち上がることが示されています。それはレディ・ジャスティスにとっても同様です！それでも、すべてが失われたわけではありません。これで、いつ CEO にプロジェクトを提示するのが最適であるかがわかりました。

参照: 選択のパラドックス (第 21 章)。双曲割引 (第 51 章);シンプルロジック (ch. 63) とデフォルトエフェクト (ch. 81)。

ヒトラーのセーターを着てみませんか？

伝染バイアス

9 世紀にフランスのカロリング朝が崩壊すると、ヨーロッパは無政府状態に陥りました。伯爵、指揮官、騎士、その他の地元の支配者たちは、頻繁に血みどろの戦いを繰り広げました。彼らの戦士たちは農場を略奪し、女性を強姦し、畑を踏みにじり、教会の礼拝から牧師を拉致し、牧師を人質として捕らえ、修道院に放火した。教会当局も農民も同様に、これら貴族の絶え間ない戦争に対して無力でした。

10世紀、フランスの司教が素晴らしい計画を思いつきました。彼はフランスのすべての王子と騎士たちに一つの野原に集まるよう呼びかけ、一方、司祭、司教、修道院長たちはその地域で見つけたあらゆる遺物を集めて展示した。一見すると、それは驚くべき光景でした。骨、血に濡れた布のぼろ布、レンガ、タイルにはすべて聖人同士の接触の痕跡がありました。当時、司教は尊敬を集めることで有名な人物として、聖遺物の前にいた貴族たちに、非武装の犠牲者に対する暴力と非武装の民間人に対する攻撃を放棄するよう熱烈に訴えた。自分の要求をさらに強調するために、彼はさらなる証拠として血まみれの服と神聖な骨を彼らの前に振りました。貴族はそのようなシンボルを大きな敬意を持って抱いていたに違いありません。彼らの良心に訴えるグレゴリー司教のユニークな訴えはヨーロッパ全土に広がり、「神の平和と休戦」を奨励した。アメリカの歴史家フィリップ・ダイリーダーによれば、この時代の聖人や聖人の遺物に伴う恐怖を決して過小評価してはなりません。

教養のある人であれば、これらの迷信をばかばかしいものとして笑い飛ばすのは簡単かもしれません。しかし、考えてみてください。かつてヒトラーが着ていたものをあなたは着ますか?おそらく、目に見えない力に対するあなたの敬意がまだ残っていることを示しているでしょう。セーターはもはやヒトラーとのつながりを具体化していません。彼の汗は一滴も付いていませんが、それでもそれを着ていると、その作者が表現しているものに対する恥ずかしさと敬意の感情が生まれます。間違いなく、私たちは同じように理想的なイメージを私たち人間や私たち自身に投影したいと思っています。しかし、たとえ一人でいるときでも、その考えだけで私たちは気が滅入ります。そのような服に触れることは決してヒトラーを支持するものではないと自分自身に納得させます。残念ながら、このような感情的な反応は、政治家など、このテーマが重要であると考える人々の間でも克服するのが難しい場合があります。
自分は非常に合理的だと思っている人でも、時々、神秘的な力への信念を払拭するのに苦労することがあります（私も含めて）。

ペンシルベニア大学のポール・ロジンと研究仲間は、神秘的な力を簡単にオフにすることはできないことを発見しました。被験者は愛する人の写真を持参し、描かれたものを傷つけないようにダーツを撃たなければなりませんでした。ただし、通常の標的と比較すると、彼らの躊躇と精度ははるかに低いことが判明しました。まるで目に見えない力がこれらの貴重な写真を攻撃するのを妨げたかのようです。

伝染バイアスとは、私たちが特定の対象物から自分自身を切り離すことができないことを指します。それが昔のものであれ、間接的に関連したものであれ(写真など)。私の友人は、フランスの公共テレビ局フランス 2 の従軍特派員として働いていました。カリブ海クルーズの乗客と同じように、友人も冒険のお土産を集めていました。麦わら帽子や絵を描いたココナッツなど、訪問した各島で集めたものを、それぞれの冒険の記念品として集めていました。アメリカ軍がサダム・フセイン首相の官邸を襲撃した直後、彼女は彼の私室に忍び込んだ。中に入ると、彼女はダイニングエリアに6つの金メッキのワイングラスがあることにすぐに気づき、すぐにそれを持ち去りました。最近パリで開かれたディナーパーティーで、ダイニングテーブルの上に誇らしげに置かれたゴブレットが私の注意を引いた。ゲストの一人が彼女に、「ラファイエットから来たの?」と尋ねた。私がサダム・フセインのことを彼女に話したとき、彼女は何気なく「いいえ、彼らはサダム出身です」と答えました。非常に悲しんでいたゲストはショックを受け、咳が抑えられなくなり始めたので、私はこうコメントせざるを得ませんでした。「呼吸するだけで、どれほど多くのサダムの分子がすでにあなたの一部になっているか気づいていますか?」私は尋ねた。彼の咳は悪化した。

関連性バイアス (第 48 章) も参照してください。詳細については、「影響ヒューリスティック」(ch. 66) を参照してください。

なぜ平均的な戦争は存在しないのか

他の 49 人と一緒にバスに乗って、ある停留所でアメリカで最も体重の重い人が乗車するところを想像してみてください。当時以来、乗客の平均体重は何パーセント増加しましたか?おそらく4パーセントでしょうか？五？対照的に、別の停留所ではビル・ゲイツが飛び乗ります。今、私たちは体重ではなく富に焦点を当てるべきです - 富はそれぞれ4パーセントと5パーセントからどれだけ増加しましたか？どちらのシナリオも成り立ちません!

2 番目の例を簡単に計算してみましょう。当初、54,000 ドルの資産を持つ各個人が統計上の中間値、つまり中央値を構成します。ここで、資産が約 590 億ドルと推定されるビル・ゲイツをこの組み合わせに加え、平均資産が 200 万パーセント以上、20 億パーセント近く増加する速さで注目してください。「平均」という概念は完全に無意味になります。

ナシム・タレブは、確率論に関する著書の中で、平均深さ4フィートの川を渡らないようにアドバイスしています。深さが4フィートを超えると川を渡る際に危険が伴うからです。川はほんの数センチほど浅いように見えますが、長く続くと突然深さ 20 フィートの激流となり、川を渡ると命の危険にさらされることがあります。平均値は分布の詳細を覆い隠してしまうことが多く、時間の経過とともに値がどのように積み重なるかがわかりにくくなります。

平均的なレベルでは、6 月の紫外線暴露は健康に脅威をもたらすことはありません。しかし、もしあなたが夏の間ずっとオフィスの屋内で過ごし、その後バルバドスに向かい、日焼け止めも塗らずに丸一週間何の保護もせずに太陽の下で横たわったとしたら、たとえ全体的には定期的に屋外に出かける人よりも紫外線の曝露量が少ない可能性が高いにもかかわらずです。- それは問題を引き起こすでしょう。

これらすべてはすでにあなたにとってかなり明白なはずです。おそらくあなた自身でさえも。たとえば、毎晩夕食時に赤ワインをグラス 1 杯飲むとします。これは健康上の問題を引き起こすものではなく、多くの医師が推奨しています。しかし、12 月 31 日、一年中何も飲まずに突然 356 杯 (ボトル 60 本に相当) 飲んだ場合、年間の平均がいくらであったとしても、健康上の問題を引き起こす可能性があります。
最新情報: 今日の複雑な世界では、配布はますます不規則になってきています。したがって、より多くの領域でビル・ゲイツのような結果を観察することになります。オンライン配信と Web サイトの訪問に関しては、Web サイトの平均訪問者数は存在しません。同じトラフィックレベルを受信する Web サイトはありません。数学者はこの現象をいわゆるべき乗則と呼ぶことが多く、特定のサイト (ニューヨーク タイムズ、フェイスブック、グーグルなど) が最も多くのアクセスを集める一方で、他のページは比較的少ないアクセスを集めます。都市を例に挙げてみましょう。東京は、地球上で推定人口が 3,000

万人を超える唯一の都市である一方、2,000 万から 3,000 万人が住む都市が 11 都市、1,000 万から 2,000 万人が 15 都市、500 万から 1,000 万人が 48 都市、100 万から 500 万人が数千の都市があります。この分布はべき乗則に従い、いくつかの極端なケースが分布全体を支配し、意味のある平均値が残されません。

企業の平均規模、都市の人口、平均的な戦争中の死亡者数 (死者と期間の両方の観点から)、ダウ・ジョーンズの日次変動平均、建設プロジェクトのコスト超過の平均、書籍の平均部数はどれくらいですか出版社が販売するコピーごとに販売します。ハリケーンによる平均被害額。平均して銀行家に支払われるボーナス。マーケティングキャンペーンの成功は、iPhone アプリのダウンロードと俳優の給与の平均で計算されますか?これらの答えを計算することもできますが、ここでもべき乗則が適用されるため、計算しても無駄になります。

この最後の例を説明として取り上げます。選ばれた少数の俳優が年間 1,000 万ドル以上の収入を得ている一方、何千もの俳優が貧困線以下で暮らしています。許容範囲と思われる平均賃金の数字に基づいて、お子さんや娘さんに演技の道に進むようアドバイスしますか?おそらくそうではないでしょう - それは愚かなアドバイスでしょう。

結論: 誰かが「平均」という用語を使用していることに基づいて結論に飛びつく前に、少し時間を取って、その根底にある分布を評価してください。異常なケース (ビル・ゲイツ現象など) の影響が最小限であれば、この概念を引き続き使用する可能性があります。しかし、極端なケース (ビル・ゲイツのような) が優勢な場合 (マイクロソフトでの彼の成功など)、私たちはその有用性を完全に無視し、その用語を割り引いて考える必要があります。小説家のウィリアム・ギブソンは私たち全員にこうアドバイスしました。「未来はすでにここにあります。それは均等に分配されていないだけです。」

「Base-Rate Neglect (ch. 28)」も参照してください。単純な論理 (ch. 63);平均値への回帰 (ch. 19);確率の無視 (ch. 26) とギャンブラーの誤謬 (ch. 29)

ボーナスはモチベーションを破壊する

モチベーションの混雑

最近、コネチカット州の友人がニューヨーク市に移住することにしました。彼の引っ越しには、珍しい古本や何世代にもわたって手吹きされたムラーノ島グラスなど、印象的な骨董品のコレクションを運ぶことが含まれていました。私は、彼がそれらを引っ越し会社に引き渡すことにどれほど執着しているか知っていました。したがって、前回訪問したとき、ニューヨークからコネチカットに戻るときに、壊れやすい品物の一部を自分で運ぶことを申し出ました。2週間後、50ドル札が同封された感謝の手紙が届きました。

スイスは放射性廃棄物を保管する適切な地下処分場を何年もかけて探しており、スイス中部ベルン近郊のヴォルフェンシーセンなど複数の場所が検討されている。チューリッヒ大学の経済学者ブルーノ・フライ氏は、コミュニティの会合で人々の意見を集めるために同僚とともにそこを訪れた。驚いたことに、50.8% が彼らの提案を支持しました。彼らの肯定的な反応は、国家の誇り、良識、社会的義務、新しい仕事の見込みなど、さまざまな要因によるものと考えられます。研究チームは別の調査を実施し、今度は各町民が受け入れた場合にスイスの納税者から5,000ドルの仮定の報酬が与えられる場合は提案を受け入れることを提案した。結果は何でしたか？結果は劇的に減少し、それに同意したのは 24.6% のみでした。

児童保育園も同様の困難に直面しています。閉園時間後に保護者が子どもを迎えに行くことです。保育所のスタッフは、残った子供たちをすべて学校から集めるまで、残った子供たちをタクシーに乗せたり、縁石に放置したりすることはできません。親の遅刻を防止するために、多くの保育園は遅刻料金を導入しています。しかし、研究によると、これにより遅刻が減少するどころか、実際には増加していることがわかっています。もちろん、スイスの村の住民一人一人に課せられているように、時給500ドルなどの厳しい罰金を課すこともできたかもしれないが、それは的外れだろう。今回の場合とは異なり、小規模ではあるが驚くべき金銭的インセンティブは、より大きな金銭的インセンティブと比較して、関係者全員にはるかに大きな利益をもたらす他の形式のインセンティブを締め出す傾向があります。

3 つの物語は、お金が常に動機を与えるわけではないという 1 つの重要な真実を示しています。
時には、お金は良いことよりも害を及ぼすこともあります。私の友人は、彼の悪行の埋め合わせとして私に50ドルをくれました。むしろ、彼は私たちの友情を危険にさらしながら、それを弱体化させました。核貯蔵庫に補償金を提供することは、一部の人にとっては賄賂とみなされ、一般に愛国心が薄れてしまった。保育園の遅刻料金は、親との関係を個人的なものから金銭的なものに変え、親による遅刻を本質的に正当化した。

科学には、この現象を表す「モチベーションクラウディング」という用語があります。人々が非金銭的、慈善的な理由で、いわば善行から何かをするが、支払いの増額がその意図を妨げ、その他のあらゆる動機がその存在によって損なわれる場合。代わりに金銭的報酬が彼らの行動の原動力になります。

あなたが非営利団体を運営していると想像してください。従業員は控えめな賃金しか受け取らないかもしれません。それでも彼らは、自分たちが大きな変化をもたらしていると信じているため、高いモチベーションを持っています。しかし、ボーナス制度の導入を決定した場合、たとえば、寄付金が確保されるたびに少額の給与が増加するなど、追加の報酬をもたらさないタスクからチームが焦点を移すため、モチベーションはすぐに薄れてしまいます。創造性、会社の評判、知識の伝達はもはや重要ではありません。代わりに、すべての努力はできるだけ早く寄付を募ることに焦点を当てます。

それでは、誰がモチベーションの混雑から身を守るべきでしょうか?簡単なテストで、誰がその危険から安全であるかが明らかになるかもしれません。情熱を持って職務を遂行し、より大きな使命を信じているプライベート バンカー、保険代理店、または監査人を知っていますか?いいえ？金銭的インセンティブと業績ボーナスは、退屈な仕事を抱えている業界で最も効果的です。そこでは従業員は製品や会社にはあまり関心がなく、ただ給料をもらうために仕事を終えるだけです。しかし、新興企業の経営者は、どうしても払えないインセンティブを提供するのではなく、取り組みを促進する一環として従業員の情熱を活用する方が賢明です。

お子様をお持ちの方への最後のヒント: これまでの経験から、若者はお金で買えるものではないことが分かりました。財布を空にせずに、子供たちに宿題をやらせたり、楽器を練習させたり、時々芝刈りをさせたりしたい場合は、代わりに毎週固定のお小遣いを渡しましょう。そうすることで、子供たちがお金を乱用したり、何らかの形で寝ることを拒否したりすることなく、正直でいられます。補償。

インセンティブの超応答傾向 (ch. 18) も参照してください。互恵性 (第 6 章);これらの主題についての追加の議論については、「社会的手抜き」(ch. 33) を参照してください。

何も言うことがないなら、何も言わないでください

たわむれ傾向

なぜアメリカ人の5分の1が世界地図上で自分の国を見つけることができないのかと尋ねられたとき、ミス・ティーン・サウスカロライナは回転カメラの前で次のように答えた。私たちの国には地図がありません。そして、南アフリカやイラクのような我が国の教育は、これらの国々が一つの団結した国際社会として我が国の将来を発展させるのに役立つはずだと私は信じています。」このビデオは急速に広まりました。

壊滅的だ、あなたもそれを認めます。それでも、美人の女王たちの話を聞いて時間を無駄にすることはありません。おそらく次の文のようなもので十分だろう：「文化的伝統のますます再帰的な伝達が、主体中心の理性や未来志向の歴史意識と関連しているという要件は確かにない。自由の間主観的な構成に気づくとき、所有的個人主義者は自律性という幻想は崩壊する。」

ユルゲン・ハーバーマスを覚えていますか？彼は、『Between Facts and Norm』の執筆で知られる傑出したドイツの哲学者および社会学者です。

どちらも、知的な怠惰、愚かさ、または未開発のアイデアを隠すために言葉が使用される、いわゆるひねり傾向の例です。うまくいくこともあれば、うまくいかないこともあります。美人の女王にとってこの戦略は見事に失敗したが、ハーバーマスにとってはうまくいくかもしれない。言語が雄弁になればなるほど、私たちはその魅力の餌食になりやすくなります。権威による偏見と組み合わせると、そのメッセージの真実性を疑うことなくそのメッセージを受け入れるため、それはさらに危険になります。

私も空虚なおしゃべりをする傾向に陥ってしまいました。私が若かった頃、フランスの哲学者ジャック デリダが私の想像力を掻き立ててくれました。私は彼の本を貪欲に読みましたが、多くの熟考と熱心な分析を経ても、そこからほとんど明確な点は見つかりませんでした。その後、彼の著作はほとんど魔法のような性質を帯び、最終的に哲学に関する私の博士論文のテーマにインスピレーションを与えました。どちらの本も結局は役に立たないおしゃべりでした。何も知らずに、どちらも私の心の中ではスペースの無駄になっていました。
私自身が、しゃべるスモークマシンになった人間。

スポーツにおけるよちよち歩きは特に蔓延する可能性があります。息を切らしたインタビュアーは、彼らが本当に言いたいのは「負けた、とても簡単なことだ」ということだけなのに、同様に息を切らせているサッカー選手たちに、試合のあらゆる側面を分析するよう強制するが、プレゼンターには放送時間を埋める何かが必要であり、どうやら彼らがそれを効果的に行う方法の１つは、おしゃべりをして、選手やコーチに参加を強要

する。いずれにせよ、この種のレトリックは、無知を覆い、世間の目から無知を隠すためにのみ機能します。

学術界でもこの現象が見られます。科学分野の発表が少なくなると、経済学者のコメントや予測が特に露出するようになります。これは商業分野にも当てはまります。企業の財務状況が悪化すると、苦境をカバーしたり、困難な状況を覆い隠したりするために、CEO の声が大きくなります。この点で注目に値する例外は、元ゼネラル・エレクトリック CEO のジャック・ウェルチでした。インタビューの中で、彼はその難しさを指摘しました。人々は単純な人として認識されることを恐れていますが、実際にはそうではありません!」

言葉による表現は私たちの心の鏡です。明確な考えは発言になり、曖昧な概念は漠然としたとりとめのない言葉に変わります。残念なことに、私たちはしばしば非常に明晰な思考を欠いています。人生は複雑なので、たった 1 つの側面を理解するのにかなりの精神的努力が必要であり、明確になるにはひらめきが必要になる場合があります。その時点が到来するまでは、「何も言うことがないなら…何も言わない」というマーク・トウェインのアドバイスに従う方が賢明でしょう。シンプルさは始まりではなく、その終着点と見なされるべきです。

権威バイアス (ch.9) も参照。ドメイン依存性 (ch.76);この問題についてさらに詳しい洞察を得るには、Chauffeur Knowledge (ch. 16) を参照してください。

2 つの国家はどのようにして平均知能指数を向上させることができるのでしょうか

ウィル・ロジャース現象のように、裕福でほとんどが退職した個人の資金を扱う小さなプライベートバンクを経営している自分を想像してみてください。
あなたの 2 人の資金管理者、A と B はあなたに直接報告します。マネーマネージャー A は超富裕層のみを扱いますが、マネーマネージャー B はより裕福な顧客を扱いますが、マネーマネージャー A ほどの贅沢な富裕層の顧客は扱いません。ここで、取締役会が、多額のボーナスを受け取るために、6 か月以内に両方の平均資金プールを増やすように頼んだと想像してください。そうしないと、他の人が見つかるでしょう。どこから始めればよいでしょうか？

単純！ A と B の間で平均管理資産額を持つ 1 人の顧客を移管するだけで、差額を補うことができ、新しい顧客を獲得する必要なく、両方の平均管理資産額を同時に引き上げることができます。完了したら、あとはボーナスをどこにどのように使うかを決めるだけです。

キャリアを変えて、主に非公開企業に投資する 3 つのヘッジファンドの責任者になることを想像してみてください。ファンド A は驚異的な収益を上げていますが、ファンド B と C は苦戦しています。自分が黒幕であることを見せたいのですが、どうするつもりですか？社内変革のための手数料を発生させることなく、3 つのファンドすべてが大幅に改善したように見せかけるには、A から B または C に数株を移動します。A の平均収益に悪影響を及ぼしているが、B または C を強化するのに役立つ可能性のある投資を選択します。3 つのファンドすべてが、変革のための手数料を負担することなく、突然より健全になるのがわかるはずです。人々は間違いなく、あなたがそれをやっていると認めるでしょう!

この効果は、オクラホマ州出身のアメリカ人コメディアンが、オクラホマ人がカリフォルニアに移住すると両州の平均 IQ が上がるという有名なジョークを飛ばしたことにちなんで、ステージ移住またはウィル・ロジャース現象として知られています。ほとんどの人はそのような状況を十分に認識していないため、このトピックをさらに詳しく調べて、その意味を記憶に刻み込んでみましょう。

自動車フランチャイズを考えてみましょう。1 つの町内の 2 つの小さな支店を 6 人の営業マンで担当するとします。支店 A の営業マン 1、2、3、4、5、および 6 は、通常、支店 B の営業マンよりも販売で成功します。．平均すると、営業マン 1 の方がより多く売れる傾向があります。
支店 A の各営業マンは、週に 1 台の車を販売します。営業マン 2 は 2 シフト、続いてトップ営業マン 6 は毎週 6 シフトです。計算してみると、支店 A では毎週平均 2 人の営業マンが車を販売しているのに対し、支店 B では 1 週間あたりの営業マン 1 人あたり平均 5 人で大幅にリードしていることがわかります。営業マン番号 4 を支店 A から支店 B に異動させると決定した結果、両方の支店で 1 人当たりの平均売上が増加します。支店 A の平均販売個数は 1 人あたり 2.5 個から 2.5 個に増加しましたが、支店 B の販売員は 5 番と 6 人の 2 人だけになり、平均販売個数は 1 人あたり 5.5 個に増加しました。Switcheroo 戦略は全体的には何も影響しません。むしろ、印象的な錯覚を生み出します。したがって、ジャーナリスト、投資家、取締役会のメンバーは、国、企業、部門、コストセンター、製品ライン全体で平均が上昇していると聞いた場合には、引き続き警戒する必要があります。

医学は、ウィル・ロジャースの現象の特に欺瞞的な例を私たちに提供します。腫瘍は通常 4 つの段階に分けられます。最も治療可能な腫瘍はステージ I に分類されますが、より進行性の腫瘍はステージ IV ステータスに達するまでにさらに 4 つの段階を経るため、経過に沿って進行するにつれてステージ移行が生じます。ステージ 1 のがん患者の生存率は最も高く、ステージ 4 のがん患者の生存率は最も低くなります。毎年、より正確な診断を可能にする新しい手順が登場します。スクリーニング技術により、これまで誰も気づかなかった小さな腫瘍さえも明らかになりました。その結果、以前は健康であると誤診されていた患者もステージ1の患者に数えられるようになり、その結果、このグループの人々の平均余命は延びました。これを医学上の驚異的な偉業と考えていいでしょうか？残念ながら違います;むしろ段階移行。

関連項目: Intention-to-Treat エラー (98 章)。少数の法則 (第 61 章);

敵がいる場合は情報を提供する

ホルヘ・ルイス・ボルヘスは、短編小説「Del Rigidit en La Ciencia」の中で、地図作成が非常に洗練された高みに達し、最も詳細な地図しか使用できない国を描いています。つまり、国全体を表す 1:1 の縮尺の地図が受け入れられます。しかし、市民はすぐに、そのような地図は本当の洞察を提供するものではなく、すでに持っている情報を繰り返しているだけであることに気づきます。情報バイアスの極端なケース - より多くのデータがより良い意思決定を意味すると信じています。

最近マイアミでホテルを探していたとき、すぐに気になった 5 つの候補の候補リストを作成しました。一人はすぐに目立った。しかし、確実に最高の価値を見つけるために、カスタマー レビューやブログ投稿を読み、オンラインで写真やビデオを閲覧し、カスタマー サポートへの電話対応をするなど、さらにリサーチを続けました。2 時間後、どのホテルが本当に私の理想的なホテルであるかが明らかになりました。一目で私の目を引いたもの。追加の調査では私は正しい道に導かれず、代わりにフォーシーズンズに留まるという結果になったかもしれません。

ペンシルバニア大学のジョナサン・バロンは医師に次の質問をしました。患者は、80% の確率で病気 A であることを示す症状を示しています。それ以外の場合は、病気 X または病気 Y のいずれかに罹患する可能性が高くなります。医師として、同様の副作用を引き起こすこれらの病気や治療法の中からどのように選択すべきでしょうか?論理的には、病気 A を選択し、関連する療法を治療として提供することをお勧めします。病気 X が存在し、病気 Y が検出されたことを示す診断テストがあると想像してください。ただし、すべての場合において実際の病気 A を正確に反映しているわけではありません。半分の場合、その結果は肯定的な結果を示し、残りの半分は否定的な結果を示します。しかし、実際に病気 A を患っている人がいる場合、検査結果の半分は陽性を示し、50% は陰性を示す可能性があります。テストを実施するようアドバイスしていただけますか?たとえ結果が無関係である可能性が高いとしても、ほとんどの医師は「はい」と答えました。たとえ検査で陽性結果が得られたとしても、病気 A の可能性が病気 X を上回っているため、意思決定に関して追加の情報が実際の価値をもたらすことはありません。

追加情報を提供したいと考えている専門家は医師だけではありません。経営者や投資家は情報過多に夢中になっているようだ。研究は、重要な事実がすぐに入手できるときに頻繁に行われますが、データが増えても時間とお金が無駄になるだけで、場合によっては不利な立場に置かれる可能性もあります。この質問を考えてみましょう。サンディエゴとサンアントニオのどちらの都市に住民が多いでしょうか?ドイツのマックス・プランク研究所のゲルト・ギゲレンツァー氏は、シカゴ大学とミュンヘン大学の学生にこれを提示し、62% が「サンディエゴ」と正解しました。驚くべきことに、ドイツの学生は全員正解しました。彼らの推論は？誰もがサンディエゴについて聞いたことはありましたが、必ずしもサンアントニオというわけではありませんでした。そのため、サンアントニオよりもサンディエゴの方が親しみやすいと考えられます。それどころか、シカゴ市民は両方の都市を同時に念頭に置いていたため、より多くの情報が提供され、答えを誤る可能性がありました。

2005 年から 2007 年にかけて、銀行、シンクタンク、ヘッジファンド、政府に勤務し、2005 年以降、銀行、シンクタンク、ヘッジファンド、政府向けに同様に多数の予測とコメントを含む白書を出版したすべてのエコノミストについて考えてみてください。-2007 年。発行されたすべてのホワイトペーパー。研究レポートと数学モデルの膨大なライブラリ。恐ろしいほどの大量のコメントが寄せられた。洗練された PowerPoint プレゼンテーションが作成されました。ブルームバーグ/ロイターのニュースサービスや情報の神崇拝を通じて得られるテラバイト規模の情報...金融危機が世界市場を襲い、彼らの予測やコメントが無意味になったため、それらはすべて無意味であることが判明した。それらの予測は無価値になります！

利用可能なすべてのデータを収集することは避け、代わりに重要なもののみを収集することに重点を置きます。そうすることで、より適切な意思決定ができるようになります。余分な知識は、それについて誰が知っていても価値がありません。ダニエル・J・ブールスティンは、「発見に対する最大の障害は無知ではなく、むしろ知識の幻想である」と最もよく言いました。ライバルに直面したときは、優しい言葉ではなくデータ分析で相手を倒すことを検討してください。

「考えすぎ」(90 章) も参照してください。ニュースイリュージョン (ch. 99);追加の読書については、Base Rate Neglect (ch. 28) を参照してください。

とても痛い

アメリカ陸軍の兵士であるジョンは、最近空挺降下士コースを修了し、上官からパラシュートピンを受け取るのを心待ちにしています。ついに、最後の決定的な瞬間に、彼の上官が彼の前に立ち、ピンを胸に当て、あまりにも強く打ち付けたので、ピンはジョンの肉を突き刺し、それが接触して彼の皮膚に痕跡を残した - それ以来ずっとそして、機会があるたびに、彼はシャツの一番上のボタンを開けて、その小さな傷を見せびらかします。数十年が経った今でも、この小さなピンを除くすべての思い出の品は、リビングルームの壁の特別なフレームの中に生き続けています。

マークは、結婚生活が破綻に近づく中、毎週末と休日を費やして、錆びたハーレーダビッドソンを手助けなしで丹念に修復していた。しかし、数か月にわたる作業を経て、ようやく道路の準備が整い、太陽の光の下で燦然と輝きました。しかし、2年後、どうしてもお金が必要になったマークは、テレビ、車、家を含むすべての所有物を売却しました...しかし、彼の貴重な所有物はそうではありませんでした。潜在的な購入者から実際の価値の2倍を提示された場合でも、そうではありません。

ジョンとマークはどちらも、努力の正当化に苦しんでいます。何かに多くのエネルギーを注ぐと、その結果を過大評価する傾向があります。ジョンはパラシュートピンに肉体的な痛みを経験しました。マークのハーレーは何時間も費やしました - ほとんど彼の妻です！ - 彼はそれを非常に高く評価しており、決して売るつもりはありません。

努力の正当化は、認知的不協和の典型的な例です。功績章のようなものを得るために胸に穴を開けるのはばかげているように思えます。それを補うために、ジョンの心はそれを過大評価し、その地位を世俗的なものから半神聖なものへと高めます。残念ながら、これらはすべて無意識に起こるものであり、防ぐのは困難です。

グループは、たとえば入会儀式などを通じて、努力の正当性を利用してメンバーを結び付けます。ギャングや友愛団体は、痛みを伴う、または不快な試練を課して新しいメンバーを入会させます。研究によると、入学試験に合格するのが難しいほど、メンバーは帰属意識が高くなります。MBAスクールも同様に努力の正当化を利用します。
MBA卒業生は、MBAプログラムへの厳格な入学試験に合格すると単位を受け取ることがよくあります。
MBAプログラムの学生は、この資格の勉強中に疲れ果ててしまうことがよくあります。しかし、多くの人は、MBAを取得すると、それが自分のキャリアにとって不可欠であると考えるでしょう。その理由は、多くの場合、役に立たなかったり無関係だったりするコースワークによって要求されるからです。

労力を正当化する最も簡単な形式は、イケア効果です。自分で組み立てる家具は、高価なデザイナーの作品よりも価値があるように見えることがあります。それは、私たちが何時間もかけて作る手編みの靴下が、高価なデザイナーのアイテムよりも価値があるように見えることが多いのと同じです。手作りの靴下でさえ手放すのは難しいように思えるかもしれません。大切に作られた時代遅れのシューズを捨てるのは困難です。戦略提案を作成するために長時間の労力を費やしているマネージャーは、自分自身を客観的に評価することができないことに気づくかもしれません。同様に、デザイナー、コピーライター、製品開発者、または自分の作品について悩むその他の専門家も罪を犯します。

1950年代にインスタント ケーキ ミックスが市場に導入され、メーカーはこれが主婦の間ですぐにヒットすると考えました。残念なことに、主婦たちはすぐにそれらを嫌悪し、メーカーが間違っていたことが証明されました。

彼らの簡単さに反応して、企業は食事の準備（卵を自分で溶く）の難易度を高めました。これにより、自分で調理した女性の達成感が高まり、インスタント食品に対する評価が高まりました。

労力の正当性を理解したので、プロジェクトをより客観的に評価できるようになります。実験: 何かに多大な時間とエネルギーを投資したときは、一歩下がってその結果を評価してください。結果だけを評価してください。あなたが5年かけて書いた、誰も出版に興味を示さなかったその小説は何ですか？結局のところ、それはノーベル賞に値しないのでしょうか？そして、あなたが何年も追い続けたあの女性たちは？もう一度チャンスを与えられたら、彼らはあなたをもっと簡単に受け入れてくれるでしょうか？

参照: サンクコストの誤謬 (第 5 章)。認知的不協和 (ch. 50)

なぜ小さなものは一緒に広がるのか、なぜこれらのピースは明るく輝くのか

あなたは 1,000 店舗を構える小売会社の取締役会に所属していると仮定します。半分は都市部にあり、残りの半分は田舎にあります。あなたの CEO はコンサルタントに万引きに関する調査を依頼しました。今、彼らの研究結果が発表されました。彼の前の壁には、売上高に比べて盗難率が高い支店名 100 件が表示され、「盗難率が高い支店は主に地方にある傾向がある」という驚くべき結論が示されました。CEO は信じられない思いで、従業員に直接こう言いました。「多くの検討と慎重な検討の結果、私たちの次のステップは明らかです。」今後、私たちは田舎のすべての支店に追加の安全システムを設置して、ヒルビリーが再び私たちから盗もうとするのを監視できるようにするつもりです。私たち全員が同意しますか？

まあ...完全にではありません。コンサルタントに盗難率が最も低い 100 店舗のリストを作成するよう依頼したところ、そのリストに地方の店舗が含まれていて驚きました。「場所は決定要因ではありません」とテーブルの周りで同僚を見つめながら、あなたは誇らしげに叫びます。「サイズは重要です。地方の店舗では、単一の事件が都市部の大きな支店よりも盗難率に大きな影響を与えることがよくあります。だからこそ、ここでは都市部の支店よりも盗難率が大きく異なるのです。」不意を突かれたばかりだ！」

人々は少数の法則を直観的に理解するのが難しいと感じており、そのためジャーナリスト、マネージャー、取締役会のメンバーがその罠に陥ることがよくあります。極端な例を挙げてみましょう。盗難率の代わりに、各支店の従業員の平均体重を見てみましょう。この例では、1,000 の店舗ではなく 2 つの店舗、つまり従業員 1,000 人の巨大支店と従業員 2 人のミニ支店を考えます。どちらの店舗でも、平均体重は母集団の平均体重 (たとえば 170 ポンド) にほぼ一致します。人員の雇用または解雇によってこの平均が大きく変わらない場合。しかし、小規模店舗では、店長の同僚に太りすぎか痩せているのかが影響する変化により、店長による雇用や解雇の決定が平均体重に影響を与える大規模支店よりも大幅にこの平均体重に影響を与えるため、より大きく変化します。もっと。小規模な店舗の場合、店長は、体重超過または痩せている同僚がいる従業員またはマネージャーを雇用または解雇することで、平均体重に影響を与えることができます(このような場合、平均体重に大きく影響します)。

少し万引きの問題に戻って、これをさらに詳しく調べてみましょう。結局のところ、小規模な支店では、非常に高いものから非常に低いものまで、盗難率の変動が大きくなる傾向があり、これはコンサルタントのスプレッドシートでは把握できませんでした。すべての盗難率を規模別にリストすると、最初に小規模店舗が一番下に表示され、次に大型店舗、次に小型店舗が上部に表示されます。つまり、CEO の結論は役に立たなかったかもしれないが、少なくとも小規模な拠点では高価なセキュリティシステムはもう必要ありません。

新聞に「新興企業はより賢い従業員を採用する傾向がある」と書かれているのを想像してみてください。国立不要研究研究所による調査では、アメリカ企業全体の平均 IQ が計算されています。新興企業がMENSAの素材を採用しました！」あなたの最初の反応は何ですか?うまくいけば眉毛が上がります。この現象は、中小企業が雇用する従業員の数がいかに少ないかを例示しています。したがって、平均 IQ は大企業よりも頻繁に変動し、中小企業や新興企業のスコアが高くなったり低くなったりします。したがって、国立研究所の研究は実際には何の意味も持たず、偶然を裏付けるものである。

企業、家庭、都市、データセンター、蟻塚、教区、学校などの小規模な組織に関する顕著な統計を聞くときは注意してください。驚くべき発見のように見えるものでも、実際にはランダムな分布による無害な結果である可能性があります。ノーベル賞受賞者のダニエル・カーネマンは、近著の中で、経験豊富な科学者でさえこの少数の法則に屈してしまうことを明らかにしました。それは慰めになるとしか考えられません。

関連項目: 指数関数的成長 (第 34 章)。

この素材を扱うときは注意してください。

期待

2006 年 1 月 31 日、Google は 2005 年の最終四半期の財務結果を発表しました。売上高は前年同期比 97% 増加し、純利益は 82% 増加し、売上高と純利益はそれぞれ過去最高の四半期となりました。予想通り、これらの信じられない数字を聞いて株価は即座に 16% 下落しました。取引は一時停止され、その後再開され、株価はさらに15% 下落した。これにより、あらゆる取引プラットフォームのトレーダーがパニックに陥り、「どの超高層ビルから飛び降りるのが最適か」とブログで質問した。'

何が悪かったのか？ウォール街のアナリストたちはさらに良い結果を予想していたため、それが実現しなかったとき、メディア巨人の価値から200億ドルが差し引かれた。

すべての投資家は、財務結果を正確に予測することが不可能であることを知っています。投資家が不適切な予測を「間違った推測、私の間違い」として無視することを期待する人もいるかもしれませんが、投資家はしばしばより厳しい反応を示します。2006 年 1 月にジュニパーネットワークスが予想外に発表した 1 株当たり利益の数字がアナリストの予想を 10 分の 1 も下回ったことが目撃されました。発表に至るまで期待が高かったため、株価は21% 下落し、企業価値は25億ドル急落し、どんなにわずかな差異であっても投資家からの即座の懲罰が科せられた。

多くの企業はアナリストの予測に応えようと懸命に努力しています。恐怖から逃れるために、収益見通しの予想を公表し始めた企業もある。これは間違いでした。なぜなら、市場は現在、こうした内部予測（より詳細に分析することが多い）のみを予測ツールとして注目しているからです。CFO はこれらの目標を正確に達成する必要があります。最大限の成功を収めるために、あらゆる会計テクニックを自由に使用できます。

期待は賞賛に値するインセンティブにつながることもあります。アメリカの心理学者ロバート・ローゼンタールは、さまざまな学校で目を見張るような実験を行いました。教師たちは、知的成長を遂げようとしている生徒を検出できる（偽の）新しいテストについて知らされました。いわゆる「ブルマ」。無作為に選ばれた生徒の 20% は、潜在能力が高いと無作為に分類されました。教師たちは彼らが優秀な人材であると信じていました。
ローゼンタールは 1 年間生徒を対象に実験を行い、その後、それらの生徒が対照群の子供たちと比べて IQ が劇的に高いことを発見しました。これはローゼンタール効果（またはピグマリオン効果）として知られるようになりました。

しかし、期待に応えるために意識的にパフォーマンスを調整する CEO や CFO とは異なり、教師の行動は通常、無意識でした。教師たちは自分たちも気づかないうちに、無意識のうちにブルマにもっと多くの時間を集中させ、それが結果的にグループ学習の拡大につながったのかもしれません。さらに、教師は優秀な生徒から大きな影響を受け、成績が向上しただけでなく、性格特性も向上したと考えました。これはハロー効果として知られています。

しかし、個人的な期待にどう応えるべきでしょうか?解決策の1つはプラセボ効果です。錠剤や治療法は健康を改善する可能性が低いように見えますが、実際にはいずれにせよ改善します。患者の3分の1がその効果を実感しましたが、その正確な作用はまだ不明です。私たちが確かに知っているのは、期待が脳内の生化学に影響を及ぼし、その結果、全身に影響を与えるということだけですが、アルツハイマー病患者は、脳内の期待を処理する領域が損傷しているため、その恩恵を受けることができません。

期待は目に見えないものに見えるかもしれませんが、現実世界に影響を及ぼします。期待には現実を変える力があり、完全に取り除くことは不可能です。しかし、期待にもっと賢く対処することもできます。モチベーションを高めるために、自分自身や近くの人たちの期待を高めましょう。と同時に、株式市場など、自分がコントロールできないものに対する期待も低くなります。予測することは、不快な驚きを避けるのに役立ちます。

ブラック・スワン (ch. 75) も参照。予測の錯覚 (ch. 40);ハローエフェクト (ch.38)

スピード違反取り締まりを行ってください！

シンプルなロジック

簡単な質問が 3 つあります。すぐにペンをつかみ、回答を余白にすばやく書き留めます。最初の質問: デパートでは、卓球のパドルとプラスチックのボールの価格はどちらも 1.10 ドルです。1 つが 1 ドル高い場合、もう 1 つはいくらですか? 2 番目の質問: 繊維工場では、5 台の機械で 5 枚のシャツを生産するのにちょうど 5 分かかります。100 を100生産するのにどれくらいかかりますか? 第三に、池にはスイレンが含まれており、毎日指数関数的に増殖し、その表面を完全に覆うまで毎日より多くの面積を占めます(完全に覆われるまで 48 日! すべての答えが記録されるまではこれ以上読まないでください!すべての答えは書き留められています! 書き留めるまでは読まないでください。

各質問には、直感的かつ正確な解決策の両方が含まれています。素早く直感的な答えには、10 セント、100 分、24 日などが含まれます。ただし、これらは不正解であり、解決には 5 セント、5 分、47 日かかります。あなたは何個正解できましたか？

シェーン・フレデリック教授は、認知反射テスト (CRT) を作成および実施し、数千人がそれを受験し、少なくとも 1 回は得点しました。これまでのところ、ボストンにあるマサチューセッツ工科大学(MIT)の学生が最高の成績を収めており、平均 2.18 点の正答率を獲得しています。プリンストン大学は 1.63 点で 2 位となりましたが、ミシガン大学の学生の平均得点はわずか 0.83 点でした。しかし、この場合の平均スコアはあまり明らかではありません。興味深いのは、高いスコアを獲得した人々が残りの人々とどのように異なるかということです。

フレデリックは、CRT 結果が低い人はより安全な選択を選ぶ傾向があることを発見しました。何かが何もないよりは常に優れています。少なくとも 2 点以上のスコアを獲得した人は、ギャンブルなどのよりリスクの高い選択肢を好むことがよくありましたが、これは特に男性で顕著でした。

グループを区別するものの 1 つは、衝動を制御する能力です。双曲割引については第 5 章で詳しく説明し、「今」の魅惑的な力について説明しました。次に、フレデリック氏は参加者に次の質問をしました。「欲しいものを今手に入れるか、それとも人生の後半で手に入れたいですか?」
「今すぐ 3,400 ドルを手に入れるか、それとも 1 か月以内に手に入れるかを選択すべきでしょうか?」多くの場合、すぐに入手することを支持すると答えられます。CRT スコアが低い人は、より衝動的であるため、購入の意思決定が早くなる傾向があります。対照的に、CRT の結果が高い人は通常、さらに数週間待つことを選択し、強い意志を示して瞬間的な満足感を振り払い、やがて報われます。」

考えるのは疲れる。言い換えれば、合理的な考慮には、直感に従うよりも多くの意志の力が必要です。そこで、ハーバード大学の心理学者アミタイ・シェンハフと彼の研究仲間は、人々のCRT結果が宗教への所属とどのように相関するかを調べる調査を実施した。高得点を獲得した参加者は無神論者であることが多いのに対し、CRT スコアが低かった参加者は無神論者よりも神を信じ、神聖な体験をすることが多かった。直観的な意思決定者は宗教の教義を合理的に疑問視しない傾向があるため、これは当然のことである。

CRT スコアにまだ足りない点があり、スコアを上げたい場合は、単純な論理的な質問であっても、信じられない気持ちで挨拶することから始めてください。覚えておいてください。もっともらしいと思われるものすべてが真実であるわけではありません。それで、もう一度試してみてください。あなたは A から B へ旅行しています。行きは時速 160 マイルで走り、帰りは時速 50 マイルにしか達しません。両方の移動の平均速度はどれくらいでしたか? 75?減速する！

双曲割引 (第 51 章) も参照してください。決断疲労 (第 53 章);指数関数的成長 (第 34 章);さらなるリソースとして、「ギャンブラーの誤謬」 (第 29 章) および「平均に関する問題」 (第 55 章) を参照してください。

ペテン師を暴く方法 (ステップバイステップの説明)

読者の皆様: まったく驚いたことに、私はあなたのことをよく知っています。私があなたをどのように特徴づけるかは次のとおりです。しかし、あなたはしばしば自分自身を批判する傾向もあります。あなたの可能性は十分に活用されておらず、まだ最大限に活用されていません。あなたには性格上の欠陥がいくつかありますが、通常はいくつかの調整を行うことで対処可能です。しかし、あなたの性的適応はあなたにとって課題をもたらしています。外見上は規律正しくコントロールされていますが、内面では不安を感じることがよくあります。場合によっては、自分が適切な決定を下したのか、必要な行動を実行したのか疑問に思うことがあるかもしれません。変化や多様性に対するあなたの感覚はあなたを不快にさせ、世界が停滞したり制限的になったりすると不満を感じます。独立した思想家として、あなたは適切な証拠がなければ他人の発言を受け入れません。あなたの経験から、他人に対してオープンになりすぎるのは賢明ではないことが分かりました。あなたの性格は、社交的でフレンドリーなものから、時には内向的で控えめなものまで多岐にわたります。あなたの願望の中には、高尚に思えるものもあるかもしれません。セキュリティは人生の主要な目標の 1 つです。」

あなたは自分自身を認識していますか?私の評価は 1 (悪い) から 5 (素晴らしい) にどうなりますか

バートラム・フォラーは 1948 年に、さまざまな雑誌の占星術コラムを使用して正確な一節を作成し、それを生徒たちに読んで評価してもらう実験を実施しました。これは、各人が個別の評価を受けられることを示唆しています。平均して、彼の生徒たちはフォラー氏に 86% の正確性スコアを与え、その結果、数十年にわたって試験が繰り返され、事実上同一の結果が得られました。

おそらく、テキストを 4 つ星または 5 つ星で評価したと思われます。人は普遍的な記述を読むと、自分自身の特徴の多くを認識する傾向があります。これは、フォラー効果 (またはバーナム効果) と呼ばれる現象です。これは、占星術、アストロセラピー、筆跡分析、バイオリズム分析、手相占い、タロットカードリーディング、死者との交霊会などの疑似科学がなぜ効果的に機能するのかを説明しています。

なぜフォラー効果が存在するのでしょうか？まず、フォラーは著書の中でこれらのトピックに関する発言のほとんどを行っています。
第二に、これらの言葉は誰にでも当てはまります。「時々、あなたは自分の行動を真剣に疑うことがあります。」それを否定する人はいないでしょう！第三に、私たちは自分に直接関係のない「あなたは自分の独立した考え方を誇りに思っていますね」というお世辞を受け入れてしまう傾向があります。そうしない人はいないでしょうか？第四に、確証バイアス：私たちは、矛盾するものを排除しながら、自分自身について認識していることを裏付ける情報を受け入れます。残るのは一貫したポートレートです。

コンサルタントやアナリストも同様の魔法を実行できます。「この銘柄には、非常に競争の激しい環境でも大きな成長の可能性があります。しかし、経営陣には、開発チームからのアイデアを完全に実現し実行する推進力がありません。経営陣は経験豊富な業界の専門家ですが、官僚化の兆候があります。」損益計算書には節約の機会が存在しており、将来の市場シェアを確保するために新興国にもっと注力するよう同社にアドバイスする。」十分にもっともらしいと思いますか？

占星術師をどうやって評価すればいいのでしょうか？公平な評価を行うには、20 人を選択し、それぞれに番号を割り当てます。すべてのコピーを受け取るまでカード番号が誰であるか分からないように、指導者にカード上で各人の特徴を個別に説明してもらいます。ほとんどの参加者が「自分の」説明が正確に説明されていると認識した場合にのみ、真の才能が現れることができます - 私はまだ待っています！

参照: フィーチャーポジティブ効果 (ch. 95);確証バイアス(7-8章);

なぜボランティア活動が鳥のためになるのか

ボランティアの愚行

ファッション雑誌のカメラマンであるジャックは、月曜日から金曜日まで、ファッション雑誌からの依頼でミラノ、パリ、ニューヨークの間を旅して、自然な光の中で興味深いデザインの美しい女の子を探しています。社交界ではよく知られている彼は、時給約 500 ドルの料金は商法料金と比べても遜色ないと友人たちに自慢している。「そして、私のショットはどのバンカーよりもはるかに優れているようです！」

ジャックはうらやましいライフスタイルを送っていますが、最近はより哲学的になってきました。何かが彼にファッションと自分の関係に疑問を抱かせた。今の業界は彼にとって利己的で、夜も落ち着かず、たとえどんなに小さくても社会に意味のあるものを還元できる、より充実した仕事を切望している。

ある日、彼の電話が鳴ります。それは彼の元クラスメートで、現在は地元の鳥クラブの会長をしているパトリックだった。「来週の土曜日は毎年恒例の巣箱移動です。絶滅危惧種用の巣箱を建てて、設置後に森に設置してくれるボランティアが必要です。」ぜひご参加ください！午前 8 時に会議を開始します。お昼の時間までに終わるといいのですが」

より良い世界を作ることを本当に考えているなら、ジャックは何と言えばいいでしょうか?シンプルに、彼は断るべきです。なぜ？大工の時給は通常 50 ドルですが、ジャックの時給は 500 ドルです。高品質の巣箱を自分で建てようとするのではなく(決して実現しないことですが)、写真家としてさらに 1 時間働き、その後プロの大工を 6 時間雇って、素人では到底不可能な最高品質の家を建ててみてはいかがでしょうか。彼の納税申告書でこの差額 200 ドルがカバーされ、鳥のクラブに直接寄付できるのでしょうか?そうすれば彼の貢献はさらに遠くまで進むことになるだろう。

ジャックはおそらく来週土曜日の早い時間に明るい様子で巣箱を組み立てることになるだろうが、経済学者らはこれをボランティアの愚かさだと呼んでいる。ボランティア活動は人気のトレンドですが、アメリカ人の 4 分の 1 以上がボランティアで時間を割いています。しかし、経済学者らは、いかなる理由であってもボランティア活動には参加しないと警告している。ボランティア活動は、本来ならその時間を生産的に巣箱の建設に費やせるであろう業者の仕事を奪うことになるが、代わりに自分たちで時間を奪ったり、いくつかの巣箱を手で組み立てたりするほうが効率的である可能性が高い。それは、ボランティア活動が提供するこの種の具体的な貢献をはるかに超える報酬をもたらす機会です。
ジャックは、自分のスキルを直接適用した場合にのみ真の価値を付加できることを知っています。たとえば、鳥のクラブが募金活動の郵便キャンペーンを計画しており、その郵便キャンペーンに掲載するために会員を撮影したプロの写真が必要な場合、彼は自分で撮影するか、追加で 1 時間働いて別のトップ写真家を雇い、別の写真家を雇った残りの資金を寄付することができます。トップフォトグラファー。

さて、私たちは利他主義という議論の多いテーマに到達します。無私はそもそも存在するのでしょうか、それともそれは単に私たちがエゴを和らげる方法なのでしょうか？ボランティア活動はコミュニティを助ける手段として機能することがよくありますが、スキル開発やネットワーキングの機会などの個人的な利益も重要な役割を果たします。突然、私たちは純粋に利他的に行動しなくなりました。多くのボランティアは、ボランティア活動が本来意図していたものとはかけ離れた利益を得る、いわゆる「個人の幸福管理」に従事しています。厳密に言えば、ボランティア活動から利益を得たり満足感を感じたりする人は、純粋な利他主義者ではありません。

ジャックは土曜日の朝にボランティア活動をするということで間違った行動をとってしまうのでしょうか？必ずしも;この傾向に対抗できるグループの 1 つは、ボノ、ケイト ウィンスレット、マーク ザッカーバーグのような有名人です。巣箱の建設、海岸の清掃、地震救援活動などのボランティア活動に参加する際に、切望されている宣伝を提供します。したがって、ジャックは、彼らの参加が何か価値をもたらすかどうかを慎重に評価する必要があります。そうでなければ、個人が貢献するための最良の方法は、重労働ではなく、自分のお金を使って貢献することになるでしょう。

Deformation Professionalnelle (ch. 92) も参照してください。省略バイアス (第 44 章);

なぜあなたはあなたの召使なのですか

遺伝子組み換え小麦についてどう思いますか?これは感情的な話題なので、すぐに答えすぎると残念な決定につながる可能性があります。客観的なアプローチを採用するには、その利点と欠点の両方を個別に考慮する必要があります。考えられるメリットをすべて書き留め、その重要性に応じて重み付けし、その可能性を確率で乗算すると、期待値のリストが得られます。次に、潜在的な欠点を考慮するときに、これと同じプロセスを適用します。すべての欠点をリストし、その潜在的な損害を推定し、その数値にその可能性を掛け合わせます。マイナスの合計からプラスの合計を差し引くと、正味の期待値が得られます。その数値がゼロより大きい場合、あなたは遺伝子組み換え小麦支持者です。それ以外の場合は、反対していることを示します。あなたは間違いなく、期待値と呼ばれる意思決定理論へのこのアプローチをよくご存じであり、意思決定関連の文献で広く取り上げられています。しかし、そのような評価を実行することはあなたの頭に浮かんだことがなかった可能性は十分にあります - そして確かに、教科書を書いている教授の誰も、配偶者を選択するときにこの方法を使用していませんでした。

意思決定においてこの方法に本当に依存している人は誰もいません。まず第一に、私たちの想像力は十分に広がっていません。私たちの理解は、経験を通じてすでに得られたものにしか到達できません。わずか 30 歳の場合、壮大な嵐を想像するのは困難ですが、まれな出来事に関するデータが不足しているため、小さな確率を計算することはほぼ不可能です。第三に、確率が小さいと必要なデータ ポイントが少なくなることが多く、正確な確率に対する誤差が大きくなり、容赦のない誤差の循環が生じます。私たちの脳もそのような計算をするようには設計されていません。このような計算には時間と労力が必要であり、私たちの自然な状態ではありません。私たちの進化の過去において、考えすぎた人々は捕食者によって早すぎる死を迎えることがよくありました。今日の意思決定者は、迅速な意思決定プロセスのためにヒューリスティックとして知られる精神的なショートカットに大きく依存しています。

最も頻繁に使用されるヒューリスティックの 1 つは、影響ヒューリスティックです。感情とは、何かが好きか嫌いかという即時の反応です。たとえば、「銃声」を聞くとネガティブな連想が引き起こされますが、「贅沢」を聞くとポジティブな連想が生じます。この自動的な一次元の衝動により、意思決定を行う際にリスクと利益を考慮することができなくなります。
確かにそうなのですが、リスクと利益を独立変数として扱う代わりに、感情ヒューリスティックは感覚チャネルを通じてリスクと利益を結び付けます。

原子力、有機野菜、私立学校、バイクなどの問題に対するあなたの感情的な反応によって、それらに関連するリスクと利点の評価が決まります。何かが感情的に琴線に触れた場合、そのリスクは小さく見えますが、その利益は実際よりも大きく見えます。逆に、嫌いなものがそれに対して強い感情を引き起こした場合。現実はそうではないことを示しているにもかかわらず、リスクと利益は依存しているように見えます。

ハーレーダビッドソンを所有していることを想像してみてください。車の運転がこれまで考えられていたよりも危険である可能性があることが研究で示された場合、潜在意識はその利点を異なる評価をし、その経験にさらに大きな自由を与えることで反応する可能性があります。

しかし、幸福や怒りなどの最初の自発的な感情はどのようにして生成されるのでしょうか?ミシガン大学の研究者は、参加者に100分の1秒未満の間、3つの画像のいずれかを提供しました。微笑んだ顔、怒った顔、または中立的な人物のいずれかが以前に簡単に表示されました。次に、被験者は(中国語を知らなくても)見せられたランダムな漢字が好きかどうかを選択する必要があり、ほとんどの参加者は笑顔の記号の直前にある漢字を好みました。一見取るに足らない要素であっても、私たちの感情に大きな影響を与える可能性があります。ヒルシュライファーとシャムウェイは、朝の日照時間と各取引所の市場パフォーマンスとの関係をテストすることにより、1982年から1997年にかけて26の主要証券取引所の市場パフォーマンスに重要でない要因がどのように関与したかを調査した。彼らは、古い農家の格言のような興味深い相関関係を発見しました。午前中に太陽が明るく輝いていれば、株は一日を通して増加する傾向があります。常にではありませんが、十分な頻度で増加します。太陽の光が何十億もの人々を動かすとは誰が想像したでしょうか?朝の太陽の光は、笑顔と同じくらい良い影響を与えるようです。

私たちの意図に関係なく、私たちの感情は私たちを支配します。多くの場合、意思決定は思考ではなく感情に基づいて行われます。あらゆる善意に反して、「これについて私はどう思いますか?」と置き換えます。「これについて私はどう感じますか?」だから笑顔で！あなたの未来はそれにかかっています！

関連性バイアス (第 48 章) も参照してください。損失回避 (ch. 32)、顕著性効果 (ch. 83)、および伝染バイアス (ch. 54)

自分だけの異端者を生み出すために！

ブルースはビタミン事業で働いています。彼の父親は、サプリメントがまだ日常生活の一部ではなかった時代にそれを始めました。医師はそれらを処方する必要があるでしょう。90 年代初頭にブルース氏が CEO に就任すると、需要が急増し、生産量を増やすために巨額のローンを組むようになりました。現在、彼は業界で最も成功した人物の一人であり、ビタミン製造業者の全国協会の会長を務めています。子供の頃からほぼ毎日、彼は少なくとも3つのマルチビタミンを摂取しています。その有効性についてジャーナリストからインタビューを受けたとき。ジャーナリストが彼らが何かしたのかと尋ねると、ブルースは「間違いない」と答えた——信じられるか？

ここであなたにもう一つの挑戦があります。あなたが確信しているアイデアや信念について考えてください。おそらく今後 5 年間で金が高騰するだろう、神は存在する、あるいは歯医者はあなたに過剰な請求をするだろう - すべてを 1 つの文に書き留めて、自分が本当に信じているかどうかを確認してください。

自分の有罪判決がブルースの有罪判決よりも有効であると確信していませんか?その理由は次のとおりです。あなたの観察は内部の観察ですが、ブルースの観察は外部の観察です。言い換えれば、あなたは彼らの魂を見ることができますが、あなたの魂は見ることができません。

ブルースの場合、次のように考えるかもしれません。「もちろん、ビタミンが有益であると信じるのが彼の最善の利益です。彼の富と社会的地位はビタミンの成功にかかっています。彼の富と社会的地位はビタミンの成功にかかっています。」「彼は生涯ずっと薬を飲み続けてきたので、それが時間の無駄だったとは決して認めないだろう」しかし、あなた個人にとっては違います:あなたは自分自身の中で広範な研究を行い、完全に公平な観察者であることを明らかにしました。

しかし、内なる反省は本当に純粋で正直であり得るのでしょうか?スウェーデンの心理学者ペッター・ヨハンソンは、被験者にランダムな人々の2枚のポートレート写真を見て、どちらの顔がより魅力的かを選択させる研究を実施しました。次に、その最も魅力的な特徴を詳しく説明してもらいました。しかし、巧妙な策略により、ほとんどの参加者は彼が途中で画像を切り替えたことに気づきませんでしたが、ほとんどの参加者が、なぜ自分たちがその画像を好むのかを徹底的に正当化し続けました。彼の研究結果:内省は信頼できません: 魂の探求を行うとき、私たちは主観的な選択をすることがよくあります - つまり、内省は信頼できません: 内部自己分析を行うとき
望ましい発見を達成するために発見を考え出すことは、内省幻想として知られています。熟考が真実や正確さにつながるというこの信念は詭弁以上のものです。私たちの強い信念のため、誰かが私たちの視点を共有しない場合、私たちは 3 つの反応を経験する傾向があります。1、2、または 3。

最初の応答: 無知の仮定。相手が十分な知識を持っていないことを想定している。もし彼らがあなたの知識を受け取っていれば、あなたの見解を共有するかもしれません。政治活動家は次のような考え方をする傾向があります。彼らは、啓蒙が他者を自分たちの陣営に説得すると信じています。反応 2: 愚かさの仮定 反応 3: 悪意の仮定。誰かが入手可能な情報から明白な結論を把握できず、したがって明白な推論を引き出すことができないとき、私たち全員の目にはその人は無知で愚かに見えるかもしれません。官僚は、「愚かな」消費者を自分たちから守るため、このアプローチを特に好んで使用します。対応 1: 適正手続きの欠如。相手は必要な情報をすべて持っており、議論さえ理解していますが、意図的に好戦的で、悪意を抱いています。多くの宗教指導者や信者は不信者を同じ観点から見ています。彼らが自分たちの意見に同意しないなら、彼らはサタンの手先に違いありません。

結論: 自分自身の信念ほど説得力のあるものはありません。だからこそ、内省は真の自己認識をもたらすのです。残念なことに、内省は、内部観察に過大な信頼が置かれすぎて、あまりにも長くなりすぎて、改ざんされたり、改ざんされたりすることがよくあります。第二に、私たちの認識は他人よりも自分自身に対して高く評価されていることが多く、これが優越感の幻想を生み出します。両方に対する解決策は、自分自身に対してますます批判的になることです。内部観察を第三者からの主張と同じように懐疑的に扱うことです。最も厳しい批評家になろう！

「Illusion of Control (ch. 17)」も参照。利己的なバイアス (第 45 章);これらのトピックの詳細については、確証バイアス (ch 7-8) および Not-Invented-Here Syndrome (ch 74) を参照してください。

なぜ船に火をつけなければならないのか

私のベッドの横には24冊の本が山積みになっています。私が浸ったり出たりしても、誰も私の所有物を離れることはできません。散発的な読書では、何時間も本を読んでも本当の洞察が得られないことはわかっていますが、代わりに一度に1冊の本に集中する方が合理的です。では、なぜ私はまだ24個すべてを同時に操作しているのでしょうか?

私の友人は、同時に3人の女性と付き合っている男性を知っており、そのうちの1人と家族を築くことができますが、1人だけを選ぶ気にはなれません。それは、他の2人を永久に見捨てることを意味します。オプションを開いたままにしておくと、すべてのオプションが利用可能なままになりますが、その結果、実際の関係は形成されません。

紀元前3世紀、項羽将軍は秦王朝に挑戦するために長江を渡って軍隊を送りました。軍隊が眠っている間に、彼はすべての船に放火するよう命じた。翌朝、彼は彼らにこう告げた。「さあ、選択肢は一つしかない。勝つために戦うか、死ぬかのどちらかだ。」彼は選択肢として退却を排除することで彼らの注意を戦いだけに集中させることに貢献した。スペインの征服者コルテスは、16世紀のメキシコ征服の際、メキシコの東海岸に上陸した後、モチベーションとして自分の船を沈めた際に、同様の動機付け戦術を使用しました。

項羽とコルテスは外れ値として際立っている。ほとんどの人は、できる限り選択肢を増やそうと努めます。心理学教授のダン・アリエリー氏とジウン・シン氏は、オンラインゲームを通じてこの本能の強さを実証した。プレイヤーには最初に100点が与えられ、画面上に赤、青、緑の3つのドアが表示されます。それぞれ開くには1ポイントがかかります。ただし、部屋に入るたびに追加のポイントを獲得できます。プレイヤーは論理的に反応し、それが実現するまで1つの部屋にとどまることを選択しました。その後、アリエリーとシンはルールを変更し、12手以内にドアが開かないと画面上でドアが縮小し始め、最終的には完全に消えるようにしました。その後、プレーヤーは宝の山の可能性を求めて家から家へと競争しました。この非生産的なスクランブルにより、得点は前の試合より15%減少しました。最後に、ArielyとShinは最後のひねりを加えました。ドアのサイズを25%増やすことで、ポイントの獲得方法を変更しました。最後に、彼らはもう1つの工夫を加えました。プレーヤーは今回も10%ポイントを獲得できます。主催者は、もう1つのひねりを加えてさらにシワを加えました。もう一度、ドアが出現すると12の手以内にドアが閉まる可能性があり、プレイヤーは以前と同じくらい早くドアが開くまでのドアホッピングを強制されました。その後、アリエリーとシンは別の変更を加えました。今度は、12手以内にドアが開かなかったとき、ドアは画面外で縮小し始め、最終的には画面外に消えました。アリエリーとシンがルールを変更して再び変化したとき、ドアは12の手以内に開かなければならず、そうでないと画面の外に消えてしまいます。プレーヤーは、すべての潜在的な宝の山へのアクセスを確保しようと、ドアからドアまでレースを開始しました。その結果、獲得ポイントは 15% 減少しました。アリエリーとシンは最後のひねりを加えました: 今回は前のゲームよりスコアが 15% 減点です スコアが前より 15% 減りますが、最後のひねりが加えられました: 主催者はさらにひねりを加えました: 12 手以内に開くと、最終的には画面から徐々に消えていきました消える前に消えたドアが縮小し始めたときに完全に消えた、ドアが 12 手以内に開かれる必要があるルールが大幅に変更された、そうでない場合は 12 手以内に画面から縮小し始める、または 12 手後にドアを作ってすぐに消えた、または前回のスコアが 15 だったのですぐに消えた以前は得点が 15% 減っていましたが、得点が 15% 減っていました。その後、さらにひねりが加えられました...
ドアを開けると 3 ポイントが必要になり、プレイヤーはすべてのドアを開けたままにしようとしてポイントを無駄にしてしまうという同じ不安が生じました。各部屋に隠されたポイントの数を調べても、変化はありませんでした。オプションを放棄することは彼らにとってあまりにも大きな出費でした。

なぜ私たちは非合理的な行動をとってしまうのでしょうか？なぜなら、その結果が明確ではないことが多いからです。たとえば金融市場では、これは明らかです。証券のオプションには常に何らかのコストがかかります。無料のオプションなどというものはありません。しかし、他の領域では、オプションは無料であるように見えることがよくあります。しかし実際には、これらにも代償が伴います。それぞれの決断には精神的なエネルギーが必要であり、思考や生活のための貴重な時間が奪われます。あらゆる可能な拡張オプションを検討する CEO は、最終的には何も選択しないことがよくあります。すべての顧客セグメントにサービスを提供しようとする企業は失敗することがよくあります。リードを追求する営業担当者は、あらゆる努力にもかかわらず、結局取引が成立しないことがよくあります。

今日の人々は、多数のプロジェクトを一度に進め、現れるあらゆる機会にオープンであることにこだわる傾向があります。しかし、このアプローチはすぐに成功を狂わせる可能性があります。その代わりに、いつ、そしてなぜドアを閉めるべきかを学ばなければなりません。ビジネス戦略は主に、どの活動をしてはならないかを表明する役割を果たします。ビジネスと同様のアプローチを使用します。人生で追求すべきでないことをリストアップし、特定の可能性を追求しないように計算された決定を下します。選択肢が生じたら、次のステップに進む前に、追求しないリストと照らし合わせてテストしてください。リストはトラブルを避けるのに役立つだけでなく、意思決定に費やす時間を節約することにもなります。リストがあれば、新しいドアが開くたびに決定を下すのではなく (多くのドアは、ハンドルが簡単そうに見えても意味がありません)、選択するときにリストを参照するだけで済みます。

関連項目: サンクコストの誤謬 (第 5 章)。

ネオマニアに関する警告

50年後、私たちの世界はどのようになり、私たちの日常をどのような物が取り囲むようになるでしょうか?ネオマニアに巻き込まれるのは簡単です。「新品」は脇に置いておきましょう。

50 年前、この疑問を考えていた人々は、「未来」がどのようなものになるのかという空想的なアイデアを持っていました。空に高速道路、ガラスの世界に似た都市、高層ビルの間を走る新幹線などです。私たちは、受胎によって実の子供を授かる代わりに、月面で休暇を過ごしながら薬を飲みながら、プラスチックのカプセルに入った水中都市に住むことになるでしょう。代わりに、カタログから子供を子供として選択します。死はとうの昔に根絶されているが、ロボットは人間の仲間ではなく親友になるだろう - 彼らが思い描いた光景はそう遠くない!

しかし、ちょっと待ってください。あなたの周りをよく見てください。あなたは古代エジプトで作られた椅子に座っています。約5,000年前、紀元前750年頃にゲルマン部族によって開発されたパンツを着用。あなたの足元の革靴は最終氷河期に誕生しました。あなたの本棚は木材で構成されています。これは人類に知られている最古の建築材料の 1 つです。夕食時にはローマ人が使っていたのと同じフォークを使います。夕食時に死んだ動物や植物の塊を口に押し込むのに、何も変わりません。何も変わりません。

私たちの世界は50年後にはどうなっているのだろうか？ナシム・タレブは著書『Antifragile』の中でいくつかの指針を提供しています。過去半世紀にわたって存在したテクノロジーのほとんどは、今後も半世紀にわたって人類に貢献し続ける一方、最近のテクノロジーは予想よりも早く時代遅れになるだろうということを考慮してください。なぜ？発明を種と考えてください。何世紀にもわたる進化に耐えてきたものは、おそらく将来も強くなり続けるでしょう。古いテクノロジーは証明されています。その固有のロジックは常に完全に理解できるとは限りません。何世紀にもわたって存続しているものには何らかの価値があるはずなので、次回戦略会議に出席するときはこのことを考慮する必要があります。50 年後の未来はおそらく今日と似ているでしょうが、最初は興味を引くような新しい派手なガジェットや発明が登場するかもしれません。それでも、彼らは頻繁に素早く行ったり来たりします。

私たちの将来について考えるとき、私たちは技術革新や「キラーアプリ」を重視しすぎて、その役割を過小評価しがちです。
タレブは歴史を通じてこの傾向を観察してきました。1960 年代、宇宙旅行が大流行し、多くの学生が火星への修学旅行を想像するようになりました。その後 10 年が経ち、プラスチック製の家が流行したため、シースルーの住居をプラスチック製の家具で飾る方法を考えました。彼はこの傾向が「ネオマニア」、つまり新しくて輝くものすべてに魅了されることに起因していると考えています。

最初、私はアーリーアダプター、つまり最新の iPhone にアクセスしないと生きていけない人々に同情を感じました。当時、私は彼らが時代を先取りしていると思いました。しかし今では、私は彼らをネオマニアに苦しむ不合理な個人だと見ています。彼らは、製品が目に見える利益をもたらすかどうかにはあまり関心がなく、実際の有用性よりも目新しさに関心があるようです。

将来を予測するときは、思い切った手段を講じないでください。スタンリー・キューブリックの 1968 年の古典映画「2001 年宇宙の旅」がその例です。2000 年代の変わり目に設定されたこの先見の明のある作品は、アメリカが千の強力な月面植民地をホストし、パンナム社の通勤便が運行することを予言しました。これは誰も予想していませんでした。代わりに、この経験則をお勧めします。X 年間生き残ったものは、さらに X 年間も存続します。ナシム・タレブは、歴史の「でたらめフィルター」がギミックとゲームチェンジャーを区別できると信じているので、私は彼と一緒にその賭けをするつもりです！

プロパガンダが機能する理由の例として、快楽的なトレッドミル (ch. 46) も参照してください。
第二次世界大戦では各国がプロパガンダ映画を制作しました。これらは民間人も兵士も同様に民族主義的な感情を煽り、国家のための犠牲を奨励するために使用されました。プロパガンダ映画だけでも法外な金額を費やした後、米国陸軍省はこの支出に何らかの利益があるかどうか調査を実施した。研究は一般兵士を対象に行われた。彼らの反応には、戦争への熱意がまったく高まっていませんでした。

兵士たちはこれらの映画を粗末なものだとみなしたのだろうか？しそうにない。むしろ、兵士たちはこれらの映画がプロパガンダであることを認識しており、そのため、これらの映画で提示されるメッセージが観客に何らかの重みを持たせることはほぼ不可能でした。たとえ映画がそのメッセージを考慮したり評価したりするに値するほど観客を議論したり刺激したりしたとしても。その内容は単に空虚なものとみなされ、完全に無視されるでしょう。

9 週間後、予期せぬことが起こった。心理学者は戦争に対する兵士の態度について別の評価を行った。その結果、映画を観た人は観ていない人よりもはるかに多くの支持を表明しました。明らかにプロパガンダが功を奏したのです！

科学者たちは、議論の説得力が放射性物質と同じように時間の経過とともに減少することを知って困惑していた。あなたもおそらくこれを経験したことがあるでしょう。遺伝子治療の利点に関する記事を読んで、最初は熱心になりますが、数週間後にはすぐに興味を失います。最後には熱意の残骸だけが残る。

驚くべきことに、プロパガンダはしばしば逆の方向に作用します。一度人々の琴線に触れると、その影響力は時間の経過とともに増大するだけです。なぜ？心理学者のカール・ホブランドは陸軍省の実験を主導し、この現象を「スリーパー効果」と名付けました。現在のところ、これについての私たちの最善の説明は、私たちの記憶は、メッセージ自体（つまり、戦争は必要であり崇高である）を覚えている一方で、議論自体（宣伝省など）が言ったことを忘れるよりも早く情報源を忘れてしまうということです。したがって、信頼できない情報源から得た情報は、メッセージが消えるよりも早く信用を失墜させる力が消えるにつれて、時間の経過とともに徐々に信頼を獲得していきます。

米国の選挙では、候補者が一見単純な手段で互いの実績や評判を貶めようとするネガティブな政治広告が増えているが、この場合、政治広告はすべての広告の最後にスポンサーを明らかにすることで米国の選挙法に準拠する必要があるが、多くの研究が示している。メッセンジャーの言葉が消え、発言が記憶に焼き付けられると、未定の有権者の間でスリーパー効果がまだ続いている。これにより、候補者は、最終結果が悪化した場合にどちらの陣営にも報復や結果がもたらされることを恐れることなく、ライバル候補者に対して可能な限り最も有害な告発を行うことができる。法律で予想されているよりもネガティブなものではない - このため、投票率や投票率の観点から、選挙キャンペーンの広告を選挙キャンペーンで双方の反対派がライバル陣営に対して使用するプロセスは、それまでの選挙シーズンで可能だったものよりもはるかに困難になります。

広告がそもそもどのように機能するのか、私はしばしば不可解に感じました。論理的な人なら誰でも、広告が何であるかを簡単に認識し、それらを不適格にするか適切に分類するはずです。しかし、洞察力があり、知的な読者であるあなたでさえ、常にこれをうまく実行できるとは限りません。数週間経つと、それが有益な記事であれ、悪趣味な記事であれ、特定の情報がどこから来たのか忘れてしまうことがあります。

どうすればスリーパー効果に対抗できるでしょうか?まず、たとえそれが善意であるように見えても、求められていないアドバイスには注意してください。そうすることで、ある程度は操作から身を守ることができます。次に、広告のある情報源をできる限り避けてください (幸運なことに、書籍には広告が表示されません!)。第三に、遭遇した議論の原因が誰であるかを特定し、覚えておいてください。彼らの推論と、誰が何から利益を得るかを可能な限り理解するように努めてください。このプロセスにより意思決定プロセスが多少遅くなる可能性がありますが、時間の経過とともに意思決定プロセスも改善されます。

フレーミング (ch. 42) も参照してください。初発性と最新性の効果 (ch. 73);ニュースイリュージョン (ch. 99)。

なぜ競馬は 2 つの競馬だけではないのですか?

代替失明

これを想像してみてください。あなたは地元の大学で提供される MBA 学位のメリットを宣伝するパンフレットをめくっているとします。ツタに覆われたキャンパスや超近代的なスポーツ施設の写真に視線が飛び交います。若い女性、中国人、インド人のやり手たちに重点を置いた、多様な民族的背景を持つ笑顔の学生の写真も掲載されています。最後に、その財務的価値を示す概要に到達します。10 万ドルの手数料は、卒業生が退職前に追加収入を生み出すことで簡単に相殺できます。税引き後は約 40 万ドルです。非常に簡単、考える必要のない。

間違っている。このような議論には、1 つではなく 4 つの誤謬が隠されています。1 つ目は「水泳選手の身体の錯覚」です。MBA プログラムには、MBA 資格などの追加資格がなくても平均以上の給与を受け取る可能性が高い、キャリア志向の個人が集まる傾向があります。2 番目の誤解: MBA には 2 年かかり、その間に 10 万ドルの収入の損失が予想される。したがって、投資による潜在的な利益を考慮すると、MBA の実際の費用は 10 万ドルを超える可能性があります。第三に、30 年以上先の予測を立てるのは愚かです。その期間に何が起こるか誰にもわかりません。最後に、他のオプションも存在します。「MBAを取得する、またはMBAを取得しない」ということだけに縛られる必要はありません。おそらく、費用が大幅に安く、キャリアアップの特典も提供する別のプログラムが利用可能である可能性があります。私は 4 番目の誤解が特に興味深いと思います。これを代替盲目と呼びましょう。既存のオファーとその次善の代替オファーを比較できない場合です。

これは金融の例です。普通預金口座にお金を貯めているとします。投資ブローカーにアドバイスを求めると、普通預金口座が返してくれるわずか 1% ではなく、5% の利息が付く債券の購入を勧められます。債券を買うのは意味があると思いますか?誰も知らない。これら 2 つの選択肢だけを考慮しても、正確な評価は得られません。考えられるすべての投資の選択肢を真に評価し、最適なものを選択します (トップ投資家のウォーレン・バフェットはこれを行っています)。
バフェットは、たとえそれがすでに行っていることをさらに行うことを意味するとしても、その時点で利用可能な次善の取引と比較して各取引を評価します。」

ウォーレン・バフェットとは対照的に、政治家はしばしば代替失明の餌食になります。あなたの都市が空き地にスポーツアリーナを建設する計画を考えてみましょう。支持者は、空き地よりも住民にとって精神的にも経済的にも利益が得られると主張するかもしれないが、この比較には欠陥がある。代わりに、学校、舞台芸術センター、病院、焼却炉などの建設によって不可能になるすべてのアイデアを評価すべきである。あるい

は、土地を売却してその収益を投資するか、この代替解決策で市の負債を減らすこと
もできます。

代替ソリューションを見落としていませんか?医師が 5 年後に腫瘍を発見し、成功すれ
ば完全に切除できる複雑な手術を提案しましたが、全生存率はわずか 50% でリスクが
高いと考えられていると想像してください。どうやって決断しますか?選択肢を慎重に検
討してください。5 年以内に確実に死ぬか、来週死ぬ確率が 50% です。代替失明！
おそらく、あなたの施設では現在提供していない侵襲的手術の変形が、町の別の病
院で利用できるかもしれません。腫瘍の増殖を遅らせるための手術は症状を一時的に
軽減するだけです。ただし、この侵襲的な手術は、他の方法よりも時間と安心をもたら
します。おそらくその 10 年の間に、腫瘍を除去するためのより高度な治療法が登場す
るかもしれません。

結論: 決断が難しい場合は、手術をしない、リスクの高い手術など、2 つ以上の選択肢
があることを覚えておいてください。絶対的な選択とその可能な選択肢の間で板挟み
にならないでください。心をオープンにしてください！

選択のパラドックス (第 21 章) を参照。これらのテーマの詳細については、「Swimmer's
Body Illusion (ch. 2)」を参照してください。

なぜ若いガンを狙うのか

社会的比較バイアス

私の本がベストセラー リストで 1 位になった後、出版社は、トップ 10 リストに入る予定の知人による別のタイトルの推薦を提供するために私に協力を求めてきました。彼らは、私の証言があれば、そのリストへの掲載がさらに促進されると信じていました。

肯定的なコメントだけが本のジャケット(この本も含めて)に掲載されることを誰もが知っていることを考えると、これらの証言がまったく機能することにいつも驚かされます。理性的な読者は賞賛を脇に置くか、少なくとも形は違っても常に存在する潜在的な批判と並行して考慮する必要があります。私は他の本について多くの感想文を書いてきましたが、ライバルタイトルについては書いていませんでした。自分の選択肢を検討するうちに、社会的比較バイアスが影響していることに気づきました。つまり、すぐに自分に影を落とし、長期的には愚かに見える可能性のある人々を助けることを避ける傾向です。

本の紹介文は、社会的比較バイアスの無害な例として機能する可能性があります。しかし、学界はこれをまったくより危険なレベルにまで引き上げています。すべての科学者は、権威ある科学雑誌にできるだけ多くの論文を掲載し、出版のために研究を投稿している他の科学者からの投稿を評価する権利を獲得することを望んでいます。時間が経つと、編集者は他の科学者の投稿を評価するように求めます。多くの場合、特定の分野でどの論文が採用されるかを決定するのは 2 人か 3 人の専門家だけです。この知識を念頭に置いた上で、新進気鋭の研究者が確立された専門家を転覆させる恐れのある、地球を揺るがす論文を提出したらどうなるでしょうか?おそらく、評価する際に特に厳格になるでしょう。これは社会的比較バイアスが働いているのです。

心理学者のスティーブン・ガルシアとその仲間の研究者は、ノーベル賞受賞者が将来有望な若い同僚の一人に「自分の」大学への就職申請を禁止した例について説明しているが、これは一見賢明であるように見えるかもしれない。時間が経つにつれて、その若い同僚が別の研究グループに加わると逆効果になり、老教授と彼または彼女、そしてこの若き天才とのさらなる接触が妨げられる可能性があります。
ガルシア氏は、社会的比較バイアスが、研究機関が長期にわたって世界クラスの研究グループとしての地位を維持することを妨げる要因の1つである可能性があると示唆しています。長年にわたってトップの座を維持できる研究グループはほとんどありません。

社会的比較バイアスも新興企業における重要な問題です。ガイ・カワサキ氏はAppleの「チーフ・エバンジェリスト」を4年間務め、現在はベンチャーキャピタリストおよびアドバイザーとして起業家にアドバイスを行っている。川崎氏によれば、「Aプレーヤーは自分よりも優れた人材を雇う。スティーブ（ジョブズ）が述べたように、Ｂプレーヤーは自分よりも優れていると感じるためにＣプレーヤーを採用し、ＣプレーヤーはＤプレーヤーを採用します。Ｂプレーヤーを雇用するときは、彼の言うところの「ボゾ爆発」が組織内で起こることを期待します。Ｂプレーヤーを雇用すると、最終的にはＢプレーヤーではなくＺプレーヤーが雇用されることになります。推奨事項: 自分よりも優れた人を雇いましょう。そうでないと、すぐに弱者のチームを率いることになります。いわゆるダニング・クルーガー効果がここに当てはまります。無能なＺプレイヤーは、しばしばその範囲を見逃してしまう才能を持っており、自分には実際よりも多くの知性があると信じています。このような人々は、幻想的な優越感を生み出し、さらに多くの間違いを犯し、それが時間の経過とともに人材プールを侵食していきます。

アイザック・ニュートンは当時25歳で、1666年から1667年にかけてペストの大流行により学校が閉鎖されたとき、アイザック・バローは彼の研究を見に来ると申し出、バローはすぐに教授の座を離れ、ニュートンの学生の一人として加わった。- それは本当に高貴な人でした！それはなんと倫理的な模範を示したのでしょう。そして、従業員の一人がより良い仕事ができると気づいたために、教授が他の候補者やＣＥＯを支持してその地位を放棄したという話を最後に聞いたのはいつですか？

結論：結論として、あなたは自分より優秀な人材を育てていますか？最初は自分の地位を脅かすかもしれませんが、長期的には利益しか得られません。いずれにしても、他の人はどこかの段階であなたを追い越すでしょう。その時が来るまでは、彼らの良い面を見て、彼らから学ぶことが賢明でしょう。それが、最後に紹介文を書く私の動機でした。詳細については、「Envy (ch. 86)」を参照してください。コントラスト効果 (ch. 10)。

第一印象が欺かれる理由

プライマシーとリーセンシーの効果

二人の男、アランとベンを紹介しましょう。あまり長く考えすぎずに、誰が好みかをすぐに決めてください。アランは賢く、勤勉で、衝動的で、批判的で、頑固で嫉妬深いのに対し、ベンの資質にはこれらの特徴が含まれますが、ひねりが加えられています。ベンは嫉妬深く、頑固で、批判的で、衝動的で、勤勉で、賢いこともあります。同じように。どちらの説明も似ているように見えますが、ほとんどの人はアランを選択します。あなたの脳は、最初にリストされている形容詞により多くの注意を払う傾向があり、その結果、2つの異なる性格が形成されます。アランは勤勉で、ベンは嫉妬深く頑固な特性を示します。これは初頭効果として知られています。

優位性効果がなければ、人々は本社に豪華なエントランスホールを設けることを控えるでしょう。あなたの弁護士は、あなたの会議にデザイナーのオックスフォードではなく、使い古されたスニーカーを履いて現れることに満足するでしょう。

初頭効果は実際的なエラーを引き起こすことがよくあります。ノーベル賞受賞者のダニエル・カーネマンは、教授職に就いた当初、どのようにして試験問題を順番に採点したかについて語ります。学生 1、学生 2 の順で、その後のすべての質問に完璧に答えたものに高い得点が与えられました。これは、完璧に答えた生徒がカーネマンのお気に入りになることを意味し、最終的にはカーネマンが試験の他の部分の採点方法に影響を与えることになります。この影響を打ち消すために、カーネマンは個々の質問をバッチで採点し始めました。質問 1 に対するすべての回答が採点され、次に質問 2 に対するすべての回答が採点されるというように、この影響を打ち消し、完全に無力化しました。

残念ながら、このトリックは実際には常に機能するとは限りません。たとえば、新しい従業員を雇用する場合、第一印象が良い人を最初に雇用する危険があります。並んでいる候補者全員から同様の質問に 1 つずつ回答する際の効率を最大化するため。

自分が会社の取締役会の一員であると想像してください。あなたがまだ決めていないディスカッションの議題が浮上し、出席した 1 人以上の参加者が、その全体的な評価に影響を与える可能性のある意見を表明します。他の人が言う前に、ためらわずに声に出してください。そうすれば誰もが学ぶことができます。
そうすることで、同僚に対する影響力が高まり、味方につけることができます。委員会の委員長を務める場合は、誰かが他のメンバーに対して不公平な優位性を持たないよう、必ずランダムな順序で意見を集めてください。

主力効果が必ずしも原因であるとは限りません。最近の効果も同様に影響力のある役割を果たすことがよくあります。最近保存された情報ほど、記憶に定着しやすい傾向があります。これは、短期記憶ファイルには限られたスペースしか含まれていないためです。新しいものが登場するとすぐに、古いものは道を譲らなければなりません。

優位性が最新性の効果に優先するのはどのような場合ですか、またその逆の場合はどのような場合ですか?複数の印象（特徴、試験の解答など）に基づいて即座に決定を下さなければならない場合、優位性の影響がより重くなります。しかし、これらの印象がより長い時間枠で形成された場合、たとえば最近スピーチを聞いた場合、最新効果はより顕著になります。最初のポイントやオチよりも、最後のポイントやオチのほうがはっきりと覚えているでしょう。

結論: 最初の印象と最後の印象が支配的であり、その間の内容は最小限の影響しか持たないことを意味します。第一印象のみに基づいて決定を下さないようにしてください。これらは間違いなく何らかの形であなたを欺くでしょう。すべての側面を公正かつ公平に評価します。これは言うは易く行うは難しですが、たとえば、面接を実施して5分ごとにスコアを記録し、その後それらを平均して、こんにちはスコアやさよならスコアなど、すべての側面が均等に考慮されるようにします。

注意の錯覚 (ch. 88) も参照。スリーパー効果 (ch. 70);顕著性効果 (ch. 83)

自家製が最適な理由

ここで発明されていない症候群

私の料理の腕はかなり基礎的で、妻もそれを知っています。時々、なんとか食べられるものを作ることができます。最近、舌平目を購入したとき、私は白ワイン、ピスタチオナッツのピューレ、蜂蜜、オレンジの皮のすりおろし、バルサミコ酢で作った珍しいソースを作りました。そして彼女はそれを味わったとき、あまりにも大胆な実験であると感じたものを削り始めました。とても美味しかったと思い、詳しく説明しましたが、彼女の表情に変化は見られませんでした。

2週間後、妻は再び夕食にヒラメを用意し、今度は自分で調理しました。彼女は 2 つのソースを用意しました。1 つは彼女の実績のあるブール ブラン ソース、もう 1 つはひどい味だった一流のフランス人シェフによる珍しいレシピです。後にスイス人であることが判明しました。明らかに彼女は私を不意を突いた。私は、自分で作成したあらゆる創作物が、その後に作られたものと比較して優れてしまう、Not-Invented-Here 症候群 (NIH 症候群) に陥っていました。

NIH 症候群により、人々は自分の考えに夢中になってしまいます。これは魚醤のレシピだけでなく、社内で開発されたあらゆる形式のソリューション、ビジネス アイデア、発明にも当てはまります。企業は多くの場合、そのようなコンセプトを外部ソースからのコンセプトよりも重要であると評価します。ただし、これは実際には必ずしも正確であるとは限りません。最近、私は健康保険会社向けのソフトウェアプロバイダーのCEOと会いました。彼は、自社がサービス、セキュリティ、機能の面で市場をリードしていたにもかかわらず、自社のソフトウェア製品を潜在顧客に直接販売することがいかに難しいかを説明しました。多くの保険会社は、自社の社内ソリューションが最適なソリューションを提供すると信じていますが、別の CEO は、遠く離れた子会社から提案されたソリューションを受け入れるよう本社のスタッフを説得するのがいかに難しいかを私に話しました。

人々が協力して問題を解決し、これらのアイデアを自分たちで評価すると、NIH 症候群が必然的に現れ、進行することになります。したがって、それは必然的に影響力のある結果をもたらし、それが影響力のある発現をもたらします。これにより、この状態がさらに重要になります。
チームを 2 つのグループに分けるのは理にかなっています。1 つはアイデアを生成し、もう 1 つはそれを評価します。一方のチームが生成したアイデアは別のチームによって評価され、その後逆転されます。このようにして、両方のグループがアイデアを作成し、別のチームのコンセプトを評価するのに同じ時間を得ることができます。私たちは、他人が提案したビジネスアイデアよりも自分自身のビジネスアイデアをより肯定的に評価する傾向があります。これは起業家としての成功に不可欠な特性ですが、多くの場合、スタートアップビジネスでは残念な結果につながります。

心理学者のダン・アリエリー氏は、ニューヨーク・タイムズ紙のブログを利用してNIH症候群を定量化しました。アリエリーの読者は、「都市は法律に制限されずに水の消費量をどのように削減できるか?」などの6つの問題に対する解決策を提供するよう求められ、提案を行い、実現可能性を評価します。提案された各アイデアへの時間と資金の投資をさらに指定します。最終的には50語のみを使用したため、提供されたすべての応答が正確に一致しました。いずれにせよ、ほとんどの読者は、投稿内容が実質的に同じであったとしても、他の寄稿者よりも自分の回答が重要で適切であると評価しました。

社会レベルでは、NIH症候群は悲惨な結果をもたらす可能性があります。私たちは、単にその証明されたメリットを理解できないという理由だけで、他文化からの知的なアイデアを却下することがよくあります。スイスでは、各州または州(フランス語でカントネサリーと発音)が一定の権限を持っているが、1990年の事実上の連邦裁判所の激怒した判決にもかかわらず、ある小さな州が女性参政権の承認を拒否したという国家保健関与(NIH)の異例のケースがあった。それを変えました - 国家保健介入のもう一つの明らかな例です。1960年代に英国の交通技術者によって設計され、英国全土で導入された現代の交通ラウンドアバウトについても考えてみましょう。厳しい収量要件を誇ります。数十年間の忘却と抵抗を経て、ラウンドアバウトなどの交通渋滞解消策は最終的に北米とヨーロッパ大陸の両方に広がりました。フランスだけでも現在、ロータリーが30,00か所以上あり、多くのフランス人がそのロータリーをエトワール広場の設計者であると誤って認識しています。

結論: 私たちは自分自身のアイデアに夢中になり、その力にますます酔ってしまう傾向があります。冷静さを保ち、後から振り返ってその品質を客観的に評価してみると、過去10年間のアイデアのうち、本当に優れていたものはどれですか?その通り。

「内省的幻想」(第67章)も参照。養老効果 (ch. 23);利己的なバイアス (第45章);偽りのコンセンサス効果 (ch. 77)

信じられない資産から利益を得る方法

「白鳥はみんな白いよ。」何世紀にもわたって、この言葉は真実でした。雪に覆われたすべての標本がこの主張の証拠でした。他の色はありますか？考えられない。それは1697年にウィレム・デ・ヴラミンがオーストラリアへの遠征中に初めて黒い白鳥に遭遇するまでのことでした。それ以来、黒い白鳥は人生のあり得ないことを象徴するようになりました。

1987年のある日は、そのような日でした。ナシム タレブは、その結果について何の警告も与えず、著書の中でこの出来事を描写したことで有名です。ブラックスワンのイベント。

ブラック・スワンの出来事は、人生、キャリア、社会を劇的に変える想像を絶する出来事です。隕石の落下から、カリフォルニアでのサッターの金の発見、あるいはサッターの死まで、さまざまな出来事が起こります。サッターの発見からスプートニクとインターネットブラウザの開発まで。または人生を完全にひっくり返す別の出会い - それぞれがプラスまたはマイナスの影響を与える可能性のある潜在的なブラックスワンです - これらはすべてブラックスワンとして認定されます。

ドナルド・ラムズフェルドはかつて、記者会見で強力な哲学的思想を述べたことで有名だった。「私たちが確実に知っていること（「既知の事実」）、未知のままのこと（既知の未知）、そして私たちにとって隠されているか謎に包まれたままのことがある。（「未知の未知のもの」）。

私たちは現在、宇宙の大きさや範囲、イランの核兵器の存在、あるいはインターネットが私たちを賢くするのか愚かにするのかなどを研究しているのでしょうか？これらの質問は「既知の未知」を表しており、十分な努力があれば、いつか答えが得られると期待できるでしょう。10年前の開始時には誰も予想していなかったFacebookマニアのような未知のものとは異なり、それは本当に予期せぬものであり、予測不可能でした。

ブラック・スワンはなぜ重要なのでしょうか？奇妙に聞こえるかもしれませんが、ブラック・スワンは時間の経過とともにますます発生しており、ますます重大になる傾向があります。私たちは将来の計画を確実に立てることができますが、ブラックスワンのような予期せぬ出来事が発生すると、対応に混乱することがよくあります。
フィードバック ループや非線形の影響は、多くの場合、私たちの最善の意図を覆し、予期せぬ結果をもたらします。その理由の1つは、私たちの脳が本来持っている狩猟と採集の能力です。石器時代の狩猟者は、本当に特別なものに遭遇することはほとんどありませんでした。追われる鹿は、遅かったり速かったり、太ったり痩せていたりすることがよくありました。すべてが安定した平均値に向かう傾向がありました。

今日は違います。1 つの画期的な進歩で収入が桁違いに増える可能性があります。ラリー・ペイジ、ウサイン・ボルト、ジョージ・ソロス、J.K. に聞いてみてください。たとえばローリングやボノ。これまで、このような幸運は想像できませんでしたが、ごく最近になってそのような偉業が可能になり、極端なシナリオに対する現代の恐怖につながっています。確率はゼロを下回ることはできず、人間の思考には誤りが生じることがよくあるため、すべてのものにはゼロ以上の確率があると想定する必要があります。

何ができるでしょうか？乗り物に乗れる可能性のある状況に身を置いてください。

幸運にもポジティブなブラック・スワン・イベントを経験できる可能性を自分で作りましょう(ただし、その可能性は非常に低いです)。スケーラブルな製品を使ってアーティスト、発明家、起業家になることを検討してください。従業員、歯科医、ジャーナリストとして時間を切り売りすることはできません。ただし、この道を続けることを余儀なくされたとしても、否定的なブラック・スワン現象が発生する可能性のある環境は避けてください。借金をしないようにし、貯蓄はできるだけ控えめに投資し、大きな飛躍が起こるかどうかに関係なく、控えめな生活水準での生活を受け入れてください。

曖昧さ回避に関するメモ (ch. 80);予測の錯覚 (ch. 40);本書の代替パス (第 39 章) と期待 (第 62 章)。

知識は譲渡できない

明晰な思考に関する本を書くことは、多くの見返りをもたらします。ビジネスリーダーや投資家は、それについての講演をするために私に喜んでお金を払って、高額な報酬を払ってくれますが、本ははるかに安いので、これは奇妙に思えます。ある医学会議で、私は医学の例えを使って基本無視率について講演しました。特に40歳の患者の刺すような胸痛について議論する場合、それは心臓病または単にストレスを示している可能性があり、ストレスの可能性ははるかに高くなります（基本率が高いほど）。したがって、心臓の状態やストレスを検査する前に、まずこの可能性を検査することが賢明でしょう。これは私が経済学の例を使ったとき、すべての医師が直感的に理解していたことです。しかし、この考え方を詳細に理解しようとするとき、医学または医学一般からの例えと比較するとき、最もつまずくのは、医学からの経済学の例を使用するときと比較するとき、このたとえは、基本金利無視のこの側面を説明するとき、最も悲惨につまずくときです。経済学の例を使用するとき、最もつまずきます。基本レートの無視について話すとき（基本レートの無視の方が簡単です）。

投資家と同様、聴衆の前で話すときにも同様の現象を経験します。金融や経済の例を使って説明すると、すぐに誤りがバレてしまいます。しかし、生物学の例を使うと、それらは失われているように見えます。これは、分野間で洞察が容易に伝わらないこと、つまりドメイン依存として知られる効果を示しています。

ハリー・マーコウィッツは、「ポートフォリオ選択」の理論により1990年にノーベル経済学賞を受賞しました。このプロセスでは、リスクとリターンの両方を考慮して、ポートフォリオの最適な構成を決定します。マーコウィッツ自身の貯蓄、つまりそれを株式と債券にどのように配分するかに当てはめると、彼は単に50/50の配分を選択しただけです。ノーベル賞受賞者は、自分の方法論的プロセスを個人的な事柄に効果的に適用できませんでした。明らかなドメイン依存のケース。したがって、学術の知識を日常生活に移すことができません。

私の友人はアドレナリン愛好家です。彼は、張り出した崖を素手でよじ登ったり、ウィングスーツを着て山から飛び降りたりすることなど、冒険好きなことを楽しんでいます。先週、彼は私に、なぜ起業がリスクを伴うのかを語った。破産は常に選択肢として除外されるわけではありません。彼の主張について話し合ったとき、私は「個人的には、死ぬよりは破産したほうがマシだ！」と答えました。彼は私の推論を理解していませんでした！

著者として、私はある専門分野から別の専門分野に移行することの難しさを理解しています。小説のプロットやキャラクターの作成は私には簡単にできます。空白のページは怖くないよ！一方、空の箱やスクリーンの扱いはまったく異なります。

インテリアの装飾は気が遠くなるかもしれません。何もアイデアが浮かばずに、何時間も宇宙を見つめて過ごすことができます。

ビジネスはドメインの依存関係に依存することがよくあります。ソフトウェア会社は有能な消費財販売員を雇ったものの、その人材を消費者製品からサービス販売に転向させるのが非常に困難であることが判明するかもしれません。少人数のグループに対して話すのが得意なプレゼンターでも、聴衆が 100 人を超えると萎縮する可能性があります。あるいは、熟練したマーケティング担当者が CEO の役割から移行する際に、突然戦略的創造性を欠如する可能性があります。

マーコウィッツは、職業生活から私生活への移行がいかに難しいかを浮き彫りにする例を示しています。仕事ではリーダーとして優れているのに、オフィスの壁の外で親密な関係になると抜け殻のように見えるCEOを私は知っています。よくあることですが、タバコの喫煙やタバコ製品の使用に関しては、医師は最も犯罪的な職業です。警察官は民間人に比べて家庭内で2倍暴力を振るう傾向があり、文芸評論家はその本の評価が低い。カップルセラピストは、クライアントよりも結婚生活が不安定になる傾向があります。数学教授バリー・マズール氏はこう語る。「数年前、私はスタンフォード大学からハーバード大学に移るべきかどうか決めようとしていた。」終わりのない議論で友達を退屈させた後、ある人は、費用と便益、および予想される効用のリストをまとめて大まかに計算することを提案しました。何も考えずに、私の反応はこうでした。「さあ、サンディ、これは深刻だ。」きちんと考えずに、私の反応はこうでした。

ある分野から次の分野に知識を伝達することは、特に学術環境と現実生活の間、特に学術界と現実生活のシナリオなど、学術界と現実生活の間で困難となる場合があります。残念ながら、これはこの本の知識にも当てはまります。日常生活に応用するのは難しいかもしれません。作者である私にとってさえ、その移行は大変でした。本で賢い人は、街で賢い人に簡単に変換されるわけではありません。

Deformation Professionale (ch. 92) も参照してください。運転手の知識 (ch. 16) とよちよち歩きの傾向 (ch. 57)

同じような考えを持つという神話

60 年代と 80 年代の音楽のどちらが好きですか?一般の人はどう反応するでしょうか？人は自分の好みを他人に投影する傾向があります。1960 年代を愛する人は、他のほとんどの人も同様だと思うかもしれません。同様に、1980 年代の愛好家は、他のほとんどの人も音楽の好みを共有していると考えるかもしれません。私たちは、周囲の人々の一致度を過大評価し、誰もが自分の考えや信念に同意していると思い込むことがあります。この現象は、フォールス・コンセンサス効果として知られています。

スタンフォード大学の心理学者リー・ロスは、1977 年に「Eat at Joe's」というスローガンが描かれたサンドイッチ ボードを作成し、無作為に選ばれた学生にそれを着てキャンパス内を 30 分間着用するように依頼し、他の何人の学生が自発的に参加するかを推定することで、この問題を初めて調査しました。サインを着用することに意欲的な人は、他のほとんどの人 (62%) が同意するだろうと考えていましたが、丁重に辞退した人のほとんど (67%) はそのアイデアはあまりにも愚かであると考えると考えていました。どちらの学生グループも、自分たちが人気多数派の一部であると想像していました。

誤ったコンセンサス効果は、地球温暖化などの自分たちの原因の人気を一貫して過大評価する利益団体や政治派閥の間で観察できます。この問題がどれほど重要であるとあなたが感じているとしても、ほとんどの場合、他のほとんどの人がこの問題についてあなたの見解を共有していると信じているでしょう。政治家も同様に、自分の選挙の見通しが実際よりも大きいと信じ込まざるをえない生来の楽観主義バイアスのせいで、自分の人気を過大評価する傾向がある。

アーティストの状況はさらに悪く、新しいプロジェクトに着手する際、アーティストはこれまで以上の成功を期待します。私の個人的な例は、私の小説『マッシモ・マリーニ』が比類のない成功を収めたことです。結局のところ、それは以前の作品と比べてうまく機能しており(ただし、これらの作品も肯定的なレビューを受けていました)、私の評価では同様に優れているように見えました。しかし、私にとって残念なことに、世論は同意せず、私が間違っていることが証明されました。これは偽コンセンサス効果として知られる現象です。

そして、これはビジネスにも同様に当てはまります。研究開発部門が自社の製品が消費者にアピールすると信じているからといって、消費者も同じだとは限りません。テクノロジー専門家が率いる企業は、この偏見を念頭に置いて意思決定を行う傾向があります。
発明者は自社製品の高度な機能に魅了され、それが顧客も魅了すると誤って思い込みがちです。

偽コンセンサス効果が魅力的なのには別の理由があります。人々が私たちの意見に同意しない場合、私たちはすぐにその人を異常または疑わしいというレッテルを貼ります。ロスの実験はこれを裏付けました。サンドイッチボードを着ている学生たちは、同意しない学生たちを傲慢で自己中心的だとみなし、別のキャンプの学生たちは彼らを注目を集める人やサインをしている人、愚か者や騒音メーカーとみなした。

おそらく、社会的証明の誤謬、つまり、より多くの人がそれに同意するほどアイデアが良くなるという考えを覚えているかもしれません。これは、偽のコンセンサス選挙で見られたのと同様の偽のコンセンサス効果を示唆しています。いいえ、社会的証明は進化上の生存戦略です。過去10万年にわたり、単独で行動するよりも群衆に従う方が私たちの肌を救ったことが多かった。外部からの影響は偽のコンセンサス効果の創出に関与していませんが、依然として社会的機能を果たしています。したがって、進化はそれらを排除しませんでした。私たちの脳は真実を認識するように作られていません。彼らの目的は代わりに、できるだけ多くの子孫を生み出すことです。（偽コンセンサス効果によって）勇気があり説得力があるとみなされた人は、印象的な第一印象を残し、より多くの資源を引き寄せ、自分の遺伝子を将来の世代に伝える可能性を高めました。懐疑的な人はあまり魅力的ではないと見なされていた。

結論: 自分の世界観が大衆の感情に共鳴していないことを認めることは、戦いの半分にすぎません。異なる考えを持つ人を馬鹿だと決めつけずに、完全に否定して不信感を持ち、まず自分の思い込みを厳しく客観的に見て、自分自身に挑戦してみてください。異なる視点を持つ人々に対して否定的に反応する前に。

これらの概念の詳細については、「Social Proof (Ch. 4)」および「Not-Invented-Here Syndrome (Ch. 75)」も参照してください。

リスクと不確実性の違い

曖昧さの回避

箱が2つ。ボックス A には 100 個のボールが入っています (赤 50 個と黒 50 個)。ボックス B では、見ずにどちらを選択しても、同じサイズの 100 個があり、そこから偶然引き出された場合にどれが赤ボールか黒ボールになるかはわかりません。赤ボールが出れば、100 ドルを獲得します。！ A と B のどちらのボックスを選びますか?ほとんどの人は選択肢として A を選択する傾向があります。

まったく同じボックスを使用してもう一度プレイし、今度は 100 ドルで黒いボールを 1 つ引き出してみてください。今回はどのボックスを選びますか？おそらくそれは A でしょう。ただし、論理的には、B には赤いボールが少なくなる (したがって黒いボールが多くなる) ため、今回の選択は正当化されます。

エラーはよくあることです。心配しないでください。この現象はエルズバーグのパラドックスとして知られ、元ハーバード大学の心理学者ダニエル・エルズバーグにちなんで名付けられました (彼は後に極秘の国防総省文書をマスコミに漏らし、最終的にニクソン大統領を辞任させる原因となりました)。エルスバーグのパラドックスは、私たちが未知の確率よりもよく知っている確率を好む傾向があることを経験的に証明しています (ボックス A よりもボックス B)。

そこで、リスクと不確実性 (または曖昧さ)、そしてそれらの違いに戻ります。リスクとは、確率が既知であることを意味します。不確実とは、確率が不明のままであることです。リスクを考慮することで、ギャンブルに意味があるかどうかを判断できます。不確実性により意思決定はさらに困難になり、多くの場合、壊滅的な結果につながります。リスクと不確実性は混同されやすいため、一方と他方を比較して計算しようとする人にとっては悲惨な結果につながることがよくあります。統計は、リスクを調査する 300 年前の科学です。多くの教授がその概念を研究しています。しかし、不確実性に関する教科書は存在しません。そのため、私たちはあまり意味がないのに、不確実性をリスクのカテゴリーに当てはめようとします。以下に、この理論が機能する例と機能しない例を 2 つ示します。1 つは医学 (うまく機能する場合) で、もう 1 つは経済学 (機能しない場合)です。

人間は地球上で数十億人を占めています。私たちの体には大きな変化はなく、同じような身長と年齢になります (身長が 100 フィートになる人はいません)。
人は 10,000 年 (またはわずか数ミリ秒!) 生きるかもしれません。ほとんどの人間は 2 つの目、4 つの心臓弁、32 本の歯を持っています。これは、別の種の観点からは、私たちがネズミと同じように見えることを意味します。このため、がんなどの同様の特性を共有する病気に対処する場合、たとえば「がんで死亡するリスクは 30% です」と言うのは理にかなっています。一方で、「5年以内にユーロが崩壊する確率は30％ある」と主張するのは全く意味がありません。なぜ？経済は予測不可能な環境にあります。通貨履歴から確率を確実に導き出すことはできません。また、リスクと不確実性の違いは、生命保険とクレジット・デフォルト・スワップが大きく異なる理由も示しています。クレジット・デフォルト・スワップ（CDS）は、生命保険が簡単に計算できる形でリスクをカバーするのと同じように、企業の支払い不能という特定のデフォルトに対する保険契約です。CDS は私たちの生活に不確実性をもたらし、2008 年の金融混乱の一因となりました。「ハイパーインフレのリスクは x パーセントです」または「当社の株式ポジションは y パーセントのリスクにさらされています」などのフレーズを聞いた場合は注意してください。これらのフレーズは危険信号を発しているはずです。

性急な判断を避けるためには、曖昧さを受け入れることを学ばなければなりません。残念ながら、これは、あなたが直接影響を与えることができない、困難で克服不可能なタスクである可能性があります。ここでは扁桃体が重要な役割を果たしています。記憶処理と感情を司る脳の中心にあるこのナッツサイズの領域は、ここでも極めて重要な役割を果たしています。その形状は、不確実性に対処する能力の有無を決定します。不確実性の構造によって許容範囲が異なるため、あなたの政治的傾向はこの力関係を反映しています。これは多くの点で、投票が保守主義に傾く頻度と関係しています。これは、保守主義の政治的傾向の背後にある生物学的原因が部分的に原因であることが証明されています。

明確に考えたい人は、リスクと不確実性の違いを理解する必要があります。私たちが明確な確率に頼ることができるのは、特定の場合に限られます。カジノ、コイントス、または確率の教科書がそのような保証を提供してくれますが、多くの場合、対処に忍耐を必要とする厄介な曖昧さが残されます。すべてを人生の一部として受け入れることを学びましょう。

参照: ブラック スワン (第 75 章)。確率の無視 (第 26 章);基本レート無視 (ch. 28);詳細については、可用性バイアス (ch. 11) および代替パス (ch. 39) を参照してください。(82-91)。

なぜ現状維持を続けるのか

最近レストランで、私は必死になってワインリストを熟読しました。ハースレベル？ススマニエロ？専門家ではありませんが、ソムリエが世俗的なセレクションで私たちを感動させようとしているのは明らかでした。最後に8ページには、「フランスのハウスワイン：リザーブ デュ パトロン、ブルゴーニュ 52ドル」という形で引き換えが記載されていました。注文してすぐに「これ以上ひどいはずはない…」と思いました。

数年前に iPhone を購入して以来、データ使用量、アプリの同期、暗号化設定、カメラのシャッター音量レベルなど、すべてを自分の仕様に合わせてカスタマイズすることができました。しかし、ご想像のとおり、まだ何も設定されていません。

私の根本的なところでは、技術的には何の問題もありません。むしろ、私は単に「デフォルト効果」のもう一人の犠牲者です。何かが快適で魅力的だと感じるとき、私たちはそのデフォルト設定に固執する傾向があります。ハウスワインや工場出荷時の携帯電話の設定のように、通常は満足しています。私と同じように、他の多くの人は、個別の選択よりも標準のオプションを好みます。たとえば、新車を購入する場合、多くの購入者は、他のモデルでの入手可能性に関係なく、デフォルトの色を選択する傾向があります。多くの購入者は関係なくそれを選択します。多くの人は何よりもデフォルトを選択します。

経済学者のリチャード・セイラー氏と法学教授のキャス・サンスティーン氏は著書『ナッジ』の中で、政府が憲法で保護された自由を侵害することなく国民を効果的に指導する方法を説明している。当局は、人々が自分自身と隣人の自動車保険契約について十分な情報に基づいた決定を行えるよう、いくつかの選択肢を提供するだけで済みます。これには、どちらを選択するか決められない人々に常に「アウト」も含まれます。ニュージャージー州とペンシルベニア州は、住民に提供される2つの自動車保険契約でこれを実証しました。ニュージャージー州はこの保険を標準オプションとして宣伝し、ほとんどの人がその低コストと事故発生時の特定の補償権利の放棄を喜んで受け入れました。ペンシルベニア州のドライバーは、2番目のより高価なオプションを標準的な選択肢として選択する傾向があるようで、すぐにこれがトップセラーになりました。両州のドライバーが概して似ていることを考えると、この結果は極めて注目に値する。補償内容は、個人の好みや希望予算によって異なる場合があります。

この実験を考えてみましょう。臓器提供者が深刻に不足しているにもかかわらず、臓器提供を選択する人はわずか 40% です。エリック・ジョンソンとダン・ゴールドスタインは、死後に積極的にオプトアウトしたいかどうかを尋ねる世論調査を実施した。オプトイン/オプトアウトをデフォルトにするのではなく、臓器提供をデフォルトのオプションにすることで、臓器提供の割合が 40% から 80% 以上に劇的に増加しました。これは、オプトインのデフォルトのアプローチとオプトアウトのデフォルトのアプローチの間に大きな違いがあることを示しています。

標準オプションが指定されていない場合、存在するデフォルト設定をそのまま使用し、その現在の状態を拡張して検証する傾向があります。人間の本性は自分が知っていることを好みます。何か新しいことに挑戦するか、すでに知っていることに固執するかの選択を迫られると、多くの人は、どんな変化も自分たちに利益をもたらすとわかっていても、慣れ親しんだものに固執することを好む傾向があります。私の銀行では、口座明細の郵送料金として年間 60 ドル請求されます。代わりにダウンロードすればこの出費は節約できるのですが、どういうわけかこのサービスにはまだイライラさせられます。おそらくそれは十分に安全だと感じているからでしょうか？

では、現状維持バイアスはどこから来るのでしょうか?損失回避はこの現象に不可欠な役割を果たします。損失は利益の 2 倍強く私たちに影響を与えるため、契約の再交渉などの作業は非常に困難になります。与えられたすべての譲歩は、返されるすべての譲歩よりも 2 倍重く、そのような交換を通じて純損失が生じます。

デフォルト効果と現状維持バイアスはどちらも、たとえそれが私たちを不利な立場に置くとしても、現状に固執する私たちの強い傾向を示しています。デフォルト設定を変更して人間の行動を変えることにより、人間の意思決定により効果的に影響を与えることができます。

「もしかしたら、私たちの人生は、隠された壮大なデフォルトの概念に従っているのかもしれない」と、私は夕食の同伴者に、彼を深い哲学的な議論に引き出そうと提案した。その代わりに、リザーブ・デュ・パトロンのワインを試飲した後、彼は「時間が必要なのかもしれない」と簡潔に述べた。
「決断疲労」（第 53 章）も参照。選択のパラドックス (第 21 章);損失回避（第 32 章）。

「ラストチャンス」が私たちをパニックに陥らせる理由

後悔の恐怖 ||ポールは会社 A の株を所有していますが、その年の間、それを売却して代わりに会社 B から株を購入することを検討していましたが、最終的にはそうしないことを選択し、代わりにそうしていればさらに 1,200 ドルの利益を得ていたであろうことに今日気づきました。一方、ジョージは B 社の株を所有していましたが、代わりに A 株を購入するためにそれを売却しました。今日、両名とも、もしもっと長く粘っていれば、代わりに B に固執する方がうまくいき、さらに 1200 ドルの利益を得ることができたかもしれないと認識しています。誰がより後悔を感じますか？ポールかジョージ？

後悔とは、間違った決断をしたという感情であり、誰かがもう一度チャンスを与えてくれることを望みます。間違った選択をした後、どちらが気分が悪くなるかと尋ねたところ、両方の状況が同じであるにもかかわらず、ポールを選んだのはわずか 8% で、ジョージを選んだのは 92% でした。ポールとジョージはどちらも不適切な株式選択をし、同額の資金を失うことになりました。ポールはすでにA社の株を所有していたが、ジョージは自分で株を購入しなければならなかったが、ポールは消極的で、ジョージは積極的に行動した。主流の論理に従わない人はより多くの後悔を経験するようだ。

行動が常に後悔の原因になるわけではありません。場合によっては、何かをするよりも何もしないほうが感情的な影響を与えることがあります。たとえば、流行の電子書籍の出版を独自に拒否している出版社を考えてみましょう。その所有者は、伝統に従って本は紙に印刷されたままであるべきだと主張しています。その直後、電子書籍戦略を立ち上げる計画を立てていた出版社9社が失敗した。これにより、倒産する前に生き残ったのは従来の紙の出版社だけとなった。その中には、試みたものの最終的には諦めて従来の出版社の道を歩み、伝統的な出版社が最終的な犠牲者となったものも含まれる。結局のところ、この一連の決定について最も感じたのは誰でしょうか?そして、最も多くの支持を獲得したのは誰でしょうか?右: 従来の紙媒体のみの出版社で、流行の電子グランブラーの出版には反対する伝統的なスタンスをとっています。

ダニエル・カーネマンの著書『Thinking, Fast and Slow』を例として考えてみましょう。飛行機が墜落するたびに、一日早くまたは一日遅く飛行機に乗るつもりだったのに、何らかの理由で直前になって予約を変更し、航空券を獲得する例外を生み出した人の話を聞きます。不運な飛行機に最初から乗っていた「普通の」乗客よりも同情心が大きかった。
後悔を恐れると、私たちは非合理的な行動をしてしまうことがあります。その望ましくない支配を避けるために、私たちはしばしば他人が私たちに期待することから大きく逸脱しないように保守的に行動します。誰も免疫を持っていません。非常に自信のあるトレーダーであっても、群から大きく外れないようにするために、12 月 31 日（業績評価とボーナス計算のための D デー）にさらにエキゾチックな株を売却する傾向があります。同様に、後悔への恐怖 (「授与効果」として知られています) により、人々は不要になったアイテムを捨てることができなくなります。その使い古されたテニス シューズが結局必要だったことが判明した場合の後悔の影響を恐れるからです。

「種が絶滅する前にサイを見る最後の機会」を提供すると主張するサファリのパンフレットなど、「最後のチャンス」のオファーと組み合わせると、特に後悔の念が大きくなる可能性があります。しかし、なぜ今頃、そのような不合理な目的のためにわざわざヨーロッパから飛行機に乗る人がいるでしょうか?

たとえば、あなたは自分の家を持つことを長い間夢見てきたが、土地が不足しており、湖の見える土地はほんの一握りしか残っていないとしましょう。3 人が去っていき、最後のチャンスは 1 人だけです!これが最後のチャンスのように思えてパニックに陥ったあなたは、これがチャンスかもしれないと信じて、法外な価格でこの土地を購入します。しかし実際には、素晴らしい湖の景色を望む不動産は今後も市場に出続けるだろう。最後のチャンスがあるとパニックに陥り、たとえ経験豊富な取引者であっても、このような道に進むことがあります。

希少性エラー (ch. 27) も参照してください。養老効果 (ch. 23);代替パス (ch. 39) およびフレーミング (ch. 42)

私たちを迷わせる目を引くディテール。

ここしばらく、マリファナが主流メディアの議論の焦点であり、テレビ番組では大麻中毒者、秘密栽培者、売人が描かれてきたことを少し想像してみてください。タブロイド紙がジョイントで喫煙する12歳の少女の写真を印刷。マリファナ使用の医学的側面と哲学的考察を調査した大判シート - 誰もがそれについて話しているようです。喫煙が運転にいかなる悪影響も及ぼさないと仮定しましょう。どんなドライバーでも、ある時点で偶然に事故に巻き込まれる可能性があります。同様に、関節のあるドライバーも、他の人と同じように、まったくの偶然で、時折事故に巻き込まれる可能性があります。

カートは地元のジャーナリストです。ある晩、帰宅途中に車が木の幹に巻き付く事故現場に遭遇した。地元の警察との関係により、彼はこの車の後部座席にマリファナが隠されているのが発見されたことを知り、「マリファナがまた別の運転手を殺害」という見出しを掲げて急いでニュース編集室に戻った。

前述したように、マリファナの使用と自動車事故、およびそれぞれの事故の間に統計的な関係はないと仮定しており、カートの見出しは不当であり、彼の主張は事実によって裏付けられていません。カートは、顕著な特徴や属性が本来以上に注目を集める顕著効果と呼ばれるものの餌食になっています。ここではマリファナが非常に明白であるため、彼はこの事件がマリファナによって引き起こされたものであると信じました。

カートがビジネス ジャーナリズムに参入すると、重要な出来事が起こります。世界最大手の企業の１つが、女性を CEO に昇進させると発表したところです。カートはこの展開に興奮し、すぐに解説を書き始める。女性は女性であるために昇進した可能性が高いが、実際にはこれはおそらく性別とは関係がなかった（トップの役割のほとんどは男性が務めるのが一般的であるため）。すでに行動している他の企業が女性のリーダーシップがそれほど重要であると考えていたら、おそらくはるか昔に行動していたであろう。このニュース記事だけでジェンダーが顕著になり、カートと彼の読者からの注目度がさらに高まります。

顕著効果の餌食になるのはジャーナリストだけではありません。私たち全員がそうなのです。二人の男が店を強盗する。
ナイジェリア移民が銀行強盗をし、即座に逮捕され、その直後の法執行官の尋問でそのことが明らかになった。特定の民族グループが銀行強盗に対して不当に責任を問われることはありませんが、私たちは依然として無法移民であるナイジェリア人を銀行強盗と結び付けています。それは私たちの考え方を歪めます。彼らは再び不法移民だと思います。同様に、アルメニア人がレイプを犯した場合、それは多くの場合、アメリカ人の中に存在するアメリカ人の中に存在する他の要因ではなく、アルメニア人のせいであると非難され、これも合法的な生活を送っている大多数が忘れ去られているにもかかわらず、偏見の形成に寄与していることを思い出します。特に注目すべき事件は、移民に関連する何かについて聞くとすぐに移民が関与しており、通常、最初は印象的なネガティブな事件から始まります。

顕著性効果は、過去の出来事に対する私たちの認識と、私たちがどのように未来を想像するかの両方を形作る可能性があります。ダニエル・カーネマンとエイモス・トベルスキーは、私たちが予測する際に際立った情報を過度に重視することが多いことを発見しました。これが、投資家が長期利益成長予測などのあまり衝撃的ではない情報よりもセンセーショナルなニュース（CEOの解任など）に強く反応する理由を説明している可能性があります。プロのアナリストであっても、その影響を常に回避できるわけではありません。

結論: 顕著な情報は私たちの思考や行動に多大な影響を与えます。私たちは、長期的な影響をもたらすゆっくりと進行する要因を見逃しがちであり、完全に無視する傾向があります。不規則性に目を奪われないでください。たとえば、人目を引く鮮やかな赤いジャケットの本がベストセラー リストに入り、読者はその成功をそのカバー アートのおかげだけだと考えるようになります。この誘惑に騙されないでください。一見明白な説明と戦うのに十分な精神力を集めてください。

「ハロー効果」（第 38 章）も参照してください。初発性と最新性の効果 (ch. 73);確証バイアス (chs 7-8);誘導 (ch 31);基本的な帰属エラー (ch 36) および影響ヒューリスティック (ch 66)

なぜお金は裸ではないのか。

1980 年代初頭のある秋の日、風が強く、濡れた葉が舞っていました。自転車を押して学校に向かって丘を登っていたとき、足元に何か奇妙なものがあることに気づきました。さび茶色の大きな葉っぱが500スイスフラン紙幣（今日で約250ドル）の価値があることが明らかになりました。当時の高校生にとっては絶対的な幸運！そのお金はすぐに私のポケットから消えてしまいました。私の古い自転車はまだ以前と同じように問題なく動作しましたが、ディスクブレーキとシマノギアを備えたトップモデルの購入にすぐにそれを使用しました（前の自転車は問題なく動作しましたが！）。

当時、私は完全に無一文ではなかったが、近所の草刈りで何とか数百フランを貯めていたが、映画を見に行ったり、買い物に行ったりするようなつまらないことに、苦労して稼いだお金を浪費するという考えは全く頭に浮かんだことはなかった。- 私の支出は過度ではなく、この行動を振り返るとより合理的でした。お金は、その出所によって認識が異なるだけかもしれません。したがって、感情的な連想が付加され、余分な層が追加されます。

質問が 2 つあります。1 年間一生懸命働いた後、終わりには口座に最初よりも 20,000 ドル多く残っていることがわかったら、それをどうしますか? A) 銀行に預けたままにしておきます。B) 投資する。C) カビの生えたキッチンの改修や摩耗したタイヤの交換など、必要な改善に使用します。D) 豪華なクルーズ休暇を満喫してください。

ほとんどの人にとって典型的なことですが、おそらく答えとして A、B、または C を選択するでしょう。

2番目の質問。宝くじで2万ドル当たったらどうしますか?上記の A、B、C、D から選択します。現在、ほとんどの人は、欠陥のある思考を明らかにする C または D のいずれかを選択します。どう数えても構いませんが、20,000ドルは20,000ドルのままです。

カジノでは、これに似た妄想の例がたくさんあります。友人はルーレット テーブルに1,000ドルを賭けましたが、すべてを失いました。その後、「私は 1,000 ドルをギャンブルで使い果たしたわけではありません。」と主張しました。私は以前にすべてを勝ち取りました。他の人に損失について尋ねられると、彼はこう答えます。「でも、同じ額だよ！」そして「そんなことはない！」と主張します。
「「言わないで！」彼は笑いました。私たちは、勝ち取ったり、発見したり、相続したお金を、苦労して稼いだお金よりも不注意に扱います。経済学者のリチャード・セイラーは、この効果をハウスマネー効果と名付けました。それは私たちに大きなリスクを負わせることになります。宝くじの当選者は、賞金を現金化すると、自分の生活がさらに悪化することがよくあります。この意味で、古いことわざ「勝っても負けても」は、実質的な損失を最小限に抑えることしかできません。

セイラーは生徒たちを 2 つのグループに分けました。ある人は、自分たちが 30 ドルを獲得し、裏が出れば 9 ドルの利益を意味し、表が出れば 9 ドルの損失を意味するコイントスに参加できることを知りました。10 人中 7 人の生徒が危険を冒して参加することにしました。対照的に、別のグループは、一見したところ何も勝てなかったものの、約束通り 30 ドルを受け取るか、表が 21 ドルを獲得し裏が 39 ドルを獲得する別のコイントスに参加するかの選択肢があることに気づきました。ただし、両方のオプションが同じ期待値 (30 ドル) を提供したにもかかわらず、いずれかのオプションを選択したのは 43% のみでした。

マーケティング戦略家は、ハウスマネー効果の力を理解しています。オンライン ギャンブル サイトは、登録時に 100 ドルのクレジットを「特典」として提供し、クレジット カード会社は申し込みフォームに記入するときに無料通話クレジットを提供し、航空会社はマイレージ クラブに入会するとマイルをプレゼントし、電話会社は人々が電話をかけることに慣れられるように通話クレジットを提供します。より頻繁に - ハウスマネー効果として知られるこの巧妙な戦略のおかげです。クーポンの流行の多くはこの現象から生じています。

結論: ビジネスからお金を獲得したり、無料で何かを手に入れたりする場合は注意してください。純粋な喜びから、利息をつけて返済する可能性が高くなります。したがって、この一見自由に見えるお金から贅沢をすべて取り除き、それを労働者の衣服に変えるか、銀行口座に預けるか、できるだけ早く自分の会社に戻す方がよいでしょう。

機能しない解決策の詳細分析については、第 23 章から第 32 章の「保有効果、希少性エラー、損失回避」も参照してください (第 23 章から第 25 章および第 32 章から第 33 章)

先延ばし

私の友人はアーティストです。彼の本には 7 年ごとに約 100 ページが含まれており、1 日あたり最大で 2 行の印刷が行われます。彼の悲惨な生産性について質問されたとき、彼は「研究は執筆よりもはるかに楽しいです」と答えました。そのため、彼は机に座り、何時間もネットサーフィンをしたり、忘れ去られた素晴らしい物語を探して書き留めたり、「良い気分」になるまでは意味がないと自分に納得させる前に、無名な本を読みふけったりします。残念ながら、このようなことは、執筆を先延ばしにするほどのことはめったに起こりません。なぜなら、彼は「正しい気分」が訪れて定着してから始めなければならないと自分に言い聞かせていたからです。めったに起こりません。

別の友人は、過去 10 年間毎日禁煙に努めてきました。それぞれのタバコが彼の最後の一本になるかもしれない。その間、私の納税申告書は半年も未完成のまま机の上に放置されています。とはいえ、私は彼らが最終的には満たしてくれるだろうという希望を失っていない。

先延ばしとは、犠牲を必要とする行動を先延ばしにする傾向です。ジムに行く、保険をより安い保険に切り替える、またはお礼の手紙を書くなどは、実行する必要があるタスクのほんの一例にすぎませんが、解決策はこれらのタスクには役に立ちません。インスタンス。

タスクが自然に完了しないことを考えると、先延ばしにするのは愚かなことです。これらが便利であることはわかっているのに、なぜ別の機会まで延期するのでしょうか?種を蒔いてから刈り取るまでには時間差があるからです。心理学教授のロイ・バウマイスターは、この考えを素晴らしい実験で実証しました。彼は生徒たちをオーブンでいっぱいのチョコレートクッキーが焼ける前に立たせ、たまらなく香ばしい香りを部屋中に漂わせた。それから彼は、ボウルいっぱいの大根をオーブンの近くに置き、制限なく好きなだけ食べてもよいと生徒たちに指示しました。ただし、Cookie は厳しく禁止されていました。彼は彼らを30分間部屋に一人にしておきました。2 番目のグループの生徒には、両方のグループがクッキーを含む難しい数学の問題に挑戦する前に、自由にクッキーをむさぼり食べることが許可されました。食べることを禁止された人は、クッキーの無制限の消費を許可された人よりも2倍早くドロップアウトしました。この自制の期間は無事に過ぎました。
意志力が枯渇し、目の前の課題に取り組むための十分な精神的エネルギーや意志力がなくなりました。意志力はバッテリーのように機能します。一度枯渇すると、将来の課題は克服できないことが判明する可能性があります。

自制心はいつでも利用できるわけではありません。若返るためには時間とスペースが必要です。幸いなことに、この目標を達成するために必要なのは、血糖値を補充することとリラックスすることだけです。この 2 つのシンプルだが重要な戦略です。

十分な食事と定期的な休憩は成功の必須要素ですが、次に重要な要素は、正しい道を歩み続けるためにさまざまなトリックを使用することです。これには、気を散らすものを排除することが含まれる場合があります。たとえば、小説を書くとき、私は執筆の難解な部分に到達したときに脱線しないように、インターネット アクセスを無効にすることがよくあります。しかし、最も強力なテクニックは期限を設定することです。心理学者のダン・アリエリーは、教師や国税庁職員などの外部権威が最も効果的に機能する傾向があることを発見しました。自ら課した期限は、タスクが段階的に分割され、各部分に独自の期限が設定されている場合にのみ機能します。したがって、この漠然とした新年の決意は失敗する運命にあります。

先延ばしは人間的であると同時に非合理的です。したがって、これに効果的に対抗するには、統合されたアプローチを使用します。私の隣人は、この戦略を使って 3 か月で博士論文を書き上げることができました。電話やインターネット接続のない小さな部屋を借り、話を聞いてくれる人に発表した締め切りごとに、論文の一部に 3 つの日付を設定しました (ビジネスに印刷することも含む)。彼女は昼休みや夕方にはファッション雑誌を読んだり、眠ったりしてエネルギーを補給しました。

参照: 省略バイアス (第 44 章)。計画の誤謬 (ch. 91);行動バイアス (ch. 43);双曲割引 (第 51 章);ツァイガルニク効果 (ch. 93)

自分だけの城を建てよう

羨望 あなたを最も羨ましがらせるのは何ですか?あなたをイライラさせるような羨望のシナリオは 3 つあります。A) 自分の給料が変わらないのに、友人の給料が上がった場合。B) 彼らの平均給与は減少しますが、あなたの給与は減少します。C) 平均給与は減少し、その逆も同様です。

あなたの答えが A だったとしても、心配する必要はありません。これはごく普通のことです。緑色の目の怪物の新たな犠牲者にすぎません。

これはロシアの物語です。農夫が魔法のランプを見つけました。それをこすると、どこからともなく名前のない魔神が現れ、一つの願いを約束します。しばらく考え、選択肢を検討した後、農夫は最終的に次の決断を下します。「私の隣人は牛を飼っています。」したがって、私は彼女が死んで、私が彼女のものを相続できることを願っています。

ばかげているように聞こえるかもしれませんが、あなたもこの農家に共感できるかもしれません。認めてください。人生のある時点で、同様の考えが頭をよぎったはずです。あなたがギフト券しか受け取らないのに、多額のボーナスを稼いでいる同僚のことを考えてみましょう。羨望の気持ちは、もう彼を助けることを拒否したり、彼のポルシェのタイヤをパンクさせたりするなど、賢明でない行動につながる可能性があります。彼の足がスキーで折れたとき、密かに喜ぶ結果です。

嫉妬は、怒り、悲しみ、恐怖とは異なり、あらゆる感情の中でも際立っており、簡単に振り払うことができます。バルザックの分析によれば、羨望は悪徳である——それがもたらす利益は一つもないからだ——羨望はただ一つの目的を果たすことができる——心からのお世辞だ。そうでなければ時間の無駄です。
羨望は、所有権、地位、健康、若者の才能、人気、美しさなど、さまざまな形で生じます。両方の身体的反応は似ているため、羨望は嫉妬と間違われやすいです。違いは、その主題が何であるか (ステータス、お金、健康など) にあります。嫉妬が起こるには少なくとも 2 人の関係者が必要ですが、羨望には少なくとも 3 人の関係者が必要です (ピーターはサムが電話に出ず、代わりに隣の美しい女の子が電話をかけてくれたことに嫉妬しています)。

羨望は、年齢、キャリア、居住地が自分と最も近い人たちを攻撃することによって、私たちを不健康な道に導くことがあります。しかし、なぜ私たちは、別の世紀のビジネスマンや、脅威をもたらさない、社会的地位に欠けている植物や動物に対して憤りを感じるのでしょうか。いずれにせよ、これらはどれも羨望に値しません。
作家として、私は世界中の億万長者をうらやましいとは思いません。むしろ私の市内の人々です。ミュージシャン、マネージャー、または歯科医が最初に来ます。CEOは他の大企業のCEOを羨望します。スーパーモデルは、より成功したスーパーモデルを羨望します。アリストテレスが最もよく言った言葉は、「陶芸家は陶芸家を羨む」です。

たとえば、経済的に成功したことで、ニューヨークの治安の悪い地域からマンハッタンのアッパー イースト サイドに移住できると仮定します。最初は、この動きは素晴らしいと感じるかもしれません。友達があなたのアパートや住所を賞賛するかもしれません。しかしその後すぐに、自分の周りにはさまざまな割合のアパートがあり、古い仲間グループと比較してはるかに裕福な個人で構成される新しい仲間グループがあり、彼らの間での羨望と地位不安という新たな問題が表面化していることに気づきます。

どうすれば妬みと闘えるでしょうか？まず、他人と自分を比較するのをやめましょう。第二に、自分の能力の輪を見つけて、自分でそれを埋めることです。あなたがその城の主であることを誰もが知ることができるように、たとえどんなに小さくても、あなたが輝ける領域を切り開いてください。

他の感情と同様、羨望のルーツは人類の進化にあります。隣の洞窟の原人が、私たち敗者にとって不当な量を超えてマンモスの肉を摂取したとしたら、羨望の念が私たちにそれについて何かをする動機を与えました。怠惰な狩猟採集民は餓死したが、他の者はごちそうを食べた。しかし今日では、羨望はもはやそれほど重要な役割を果たしていません。隣人がポルシェを買っても、それは私にとって何の意味もありません。

私が羨望の気持ちが高まっていると感じると、妻は「自分がなりたいと思う人たちを羨んでも大丈夫だよ」と教えてくれます。

社会的比較バイアス (第 72 章) も参照。快楽的なトレッドミル (Ch. 46)。

統計学者よりも小説を好む理由

擬人化 アメリカのメディアは18年間、戦死した兵士の棺の写真を掲載することを禁じられていた。ロバート・ゲイツ国防長官が 2009 年 2 月にこの禁止を解除すると、数千もの画像がインターネット上に流れ込みました。公式には、何かを公開するには家族の承認が必要です。しかし実際には、この規則を効果的に施行することはできません。この制限には 1 つの目的がありました。それは、現実の人々が私たち全員の感情を呼び起こしながら、実際の数字を統計として偽装することで、戦争の本当のコストを隠蔽することです。

なぜそうなるのでしょうか?何千年もの間、集団は私たちが生き残るために不可欠であったため、過去 10 万年にわたって、私たちは他人の心を読む驚くべき能力を発達させてきました。この科学用語は「心の理論」として知られています。これを実証するための実験です。あなたには 100 ドルが与えられ、それを誰かと山分けしなければなりません。あなたの提案が考慮され、その人があなたの申し出を受け入れた場合、そのお金はそれに応じて分割されるか、返金されるかが検討されます。相手が同意しない場合は、あなたは返さなければなりません何も取り戻すことなくすべてを終えます。これはどうなるでしょうか?

一見すると、見ず知らずの他人にほんのわずか 1 ドルなどを与えるのは理にかなっています。なぜなら、何もしないよりは何でも良いからです。しかし、最後通牒ゲーム(専門用語)を使った実験を行った経済学者らは、参加者が参加すると全く異なる行動をとることを観察した。彼らは 30% 〜 50% の範囲で提供しますが、それ以下の場合は不公平とみなされます。これは、他の人間に対する私たちの共感の一例です。最後通牒ゲームは、誰が見ているかによって私たちの認識がどのように異なるかを知るきっかけとなる可能性があります。

ただし、小さな変更を 1 つ行うことで、この感覚を大幅に軽減することができます。プレーヤーを別の部屋に移動します。人々が相手の姿が見えなくなったり、会ったことがなかったり、相手のことをまったく知らなかったりすると、自分の感情をシミュレートすることがさらに難しくなります。最終的には完全に抽象化され、そのシェアは平均 20% を下回ります。

Paul Slovic は寄付を募り、別の実験を行いました。あるグループはマラウイ出身のロキアさん(慈善活動で暮らす栄養不足の子ども)の写真を見た後、彼女の写真を見せられ、どれだけのお金が助けになるのかを説明された。
マラウイの飢餓に関する統計を見せられた後、あるグループの人々は簡単な調査に答えるために受け取った5ドルのうち平均2.83ドルを寄付した。300万人以上の栄養失調の子どもたちが影響を受けていることを詳細に示す統計が示された後、平均寄付金は50%減少した。その規模を知れば人々の寛大さが増すと思われるため、これは直観に反するように思えた。残念ながら、そうではないようです。私たちの行動を動かすのは統計ではなく人々です。

メディア組織は、退屈な事実報道や棒グラフは読者を惹きつけないことを長い間認識していました。その結果、ストーリーをレポートする際のガイドラインは、各イベントに「イメージ」を与えることになっていました。たとえば、ニュースで取り上げられた企業や州について報道する場合、通常、その CEO の写真がその横に表示され (市場の需要に応じてニヤニヤしたりしかめっ面したり)、州の大統領や州知事がこれらの記事のアイコンになります。地震のようなことが起こると、犠牲者がそのすべての顔になります。

この強迫観念が、文化の偉大な発明の 1 つである小説の成功を説明しています。この文学的な「キラー アプリ」は、個人および個人間の対立を個人の運命に投影します。ピューリタンのニューイングランドにおける心理的拷問について徹底的な論文を書く学者の代わりに、私たちは今でもホーソーンの『緋文字』を読んでいます。大恐慌についても同様でしょうか? 私たちのほとんどにとってその統計は遠い存在のように思えるかもしれませんが、スタインベックの『怒りの葡萄』を通して経験したように、それは鮮明に記憶に残っています。

結論: 人間の話に遭遇するときは注意してください。彼らの事実と統計的分布を調査して、彼らの物語をより適切に文脈化できるようにします。ただし、自分自身の目的のために人々を動かしたり、動機付けたりしたい場合は、物語に名前と顔を含めるようにしてください。これにより、より強力なストーリーテリングが可能になります。

ストーリーバイアス (ch. 13) も参照してください。ニュースイリュージョン (ch. 99);リンクバイアス (ch. 22)

あなたは自分に何が欠けているのか気づいていない

イングランド南部で大雨が降った後、川が堤防から氾濫した。警察は2週間にわたって交差点を閉鎖し、交通を迂回させたが、それでも毎日少なくとも1台の車が、目の前に何があるか全く気づかずに警告標識を通り過ぎて急流の水に突っ込んだ。

ハーバード大学の心理学者ダニエル・シモンズとクリストファー・シャブリスは、2チームの学生が黒か白のTシャツを着たチーム間でバスケットボールを往復させる実験を行った。黒のTシャツを着た黒人のほうが、他のチームよりも効率よくボールをパスし返すことができた。それらを後ろに渡します。「モンキー ビジネス イリュージョン」として知られるこの短いクリップは、オンラインで見ることができます (続きを読む前に見てください!)。さらに読む前に、ここを見てください!) 視聴者は、白い T シャツを着たプレーヤーがボールをパスする頻度を数えるよう求められます。両チームが円を縫って入ったり入ったり、行ったり来たりしている間、ビデオのある時点で予期せぬことが起こりました：ゴリラの格好をした学生が突然入ってきて胸を打ち始め、すぐに再び出発しました。何か異常に気づいたら終わり、視聴者の半数は奇妙な行動があったことさえ信じられないと反応、そのような存在を理解できなかった - 確かにここにはゴリラはいないのでは？

モンキー ビジネス テストは、心理学における最もよく知られた実験の 1 つであり、心理学者が注意力の錯覚と呼ぶものを浮き彫りにします。つまり、私たちは自分の周囲で起こっているすべてのことに気づいていると思っているのに、実際には自分が集中しているものにしか気づいていない傾向があります。チームホワイトによって行われたパス。予告なしに中断されると、ゴリラのように大きく目立つこともあります。

運転中に電話をかけると、注意力の認識が危険にさらされることがあります。ほとんどの場合、これによって問題は発生しません。通常、電話をかけることは、車線内を維持したり、必要に応じてブレーキをかけるなどの運転タスクに悪影響を及ぼしません。しかし、子供が道路を走って横切るなど、予期せぬことが起こると、注意力が散漫になり、適切に反応することができなくなります。研究によると、これは携帯電話またはアルコールのいずれかが関係している場合に当てはまります。
電話の持ち方や使い方に関係なく、予期せぬ出来事への応答時間への影響は限定的です。

「部屋の中の象」という言葉をご存知ですか?これは、誰も議論したくない明白なトピックを指します。暗黙のタブー。対照的に、「部屋の中のゴリラ」は、すぐに話し合わなければならない問題であるにもかかわらず、誰も知らないために無視されているか無視されている問題と定義できます。

スイス航空は拡大に重点を置く航空会社であったため、急速に減少する流動性を無視し、2001 年と 2002 年の破産につながりました。あるいは、東側諸国内の経営不手際が分離につながり、ベルリンの壁崩壊や銀行の帳簿リスクにつながったことを考えてみましょう。2007 年以前は誰もあまり気にしていませんでした。これらの例は、私たちが気づかないうちにゴリラがどれほど頻繁に私たちの間を歩き回っているかを示しています。

すべての異常な出来事が私たちから逃れられるわけではありません。むしろ、私たちが気づかないものは無視され、気づかれないままになります。そのため、私たちは見落としている重要な項目に気づかず、重要なものはすべて私たちに観察されているという誤った信念を生み出します。

時々、注意を向けられているという幻想から解放されてください。起こり得るすべてのシナリオ、そして一見ありそうにないと思われるシナリオをすべて考えてみましょう。誰も話していない予期せぬ出来事が起こるかもしれません。誰も対処しない潜在的な問題は対処されていません。騒音と同じくらい沈黙にも注意してください。中心部だけでなく周辺部もチェックします。何か異常だが巨大なものを予期する - 巨大であるからといって注目されるとは限りません。何か珍しいものも登場することを期待してください！

参照: フィーチャーポジティブ効果 (ch. 95);確証バイアス (ch 7-8)、可用性バイアス (ch 11)、初発性と最新性の効果 (ch 73)

戦略的虚偽表示の方が良い

夢の仕事に応募するところを想像してみてください。履歴書をピカピカになるまで磨き上げ、面接で輝かせ、弱点や挫折は軽視しながら、自分の成果や能力をすべて強調します。コストを 30% 削減しながら、売上を 30% 増やすことができるかどうかを尋ねられたら、「それはできたと考えてください。」と答える必要があります。どのようにしてそうなるのかについての内部の懸念に関係なく、まず面接官に好印象を与えることに集中してください。詳細は後で明らかになります。後からフォローする; 空想的ではない答えを提供しようとすると、自分自身を議論の対象から外す可能性があり、最終的には面接官によるさらなる検討から失格になる可能性があります; たとえそれがどれほど優れているように聞こえても、自分自身を検討対象から外してしまう可能性がある半現実的な回答であっても与えてください。お返しに。

自分が、誰もが話題にする優れた本のアイデアを持ったジャーナリストであると想像してみてください。前払いをしてくれる興味のある出版社を見つけた後、彼は、いつ原稿が完成しますか (6 か月以内に完成できるでしょうか?) と尋ねます。あなたは口ごもりながらこう言います。前回はどれくらいかかりましたか？」と尋ねると、「終わったと考えてください。」と答えます。契約に署名し、銀行口座にお金が入金されたら、いつでも他のプロジェクトや小説の執筆に時間を費やすことができます。

戦略的虚偽表示は、そのような行為を表す公式用語です。賭け金が高くなるほど、主張はより誇張されるべきです。戦略的虚偽表示がどこでも機能するわけではありませんが、たとえば、眼科医が完璧な視力を与えると5回連続で約束したのに、各処置後に以前より悪い結果が出た場合、最終的にはその約束を完全に信じなくなる可能性がありますが、戦略的虚偽表示は依然として有効である可能性があります。面接などの 1 回限りの取り組みを試す場合に価値があることがわかります (1 つの会社があなたを複数回採用することはありません!)。ただし、ここでも機能しないはずです。むしろ、一度限りの試みや、独自の試みを伴うユニークな試みに直面した場合にはうまく機能する可能性がありますが、これは眼科医では不可能です。

巨大プロジェクトは、当初資金を提供していた政府がもはや権力を掌握していない場合や、多くの企業が参加して非難を浴びることが多い場合、終了日が数年先である場合など、説明責任が分散している場合に特に虚偽表示にさらされやすくなります。オックスフォードのベント・フライビャーグ氏は、大規模プロジェクトを熟知している。獲得したオファーが常に全体的な優秀性を反映するとは限らないため、コストとスケジュールの超過はよくあることです。むしろ、紙の上で何が最もよく見えるか、フライビャクが「逆ダーウィニズム」と呼ぶもの、つまり最も熱風を生み出すものが通常は勝つということになる。戦略的虚偽表示は単なる欺瞞行為なのでしょうか?必ずしも;女性が化粧をするのは欺瞞的であり、男性が経済的功績を示すためにポルシェをリースするのは欺瞞的であるのと同じように、欺瞞的ではあるが社会的に許容されているので、私たちはそれに腹を立てることはありません。同じことが、女性が化粧をしているときや男性が見せびらかすためにポルシェをリースしているときに使用される虚偽表示の慣行にも当てはまります。経済力は客観的には騙されていますが、社会的には許容されているので、私たちはそれに腹を立てることもありません。交渉中に使用される戦略的虚偽表示スキームにも同じことが当てはまります。たとえ一方の当事者しか他方の当事者に対して使用された虚偽表示戦術について知っていても、交渉中に虚偽表示を免れることができる場合でも、同様のことが当てはまります。戦略的に適用された場合も同様である 虚偽の表示は、戦略的に適用された場合、欺瞞の観点から適用された場合には評判が悪くなることを避けられる可能性がある - 財力をアピールするためにポルシェをリースする男性と同じように、この点で嘘をついているだけだが、だからといっていって動揺しないでください。社会的に受け入れられるものであるため、戦略的不実表示について興奮することはありません。同じことが、どちらか一方に対して欺瞞的に使用されたり、予想外に使用されたり、状況に応じて異なる扱いを受けたりする場合にも、戦略的虚偽表示にも当てはまります。虚偽表示された場合に使用される場合も同様です。

戦略的虚偽表示は必ずしも深刻な影響を与えるとは限りません。ただし、自分の健康や将来の従業員など、本当に重要な問題に関しては注意が必要です。人々（役員候補者、作家、眼科医など）と関わるときは、彼らの主張に依存しないでください。代わりに彼らの過去のパフォーマンスを見てください。プロジェクトに取り組むとき（類似のプロジェクトであっても、非現実的に楽観的と思われる新しい提案であっても）。非現実的に楽観的に見えるものには注意してください。会計士に計画を徹底的に精査するよう依頼する。契約書に、罰則が発生した場合の罰則を規定する条項を追加する。そして、コスト超過に対する追加の対策として、この資金をエスクロー口座に直接転送し、安全に保管するエスクロー口座を保護します。

詳細とオフのスイッチはどこにあるのかについては、「過信効果 (ch. 15)」も参照してください。

熟考の上

昔、テーブルの端にぼんやりと座っている賢いムカデがいましたが、部屋の向こう側においしい砂糖の粒があるのに気づきました。彼はすぐに選択肢を検討しました。最初にテーブルのどの脚を這って登るべきか、それとも降りるべきでしょうか？次に、誰がどの順序で最初のステップを踏むべきかを決定する必要がありました。彼は数学に熟達していたので、必要な計算をすべて実行し、最終的に最初の一歩を踏み出す前に、他のすべての道よりも１つの道を選択しました。しかし残念なことに、彼の計算と熟考のせいで彼は空中でもつれ、さらなる進歩が達成される前に息絶えてしまった。事実上、彼は飢え、最終的には進歩する前に飢え、これまで想像していたよりも人生に近づいたり前進したりする前に飢え、考えすぎて餓死してしまいました。

1999 年の全英オープン ゴルフ トーナメントで、フランス人ゴルファーのジャン ヴァン デ ヴェルデは最終ホールまで完璧なプレーをし、3 打差でリードしました。その 3 打のアドバンテージがあっても、彼はオーバーパー ショットを 2 打も下回ることなく余裕を持って余裕を持っていました。大リーグへの参入はもうすぐです!ファン・デ・ヴェルデがコースに足を踏み入れると、彼の額には玉のような汗が浮かび始めた。彼の最初のスイングは目標のホールから20フィート離れた茂みに飛んでしまい、ファン・デ・ヴェルデはその後のショットに向けてますます緊張し、不安感を増大させるだけでした。ファン・デ・ヴェルデはボールを膝の高さの芝生に打ち付け、その後水中に落とし、靴を脱いで通り抜けた。一瞬、彼は池から撃つことを考えた。結局、彼はペナルティショットを砂の上に打つことを決めた。7回ショットを打った後、ついにグリーンに乗り、ホールに入りました。バン・デ・ヴェルデは全英オープンでは敗れたが、今や有名になったトリプルボギーのパフォーマンスでスポーツ史に名を残した。

Consumer Reports は 1980 年代に経験豊富なテイスターを対象に、45 種類のイチゴ ゼリーの試飲実験を実施しました。その後、心理学教授のティモシー・ウィルソン氏とジョナサン・スクーラー氏がワシントン大学の学生を対象に同様のテストを実施した。同様の結果が得られ、専門家も学生も同様の味のゼリーを好んでいました。しかし、ウィルソンはさらに続けました。彼は、以前とは異なる選択肢を好む別の学生グループに別のテストを実施しました。今回だけは、彼らはまったく異なる選択肢を選択しました。最初のグループでは、参加者は自分たちの評価を正当化するための長いアンケートに詳細に記入し、最も優れた品種のいくつかが最下位に位置する完全に偏ったランキングを作成しました。

基本的に、考えすぎると感情の知恵へのアクセスが妨げられます。私のような思考プロセスから非合理性を排除しようと努めている人間がこの発言をするのは珍しいように思えるかもしれませんが、感情は透き通った合理的な思考と同じように形成されます。感情は単に情報処理の異なる形式を表しており、合理的なアドバイスよりも賢明なアドバイスを提供する可能性があります。

これは重要な疑問につながります。いつ自分の頭や直感に耳を傾けるべきでしょうか?経験則には次のようなものがあります。運動能力 (ムカデ、ヴァン デ ヴェルデ、楽器の学習など) や、これまでに何度も取り組んだ質問 (ウォーレン バフェットの「能力の輪」など) については、これが最善です。あまり詳しく分析しすぎないように。熟慮した意思決定は、問題に対処する直感的な能力を損ないます。石器時代のように、食べ物や友情に関する決定を下す際には、いわゆるヒューリスティックが合理的思考よりも優れていました。しかし、冷静な熟考が必要な投資決定などの複雑な問題では、進化によってそのような考慮が私たちに備わらなかったため、論理は常に直感を上回ります。

行動バイアス (第 43 章) も参照してください。情報バイアス (第 59 章)

なぜ多額の借金を負うのか（第91章）。

計画の誤り

毎朝 To Do リストを作成するとき、一日の終わりにすべての項目にチェックを入れることが成功することがよくありますか?ほとんどの人にとって、これはどれくらいの頻度で起こりますか?ほとんどの場合、この状態に達するのは数か月に 1 回だけです。簡単に言えば、引き受けすぎです。あなたの計画は非現実的で野心的です。To Do リストを作成するのが初めてであれば許されることですが、時間が経つにつれて、この行動はあなたのルーティンの一部になっています。したがって、あなたは自分の能力をよく知っており、日々それを過大評価することはほとんどありません。これは笑い話ではありません。人生の他の分野では、私たちは経験から学びますが、計画に関してはなぜ経験がないのでしょうか?たとえこれまでの取り組みのほとんどが、今日の現実に対して楽観的すぎたとしても。ダニエル・カーネマンは、この現象を計画の誤謬と呼んでいます。

ロジャー・ビューラーと彼の研究チームは、カナダの心理学者ロジャー・ビューラーが率いる最終学年のクラスに、2つの提出日を特定するよう依頼した。1つは現実的な日付で、2つ目はありそうもない最悪のシナリオの日付を反映したものだった。現実的な締め切りを守れたのはわずか 30% でしたが、通常、当初の計画より 50% の追加時間が必要であり、最悪のシナリオで設定された提出日には予想より 7 日余分に必要でした。

計画の誤りは、ビジネス、科学、政治など、人々が協力するときに特に顕著です。グループは、体系的にコストとリスクを過小評価する一方で、期間と利益を過大評価する傾向があります。代表的な例はシドニー オペラ ハウスで、1957 年に計画され、当初推定費用は 700 万ドルで 1963 年に完成予定でしたが、最終的には 1 億 200 万ドルで開業しました。予想の14倍！

なぜ私たちは自然に計画を立てているように見えないのでしょうか?私たちの計画能力が効果的でない理由は 2 つ考えられます。1 つは希望的観測です。私たちは取り組むすべてのことにおいて成功を目指します。2: 予期せぬ出来事（娘が何かを欲しがるなど、毎日のスケジュールでも起こります）など、外部からの影響を無視してプロジェクトに集中しすぎて、予測不可能な道に導かれることがあまりにも多いです。または、これらのイベントに焦点を絞りすぎたため、あまり注目されませんでした（これは、計画時にも当てはまるかもしれません）。
あなたの犬が魚の骨を飲み込んでしまいました。車のバッテリーが突然切れてしまいます。家のオファーが表示され、緊急に検討する必要があります。その結果、計画は狂ってしまいます。段階的に準備することが解決策になるでしょうか？いいえ;段階的に準備を進めても、焦点がさらに絞られて計画上の誤りが拡大するだけであり、その結果、人生の驚きを予測する能力が低下します。

それで、どうすればいいでしょうか？プロジェクトなどの内部的なものから、同様のプロジェクトなどの外部的なものに焦点を移します。基本料金を見直し、これまでの取り組みを評価します。同様の事業が 3 年間続き、500 万ドルを消費した場合、それは、どれほど慎重に計画されたとしても、おそらくあなたのプロジェクトにも同様に当てはまるでしょう。したがって、それに関連する意思決定を行う前に、これらの重要な選択を行う前に「premortem」セッション (文字通りには「死ぬ前」という意味) を実行することが重要です。ゲイリー・クラインは、集まったチームに次の短いスピーチをすることを提案しています。「1 年後、すべてが計画通りに進んだと想像してください。しかし、その代わりに災害が発生しました。この大惨事について 5 分か 10 分かけて書いてください。物語は、どのように対処するかを示します」事態が発展するかもしれない。」

「先延ばし」(第 85 章)も参照。予測の錯覚 (ch. 40);ツァイガルニク効果 (ch. 93);詳細については、Groupthink (第 25 章) を参照してください。

ワイルダリングハンマーは釘しか見えない

プロフェッショナル変形システム

個人がローンを組んで自分の会社を立ち上げたものの、その後すぐに破産を宣告されることがあります。

彼はうつ病を経験し、その後自殺してしまいます。

あなたはビジネスアナリストとしてこの記事を読んでいますか?したがって、仕事の一環として、このアイデアが成功しなかった理由を評価する必要があります。彼は無能なリーダーだったのか、戦略が間違っていたのか、市場が小さすぎたのか、それとも競争が激しすぎたのか。マーケティング担当者としては、キャンペーンの組織化が不十分だったか、意図した視聴者にリーチできなかったのではないかと考えるかもしれません。金融専門家は、そのローンが適切な金融商品であるかどうか疑問を抱くかもしれません。地元ジャーナリストはこの話にチャンスがあると考えています。彼が自ら命を絶ったのはなんと幸運なことでしょう。作家であれば、ある事件がどのようにして古代ギリシャの悲劇になり得るかについて思索するかもしれません。銀行家は、融資部門でエラーが発生したのではないかと疑うかもしれません。社会主義者は資本主義の失敗を非難する傾向がある。宗教保守派はこの出来事を天罰とみなすかもしれないし、精神科医はセロトニンレベルの低下を認めるかもしれない。それでは、どちらの観点が優先されるべきでしょうか?

なし。マーク・トウェインはかつてこう述べました。「もしすべての道具がハンマーなら、すべての問題は釘になるでしょう。」ウォーレン・バフェットのビジネス・パートナーであり、『スノーボール効果』の著者であるチャーリー・マンガーは、チャーリー・マンガーに対し、たった 1 つのモデルを使用することによる次のような影響について次のように述べています。したがって、すべての知恵が 1 つの学術部門内にあるわけではないため、複数のモデルは異なる分野から来なければなりません。」

ここでは変形のプロフェッレの例をいくつか紹介します。外科医はあらゆる医学的問題を手術で解決しようとします。軍隊は軍事的解決を優先する傾向がある。エンジニアは構造作業を専門としています。トレンドの第一人者は、ばかげた予測をすることがよくあります。つまり、問題について質問されると、ほとんどの答えは通常、その専門分野の 1 つに関連しています。

なぜ仕立て屋は自分が一番よく知っている仕立て方を実践してはいけないのでしょうか?専門的な変形は、人々が専門的なプロセスを適用すべきではない領域に適用するときに発生します。あなた自身もそれが起こるのを見たことがあるのではないでしょうか?

教師が生徒のように友達を叱る。夫を子供のように扱う新米母親。あるいは、Excel スプレッドシートを考えてみましょう。スタートアップの財務予測をするときや、出会い系サイトで見つけた潜在的な恋人を比較するときなど、使用に意味がない場合でも Excel スプレッドシートを使用します。これらは、コンピューター以来最も危険な発明の 1 つである可能性があります。。

自分の専門分野内であっても、文学評論家はハンマーを使いすぎる傾向があります。査読者は、書籍内の参照、記号、隠されたメッセージを検出できるように訓練されています。私自身小説家として、査読者が存在しないのにそのような装置を思いつくので、この慣行はイライラします。ビジネスジャーナリストがやっているのと同じだ。中央銀行総裁が発した言葉を解析して、財政政策変更のヒントを見つけるために、中央銀行総裁の些細なコメントでも徹底的に調べる。

結論: 専門家に相談するときは、全体的に最適な解決策を期待しないでください。むしろ、ツールボックスを使用して解決できるアプローチを期待しています。私たちの心は集中化されたコンピューターではなく、その旅のさまざまな時点で使用する必要がある複数の特殊なツールを含んでいることを忘れないでください。残念ながら、私たちの「ポケットナイフ」は不完全です。人生経験と専門知識により、私たちはすでにいくつかの刃を所有しています。しかし、スキルセットをさらに磨くためには、専門分野外のメンタルモデルというツールを 2 つまたは 3 つツールボックスに追加する必要があります。ここ数年、私は生命について生物学的な観点を採用し、複雑なシステムについて新たな洞察を得てきました。自分の欠点を棚卸しし、それらに対処するための適切な知識と方法論を探してください。そうするためには 1 年ほどの努力が必要ですが、その成果は必ず現れます。ポケットナイフはより大きく、より用途が広くなり、頭脳もより鋭敏になります。

ボランティアの愚行 (第 65 章) も参照。ドメイン依存性 (ch. 76) とギャンブラーの誤謬 (ch. 29)

任務完了

ツァイガルニク効果

1927 年、ベルリン: 数人の大学生と教授がレストランを訪れましたが、そこではウェイターが文書に何も書かずに次から次へと注文を受け取っており、何か悪いことが確実に起こるのではないかと心配していました。しかし、ほんの少し待つだけで、すべてのダイナーは要求したものを正確に受け取りました。しかし、ロシアの心理学学生ブルーマ・ツァイガルニクさんは夕食後、屋外の路上でスカーフをレストランに置き忘れたことに気づいた。レストランに戻ると、彼女は驚異的な記憶力で有名なウェイターに出会い、それを見たかと尋ねます。しかし、彼は彼女のことも、彼女がどこに座っていたかも知らないままです。これに対して彼女は、彼の記憶力が非常に優れているのに、どうして彼らがどこに座っていたのか、誰を忘れてしまったのかを尋ねて憤慨して答えました。「どうして私を忘れることができるの？」と彼女は、彼の意識のなさに信じられないように尋ねました。彼の答えは「私は、注文が来るまで、すべての注文を頭の中に保管しています。」と彼は素っ気なく答えました。「ウェイターは素っ気なく答えた:『提供されるまですべての注文を頭の中に保管しています』と、以前の注文も覚えていませんでした。」(c)

ツァイガルニクとクルト・ルーウィンはこの不可思議な行動を研究し、人は一般にウェイターのように機能する、つまり私たちは未完の仕事を決して忘れない、という結論に達しました。私たちが注意を払うまで、彼らは私たちの意識に小言を言います。ただし、完了すると、これらの項目はメモリから完全に消えます。

研究者たちは現在、この現象をツァイガルニク効果と呼んでいます。しかし、彼女の調査では、いくつかの異常な事例が明らかになりました。たとえば、複数のプロジェクトが進行しているにもかかわらず、まったくストレスを感じていない人もいました。フロリダ州立大学のロイ・バウマイスターと彼の研究チームは最近、この現象に光を当てました。彼は最終試験が近づいている学生を 3 つのグループに分けました。グループ 1 は今学期中に開催されるパーティーで構成され、グループ 2 〜 4 は正式な試験に焦点を当てました。グループ 2 は今後の試験に集中する必要があり、グループ 3 は詳細な学習計画を立てる必要がありました。次に、バウマイスター氏は、グループ 2、3、4 の生徒たちに、時間のプレッシャーの中で単語を完成させるよう指示しました。「パニック」を見た生徒もいれば、「パーティー」やパリを思い浮かべた生徒もいました。この演習は非常に洞察力に富んでいることが証明されました。グループ 1 は、リラックスして試験を受けているように見えましたが、グループ 1 は、試験を受けることにリラックスしているように見えました。グループ 2 では他に何も考えられませんでした! しかし、特に目立ったのはグループ 3 で、その結果は本当に驚くべきものでした。
これらの生徒たちは、今後の試験に集中しなければなりませんでしたが、心はリラックスしており、不安はありませんでした。その後の実験でこの観察が検証されました。未解決のタスクは、それにどのように対処するかについての組織的な計画ができるまでは、私たちを苦しめる傾向があります。ツァイガルニクは、この点に関してはタスクを完了すれば十分だと誤って信じていました。代わりに、戦略的なアプローチで十分です。

デビッド・アレンのベストセラー本「Getting Things Done (GTD)」では、彼の目標は水のように明晰な心をもつことであると宣言されています。この目標を達成するには、完璧に規則正しい生活をする必要はありませんが、人生の計画外の問題に対処するための行動計画を立て、それを段階的なタスクとして書き留める必要があります。そうして初めて、あなたの心は平安を得ることができます。計画には慎重さが最も重要です。「妻の誕生日パーティーを企画する」や「新しい仕事を見つける」といった漠然とした目標だけでは安心はできません。アレン氏は、確実に成功させて安心を得るために、可能であればプロジェクトを開始する前に、これらのプロジェクトを 20 から 50 の個別のタスクに分割するようクライアントに強制しています。心。

アレン氏の推奨事項は、計画の誤謬 (第 91 章) に反する可能性があります。綿密に計画を立てると、プロジェクトを狂わせる外部要因を見落とす可能性がありますが、そこに鍵があります。安心のためにアレン氏のアプローチを選択し、コストをより正確に見積もる必要があります。、メリット、期間、その他のプロジェクトの側面では、1 つの詳細な計画を作成するのではなく、類似したプロジェクトを検索します。あるいは両方やってください!

ただし、これを自分で行うのにハイテク機器は必要ありません。メモ帳をベッドのそばに置いて、眠れないときに使用して、未解決のタスクとその対処方法を書き留めてください。これは内なる心の沈黙に役立つはずですアレンが言うように、「神が欲しいのにキャットフードが残っていない」と叫び続ける声。たとえあなたがすでに神を見つけていたとしても、あるいはペットを飼っていなかったとしても、彼のアドバイスは有効です。

「先延ばし」(第 85 章)も参照。追加の考慮事項については、計画の誤謬 (ch. 91) を参照してください。

ボートの建造は漕ぎよりも重要です

なぜシリアルアントレプレナーがこれほど少ないのか

連続起業家、つまり複数の利益を上げる会社を連続して立ち上げる実業家が、なぜこれほど少ないように見えるのでしょうか？確かに、スティーブ・ジョブズやリチャード・ブランソンは存在しますが、彼らは少数派です。連続起業家が占める割合は、スタートアップ創業者全体の 1% 未満です。しかし、こうした連続起業家たちは、マイクロソフトの共同創設者ポール・アレンのように、成功を収めた後は引退して自家用ヨットに乗るのだろうか？とんでもない。本物のビジネスマンは、何時間もビーチチェアに座ってただ座っているだけでは多すぎるエネルギーを持っています。おそらくこれは、ほとんどの創業者が会社設立後 10 年以内に株式を売却するにもかかわらず、彼らが 65 歳になるまで会社を手放して費用をかけたくないためであると考えられます。才能、広範な人的ネットワーク、確かな資格に恵まれた人々は、他の多くの新興企業を設立できるだろうと考える人もいるでしょうが、多くの人はそうすることに成功していません。なぜ彼らは立ち止まるのでしょうか？彼らは止まらなかった。彼らはそれをうまくやることに失敗しただけなのです。ビジネスの成功に関しては、スキルよりも運が重要な役割を果たしますが、そのことについて聞きたがるビジネスパーソンはいません。このアイデアを初めて知ったとき、私は不快な思いをしたのを覚えています。最初は、運がこれほど大きな役割を果たしていることに不快に感じるかもしれません。

ビジネスの成功に向けて、正直で現実的なアプローチをとりましょう。努力と才能と運によるところがどれくらいあるでしょうか？残念ながら、この質問は誤解を招きやすいです。才能はどの企業の成功にも重要な役割を果たしますが、努力だけでは成果を達成することはできません。残念ながら、スキルや努力だけでは成功を達成するのに十分ではありません。どちらの要素も必要な要素ですが、十分ではありません。どうすればそれを知ることができるでしょうか？簡単で単純なテストがあります。資格の低い同僚と比較して、誰かが長期的な成功を収めている場合、才能が最も重要になります。残念ながら、これは会社の創設者には当てはまりません。そうでなければ、ほとんどの成功した起業家は、最初の成功を収めた後も複数のスタートアップを立ち上げ続けるでしょう。

企業のリーダーは企業の成功においてどのような役割を果たしますか？研究者らは、強力な CEO に関連する特徴、つまり管理手順や以前の戦略的才能を例として特定しました。
次に研究者らは、一方では CEO の行動と、他方ではその在任期間中の企業価値の成長との相関関係を測定しました。彼らの結論は、2 つの企業をランダムに比較した場合、60% の場合、より強力な CEO がより強力な企業を率いるというものです。カーネマン氏は、ケースの 40% で、より弱い CEO がより強い企業を率いていることを発見しました。これは、関係がまったくない場合よりわずか 10 パーセントポイント高いだけでした。同氏は、平均よりわずかに優れているだけのビジネスリーダーについて書かれた本を、一般に人々は熱心に買わないことを指摘して締めくくった。ウォーレン・バフェットでさえ、特定のCEOを昇進させることに意味はないと考えています。彼の見解は？「[?...?] 優れた経営成績は、どれだけ効果的に船を操縦できるかよりも、どの船に乗るかによって決まります。」

特定の領域ではスキルにまったく依存しません。カーネマン氏は著書『Thinking, Fast and Slow』の中で、ある資産管理会社を訪問した際のことを説明しており、その会社は彼への説明会の一環として各アドバイザーの8年間にわたる業績を記したスプレッドシートを送ってきた。このデータから、カーネマンは各グループに降順で 1、2、3 などのランキングを割り当てました。彼は、数年間のランキング全体での両者の関係をすぐに計算しました。次に、彼は 1 年目から 8 年目までのランキングの相関関係を計算しました。その際、アドバイザーが両端にいることもありました。それはまったくの偶然だったことが判明した。場合によっては、底部よりも上部に近くに表示されることさえあります。アドバイザーのパフォーマンスは前後の年とは無関係であり、相関関係はゼロでした。それでも、これらのコンサルタントは、その成果に対してボーナスを受け取りました。言い換えれば、同社はスキルよりも運を重視していたのです。

結論: パイロット、配管工、弁護士など、特定の職業は、その能力を活用する人々に大きく依存しています。起業家やリーダーなど、他の分野ではスキルが必要ですが、それは重要ではありません。そして金融市場のように、偶然がすべてを決めることもあります。ここでは、スキルの幻想が支配する可能性があります。成功した金融道化師を楽しみながら、配管工に敬意を表しましょう。
ビギナーズラック (第 49 章) も参照してください。生存者バイアス (第 1 章)、権威バイアス (第 9 章)、自信過剰効果、コントロールの幻想、結果バイアス (それぞれ第 20 章と第 21 章)。

チェックリストが誤解を招く理由

一見すると、シリーズ A は非常にシンプルに見えます。すべての数字には共通点があります。394、411、054、646 は 4 つの特徴によってリンクされており、このシリーズを比較的簡単に解くことができます。次はシリーズ B です。そのすべての数値は、ある時点で 6 つの特徴を利用します。このことから何が学べるでしょうか？多くの場合、不在は存在よりも検出が難しい場合があります。私たちは、存在しないものよりも存在するものを重視する傾向があります。

先週、散歩中に気づいたのですが、何も痛くなかったのです。私が痛みを経験することはめったになく、痛みが発生すると激しく感じられることを考えると、これは非常に驚くべきことでした。しかし、その不在を認めることはめったにありません。その美しさは、ほんの一瞬だけ喜びをもたらしましたが、すぐにすべてが再び頭から消え去ってしまいました。

クラシックのリサイタルでは、オーケストラがベートーベンの第九交響曲を演奏し、熱狂的なコンサートホールで大喝采を受けました。第 4 楽章の頌歌の途中で涙が込み上げてくるのが見られ、この曲の存在に感謝の気持ちが湧きました。しかしそれは本当ですか？間違いなくそうではありません。もし作品が作曲されていなかったら、誰も見逃すことはなく、監督はこの芸術作品をすぐに書いて上演するよう要求する怒りの電話を受けることもなかったでしょう。フィーチャーポジティブ効果として知られるこの現象は、今日私たちを本当に幸せにしています。

予防キャンペーンはこの戦略を効果的に利用します。たとえば、「喫煙は肺がんの原因となる」は、「喫煙しないと肺がんにならない生活が送れる」よりもはるかに説得力があります。チェックリストに依存する監査人やその他の専門家は、この機能のプラス効果にしばしば屈します。未処理の納税申告書はすぐにリストに表示されますが、エンロンやバーニー・マドフのポンジ・スキームなどの不正行為はリストに表示されません。また、このような金融上の気まぐれな行為を引き起こしたニック・リーソンやジェローム・カーヴィエルのような「不正トレーダー」の事業もそのようなリストから抜けており、そのためそのような活動は世間の監視から隠蔽されている。
評価切り下げを追跡するためのチェックリストは存在しない。また、違法行為は住宅ローン銀行によって検討される可能性があるが、焼却工場による評価の切り下げは、その監視に気づかれずに発生する可能性がある。

コレステロール含有量が高いサラダドレッシングのような望ましくない製品を作成することを想像してみてください。ただし、消費者が安心してその製品を使用できるようにしたいと考えていますか？そのような製品にラベルを付ける場合は、代わりにその肯定的な特性をすべて強調してください。顧客はその不在に気づきません。一方、ポジティブな機能により、消費者は確実に情報を得ることができます。

学術研究では、特徴プラス効果が頻繁に示されます。仮説の確認は通常、出版物につながり、ノーベル賞を受賞することもあります。一方、仮説の反証は、科学的には有益ではあるものの、発表するのがはるかに難しく、この種の名誉ある評価を受けたことはありません。機能ポジティブ効果のもう 1 つの結果は、ネガティブなアドバイス (Y のことは忘れる) よりもポジティブなアドバイス (X を実行するなど) を受け入れる傾向です。これにより、私たちはネガティブな提案 (Y を忘れるなど) よりもポジティブなアドバイスをより受け入れやすくなります。

結論: 人間は非出来事を正確に認識するのに苦労することがよくあります。私たちは存在しないものを無視する傾向があります。たとえば、私たちは戦争が存在するかどうかは認識しますが、平時には戦争が存在しないことを認識しません。同様に、私たちは健康なときは病気であるとはほとんど考えません。飛行機事故を経験することなくカンクンに到着した後も同様です。不在についてもっとマインドフルネスを培うことで、私たちはより幸せになれるかもしれません。ただし、これを行うには、大変な精神的な作業と思考が必要です。便利なツールの 1 つは、無ではなくなぜ何かが存在するのかを問うことです。この質問は、フィーチャのプラスの影響と戦う有効な方法として機能します。

フォア効果 (ch. 64) も参照してください。確証バイアス(7-8章);自己選択バイアス (第 47 章);可用性バイアス (ch 11);注意の錯覚 (ch 88)

アローとスパローの間の確証バイアス

さくらんぼ狩り

ホテルはオンラインで最高の光でホテルを紹介します。美しく雄大なイメージを表現した写真を厳選。見栄えの悪い角度、水漏れするパイプ、または魅力的でない朝食ルームは、ボロボロのカーペットで隠されているだけです。もちろん、見苦しいロビーに初めて直面したとき、これが真実であることはわかります。代わりに、肩をすくめてできるだけ早く登録デスクに向かってください。

ホテルで行われているチェリーピッキングとは、魅力的な特徴だけを選択して強調し、他の特徴を隠すことを意味します。他の経験にも同様にアプローチする必要があります。車、不動産、法律事務所のパンフレットも、注意して取り組む必要があります。それらがどのように機能するかを知っていれば、私たちはトランス状態に陥ることはありません。

しかし、企業、財団、政府機関の年次報告書を読むときは、異なる反応を示す傾向があります。ここでは客観的な描写を期待する傾向があります。残念ながら、あなたは間違っているでしょう。これらの機関は往々にして、良い選択をします。達成された目標は祝われますが、挫折は注目されません。

自分が部門の責任者であると想像してください。ボードでは、チームのプレー状況について発表するよう招待されています。このプレゼンテーションにどのように取り組みますか？課題を強調するいくつかのスライドを含めながら、その勝利を強調します。満たされていない成果はすぐに忘れられてしまいます。

逸話は、チェリーピッキングに関して独特の課題を提示します。技術機器を製造する会社の MD であると想像してください。顧客満足度調査を実施した結果、ガジェットの複雑な性質により、ほとんどの顧客がガジェットを使用できないことが明らかになりました。ここで、人事マネージャーが「昨日、義父がこれを受け取り、すぐに使い方を学びました。」と声をかけてきました。この特定のチェリーにどのくらいの重みを割り当てますか？逸話に反論するのは、私たちの脳に訴えかけるミニストーリーが含まれているため、難しい場合があります。この影響に対抗するために、熟練したリーダーは、キャリアを通じて、出てくる逸話に過敏になり、即座に発砲して反応するように自分自身を訓練します。そのような話が出てきたら反対します。

より高度な分野やエリート分野に没頭するにつれて、チェリーピッキングはより顕著になります。タレブは『アンチフラジャイル』の中で、哲学から医学、経済学に至るまで、あらゆる研究分野がどのように成果を誇っているかを詳しく述べている：「政治家と同じように、学術界も、私たちに何がしなかったかではなく、何をしてくれたかを伝えることに長けており、こうして彼らの不可欠な手法を証明している」。」これはおそらく良い選択かもしれませんが、私たちは学者を尊重しているため、これを検出することは不可能です。

あるいは、医療の専門家について考えてみましょう。医師のドルイン・バーチ氏は著書『薬を飲む』の中で、人々に喫煙しないように伝えることは、第二次世界大戦が終わって以来最大の医学的成果であると述べています。いくつかのチェリーのような抗生物質は気を紛らわせる働きがあるため、薬物研究者は称賛されるが、禁煙活動家は称賛されない傾向にある。

大企業の管理部門は、自分たちが達成したことをすべて宣伝して自分たちを美化することでホテル経営者のように振る舞う傾向がありますが、ビジネスのために達成できていないことは決して伝えません。これについて何ができるでしょうか?組織の監査役を務めているときは、失敗したプロジェクトや達成できなかった目標などの「残されたサクランボ」について必ず尋ねてください。成功からよりも、これらのことからはるかに多くのことを学ぶことができます。驚くべきことに、そのような質問が提起されることはほとんどありません。2番目: 財務管理者の軍隊を雇って最後の1セントまでコストを計算するのではなく、時間をかけて定期的に目標を確認します。時間が経つにつれて、当初の目標の一部が具体的ではなくなり、常に達成可能な自分自身に課した目標に置き換えられていることに気づくと驚かれるかもしれません。そのような標的が現れるたびに、危険信号を発する必要があります。それは、矢を射て、その矢が当たった場所の周りに目玉を作るのと同じことです。

偏見に関するメモ (ch. 13);利己的なバイアス (第 45 章);

石器時代のスケープゴート狩り

単一原因分析の失敗

Chris Matthews は MSNBC の主要ジャーナリストの 1 人です。彼のニュース番組では、政治専門家がインタビューを受けています。2003 年にはアメリカによるイラク侵攻が最前線であったにもかかわらず、彼らの仕事が何を意味するのか、なぜそのようなキャリアが存在するのか全く理解できませんでした。クリス・マシューズは、9/11 の報復理論からこの紛争の背後にある大量破壊兵器に至るまで、その動機について専門家に次々と質問した。「戦争の動機は何なのか?」という彼の質問は非常に重要だった。』から『セールストーク以外になぜイラクを侵略したのか』まで。そしてさらに...そして...そして...そして...そして...そして...

このような質問は、私にはもう受け入れられません。これらは、最も頻繁に発生する精神的エラーの 1 つを反映しています。これを表す日常用語はありません。したがって、代わりに「単一原因の誤謬」のような厄介な言葉を使用することにします。

5年後の2008年、金融市場は再びパニックに陥り、銀行は破綻し、納税者は税金で銀行を救済することを余儀なくされた。投資家、政治家、ジャーナリストは、この金融破綻のあらゆる側面を調査しました:グリーンスパンの緩和的な金融政策?投資家の愚かさ?怪しい格付け会社?監査役の腐敗?不適切なリスク モデルや純粋な貪欲が原因として考えられますが、どれも同様に非難に値します。単一の要因は単独の責任を主張することはできませんが、すべての要因が大きく寄与する可能性があります。

インドののどかな夏、友人の離婚、第一次世界大戦、ガン、学校での銃乱射事件、会社の世界的成功、さらには執筆活動自体も、それらに寄与する複数の要因によって引き起こされた出来事であるにもかかわらず、私たちは依然としてすべての責任をなすりつけようとします。一人の個人または単独の物。

リンゴが熟して落ちる原因は明らかではない。重力によってリンゴが地面に引き寄せられるのか、太陽の乾燥した光線で茎がしおれるのか、リンゴの重さが増加したのか、突風で倒れるのか、あるいは下に立っている熱心な子供が何かを欲しがっているのか。それを間食するために?下落の原因となる単一の要因はありません。」トルストイの『戦争と平和』では、この一節がこれを美しく説明しています。
象徴的な朝食用シリアル ブランドのプロダクト マネージャーで、最近オーガニックの低糖質品種を導入したものの、販売 1 か月後に圧倒的な失敗が判明したと想像してみてください。その原因を調査するにはどうすればよいでしょうか?まず、この失敗の原因となる単一の要因は存在しないことを理解してください。すべての要素がそれぞれの役割を果たします。一枚の紙を用意し、考えられるすべての理由とその根本原因を書き出します。完了すると、潜在的な影響力を持つ人たちの精緻なネットワークが構築されたことになります。次に、変えられるもの（人間性など）を特定し、変えられないものは捨てます。最後に、市場全体で強調された要因を変化させて実証テストを実施します。これには時間と費用がかかりますが、表面的な仮定を超えたい場合には必要です。

単一因果関係の誤謬は古くからあると同時に危険です。何千年もの間、私たちは人間が自分自身の運命の主人であると信じるようになりました。アリストテレスは 2000 年以上前にこの主張をしました。今、私たちはこれが間違いであり、自由意志には未解決の問題があることを理解しています。私たちの行動は、遺伝的素質や環境、教育、脳細胞内のホルモン濃度に至るまで、さまざまな要因が複雑に絡み合って決定されていますが、それでも私たちは自治という時代遅れのイメージにしがみついているのです。この行為は有害であり、道徳的にも問題があります。私たちが出来事や災害の原因が特異であると信じている限り、責任を個人に押しつけることは常に可能です。さらに、人々は長い間、自分のせいにしている誰かや何かを見つけるというこのゲームをプレイしており、権力はある個人やグループを通じて別の個人やグループに対して行使されなければならないという認識を生み出してきました。

しかし、トレイシー・チャップマンは、特に「Give Me One Reason」という曲を通じて、世界的な成功をすべて築くことができました。しかし、他の要因も関係していたのではないでしょうか？

「なぜなら」の正当化 (第 52 章) も参照してください。歴史の改ざん (第 78 章);詳細については、後知恵バイアス (ch. 14) と基本的な帰属エラー (ch. 36) を参照してください。

治療意図エラー

信じられないかもしれませんが、スピードの悪魔は、いわゆる「注意深い」ドライバーよりも実際に安全に運転します。考えてみましょう。マイアミからウェスト パーム ビーチまでは約 120 マイルあります。1 時間未満で距離を移動するドライバーは、平均速度が時速 125 マイルを超えるため、無謀と分類されます。他の人はすべて、慎重なドライバーのグループに分類されます。どのグループが事故が少ないでしょうか?それは無謀なドライバーに違いない。3 人の運転手全員が 1 時間以内に移動を完了したため、事故には巻き込まれないはずでした。事故に遭った人は自動的に遅いドライバーのカテゴリーに分類されます。この例は、残念ながら魅力的な名前が欠けている、治療意図エラーと呼ばれる潜行的な誤謬を例示しています。

これは生存者バイアス (第 1 章) に似ているように聞こえるかもしれませんが、重要な違いがあります。生存者バイアスでは、成功したプロジェクトや事故に巻き込まれた車だけが表示されますが、治療意図エラーでは、これらの失敗したプロジェクトや車が目立つように表示されますが、単に不適切なカテゴリに分類されているだけです。

最近、ある銀行家が行った驚くべき研究を見せてもらいましたが、それは興味深い事実を明らかにしました。貸借対照表に負債がある企業は、金融商品として株式のみを保有している企業(つまり、貸借対照表に負債がない企業)よりも収益性が大幅に高い傾向があるということです。。その銀行家は、すべての企業が自由に借り入れをすべきであり、彼の銀行がその目的に最適な場所であると主張した。私は彼の研究をさらに詳しく調べました。どうしてそんなことがあり得るでしょうか?無作為に選ばれた 1,000 社の企業から、多額の融資を受けている企業は、独立して資金を提供している企業よりも自己資本と総資本の両方で高い収益率を生み出しました。彼らはすべてより成功しました。収益性の低い企業は法人融資の対象にならないため、「株式のみ」のグループに分類される。そこでは、より大きなキャッシュクッションを持つ企業は、健康上の問題が発生する可能性があるにもかかわらず、より長く存続し、この調査の対象に残り続ける傾向があることがすぐに認識された。一方で、多額の借入を行った企業はより早く倒産する傾向があります。借金の利息を返済できなくなると、銀行がこれらの事業を引き継ぎ、売却します。「負債グループ」に残っている人々は、バランスシート上の負債の額に関係なく、比較的健全な状態を維持する傾向があります。
理解していると思ったら注意してください。治療意図の誤りを認識することは困難な場合があります。例として薬を使用してみましょう。製薬会社が心臓病と闘うための新薬を開発しました。研究では、この薬がプラセボ錠剤を単独で服用する場合と比較して、患者の死亡率を大幅に低下させることが「証明」されています。定期的な使用者の場合、5年死亡率は5年以内に15%から11%に低下しますが、摂取量が異なる非正規使用者の場合は2倍高くなります。それでは、それは本当に成功したと言えるのでしょうか、それとも失敗したと言えるのでしょうか?

問題は、錠剤が決定要因ではない可能性があることです。むしろ、最終的に重要なのは患者の行動です。おそらく、患者は重度の副作用のために中止し、自分が「不規則な摂取」のカテゴリーに分類されていたか、または定期的に摂取を続けることができないほど体調が悪かったのかもしれません。いずれにせよ、「定期摂取」グループには比較的健康な人だけが残ったため、その薬が実際よりもはるかに効果があるように見えました。定期的に服用することができない本当に病気の患者は、「不規則な摂取」コホートに属する人々でした。

評判の高い研究により、医学研究者は当初治療する予定だったすべての患者のデータを分析することができます。彼らが裁判に参加したかどうかは関係ありません。しかし、残念なことに、多くの研究はこの規則を意図的または偶然に無視しています。注意してください。事故に巻き込まれたドライバー、破産した会社、重篤な患者などの被験者が何らかの理由でサンプル母集団から消えたかどうかを常に確認し、研究を適切な場所、つまりゴミ箱にファイルします。

参照: 生存者バイアス (第 1 章)。ウィル・ロジャース現象 (ch. 58);

なぜ人々はニュースを読まないのか。

スマトラ島ニュース錯覚地震。ロシアでの飛行機事故。男は娘を30年間地下室に監禁。ハイディ・クルム、シールと破局。バンク・オブ・アメリカでの給与を記録する。パキスタンでの攻撃。マリ大統領の辞任。砲丸投げの世界新記録達成。

本当にこの知識が必要ですか?

私たちは非常に詳しい情報を持っていますが、依然として非常に無知です。それは、2世紀前に私たちが、砂糖が体に与えるように心に訴えかけるニュースという有毒な知識を発明したからです。美味しいですが、時間が経つと破壊的な影響を与える可能性があります。

3年前、私はある実験を行いました。私はニュースを読むのも聞くのもやめ、新聞や雑誌の購読もすべてキャンセルしました。テレビとラジオのチャンネルは私のラインナップから削除されました。iPhone のニュースアプリが完全に削除されました。最初は、何か重要なものが私の手からすり抜けてしまうのではないかという不安を常に感じていたので、大変でした。しかし、しばらく経つと、私は別の見方をするようになりました。3 年後、私の努力は報われ、より明確な思考、より深い洞察、より良い意思決定、そしてより多くの自由時間を得ることができました。何よりも、現実世界のソーシャル ネットワークが情報フィルターとして機能し、常に最新の情報を入手できるため、重要なことは何も見逃されませんでした。

まず第一に、私たちの脳はさまざまな種類の情報に不釣り合いに反応します。スキャンダラスで衝撃的な詳細が私たちを刺激します。抽象的、複雑、または未処理の詳細はほとんど効果がありません。ニュース制作者はこの力関係を完璧に理解しています。彼らの魅力的なストーリー、派手な画像、センセーショナルな「事実」が私たちの注目を集める一方で、広告主は広告が見てもらえるようにスペースを購入します。したがって、社会全体にとってはるかに大きな影響を与える可能性があるとしても、すべての微妙な、複雑な、または深遠なストーリーは慎重に除外される必要があります。ニュース消費は世界に対する私たちの理解を歪め、実際に直面しているリスクや脅威を不正確に表現したまま生きることになります。

第二に、ニュースは無関係です。過去 12 か月間で、約 10,000 件のニュース スニペットを消費した可能性があります (おそらく 1 日あたり最大 30 件)。正直に言ってください。消費された 10,000 件のニュースのうち、このニュースがなかった場合とまったくなかった場合を比較して、人生、キャリア、またはビジネスにおいてより良い意思決定をするのに役立ったものを 1 つ挙げてください。私が尋ねた人は、消費されたもののうち有益な情報を 2 つ以上挙げることができませんでした。実際には消費が経済的に不利であるにもかかわらず、自社の情報が競争上の優位性をもたらすと主張する報道機関からの悲惨な結果です。もし彼らが人々のキャリアアップをさらに支援していたら、ジャーナリストは収入ピラミッドの頂点にいただろうか - 全く逆のことが真実である

ニュースは非効率的な時間の使い方でもあります。人間は平均して毎週、時事問題を読むのに半日を無駄にしており、世界中で生産性の大幅な損失につながっています。2008 年のムンバイテロ攻撃を例に挙げてみましょう。テロリストは、ただ自分の評価を得たいという抑えられない渇望から、純粋に名声と知名度を得るために 200 人の罪のない命を殺害しました。10億人が余波を追って1時間を費やしたとしましょう。分ごとの最新情報を閲覧し、専門家やアナリストによる解説を聞いたとしましょう。インドの人口が10億人を超えていることを考えると、これは非常にありそうなシナリオです。したがって、控えめに計算すると、10 億人の人々に 1 時間の気晴らしを乗じると、10 億時間の業務停止に相当します。この数字を、ニュースの消費と攻撃による損失で失われた命に換算すると、この数字は消費だけで約 2,000 人の死者が無駄になったことになります。これは鋭敏かつ正確な観察です。

ニュースから目を背けることは、ここで概説した他の 98 の悪い習慣を取り除くのと同じくらい深刻な結果をもたらす可能性があります。ニュースを聞く習慣を完全に断ちましょう。代わりに長い背景記事や本を読んでください。私たちの世界を理解するには本に勝るものはありません。

基本的な帰属の誤り (第 36 章) も参照。スリーパー効果 (ch. 70);確証バイアス (chs 7-8);情報バイアス (第 59 章);関連現象としての擬人化 (ch 87) とストーリー バイアス (ch 13)。

<h1 style="text-align:center">エピローグ</h1>

教皇はミケランジェロに「あなたの天才の秘密を教えてください」と尋ねた。傑作中の傑作であるこのダビデ像をどうやって作ったのですか？』ミケランジェロは、ダビデ以外のものをすべて取り除くことで単純に答えました。

はっきりさせておきましょう。何が私たちを成功させ、幸せにするのかを正確に知る人は誰もいませんが、何が成功や幸福を損なうのかは理解しています。ネガティブな知識（何をしてはいけないか）は、ポジティブな知識（何をすべきか）よりもはるかに強力です。

ミケランジェロは、より明確に考え、賢明に行動するためにミケランジェロの方法を使用しました。ダビデだけに目を向けるのではなく、彼の邪魔をするすべてのものに集中し、それらを少しずつ取り除いてください。私たちの場合も同様です。思考を改善するためにエラーを排除してください。

ギリシャ、ローマ、中世の思想家は、このアプローチを「via negativa」という用語を作りました。これは文字通り「否定的な道」、放棄、排除、削減へのアプローチです。神学者はヴィア・ネガティヴァの初期の先駆者でした。私たちは神が何であるかを言うことはできません。代わりに、私たちは神の不在を定義することしかできません。現代生活に当てはめると、成功を直接定義することはできません。その追跡を妨げるものだけを特定し、排除することができます。つまり、私たちが知る必要があることはすべてです。

この非合理性に関する熱い理論は何世紀にもわたって泡立ちました。1540年代に厳格なプロテスタント主義の創始者であるジョン・カルビンは、そのような感情は悪を表しており、神に向かうことによってのみそれらを撃退できると信じていました。感情の噴火を経験している人々はサタンの追随者であると考えられていました。したがって、拷問と殺害が続きました。オーストリアの精神分析学者ジークムント・フロイトの理論によると、私たちの自我と道徳的超自我が衝動的な自己を制御し、義務や規律によって抑制するということはあり得ないことです。義務や規律のことは忘れてください。思考だけでは、意志の力だけで髪の毛を伸ばそうとする以上に私たちの感情をコントロールすることはできません。

一方、冷酷な不合理理論はまだ歴史が浅い。第二次世界大戦後、多くの人がナチスの一見非合理性を説明しようとしたが、指導者階級のヒトラー自身からは感情の爆発や激しい演説は聞かれなかった。彼の熱烈なスピーチでさえ、単なる見事なパフォーマンスでした。彼らを暗い道に導いたのは、突然の爆発ではなく、冷静な計算でした。スターリンやクメール・ルージュも同様です。

心理学者は1960年代にフロイトの主張から離れ、私たちの思考、決定、行動を科学的に観察し始めました。現れたのは、思考自体が純粋とは程遠いという冷酷な不合理理論でした。非常に知的な人々であっても、間違いを引き起こす認知の罠にはまってしまいます。さらに、エラーはランダムに分布しているわけではありません。エラーは予測可能なパターンに集中する傾向があり、間違いは予測可能ですが、完全には修正できません。にもかかわらず、その原因は何十年も不明でした。一方で、私たちの体の他のすべてのものは脳に比べて比較的信頼できるように見えました。
なぜ私たちの脳は継続的な挫折を経験しなければならないのでしょうか?

思考は生物学的現象であり、自然の他の側面と同様に、思考を形作る上で進化がその役割を果たしています。5万年前に戻って、私たちの祖先の1人を現代に連れ戻すことを想像してみてください。彼を美容院に通わせたり、運転のレッスンをさせたり、携帯電話の操作方法を教えたりしますが、間違いなく彼はぴったりと適応するでしょう。結局のところ、生物学的進化は、ヒューゴ ボス (場合によっては H&M) のスーツを着る狩猟採集民として、これらすべての能力を私たちに与えてくれたのです。これができるとしたら、5 万年前に戻って、祖先を連れ出し、現代のタイムトラベルに連れて行くことを想像してみてください。そうすれば、路上で追放される代わりに、当時の彼/彼女/彼女たちを現在の服に着替えさせるかもしれません。彼/彼女を散髪に送り出します/散髪/美容院で着付け/ドレッサー/彼ら/彼ら/私たちにモダンなドレス/服を着せますか?いいえ;生物学はすべての疑いを反証しました。認知的にも身体的にも、私たちはヒューゴ・ボス(あるいはH&M)の服を着た狩猟採集民です。

昔と比べて大きく変わったのは、私たちの生活環境です。当時は物事が単純で安定しており、技術的または社会的な大きな進歩はなく、人々は最大 50 人のグループで生活していました。私たちの世界が劇的な変化を遂げ始めたのは、ここ 10,000 年間のことであり、作物、家畜、村、都市、世界貿易、金融市場はすべて、その進化における主要な力として台頭しています。工業化以来、人間の脳機能にとって最適なものの多くは消滅してしまいました。どのショッピングモールでも 15 分滞在すれば、私たちの先祖が生涯で見たよりも多くの人たちとすれ違うことになります。10年後の世界がどうなるかを知っていると主張する人は、通常、そのような予測をしてから数か月以内に追放されます。1万年以来、私たちは理解できない世界を創造してきました。すべてがより洗練され、さらに複雑に結びついています。その結果、経済的繁栄は飛躍的に向上しましたが、複雑さが増す一方であるため、生活習慣病(2型糖尿病、肺がん、うつ病など)や思考の誤りも急増しています。これは、誤りをさらに悪化させ、さらに拡大させるだけです。

私たちの狩猟採集民のルーツでは、活動は反省よりも有益であることがよくありました。電光石火の反応が不可欠でしたが、長時間の熟考は致命的であることが判明しました。狩猟採集民の仲間の一人が突然暴動を起こしたら、それに従うのが理にかなっています。トラやイノシシがあなたを警戒させたかどうかは関係ありません。逃げなければ命が失われる可能性があります。対照的に、イノシシから逃げるだけでエラーが発生した場合は、消費するのはカロリーだけかもしれません。似たような問題について間違っていたことが功を奏して、別の方法で連絡を取った人は、遭遇する前に退場しました。つまり、私たち全員が、先頭に立った初期の世代によって迅速に行動を起こす傾向にある人類サピエンテスの子孫になったのです。今日、私たちは彼らの子孫です。

現代社会は、単一の熟考と独立した行動を好みます。株式市場の誇大宣伝に騙された人なら誰でも、このことを直接知っています。

進化心理学はほとんどが仮説のままですが、多くの欠陥を説明する上で非常に説得力があります。全部ではありませんが。たとえば、次のステートメントを考えてみましょう。「すべてのハーシーバーは茶色の包装紙に入っています。したがって、この特徴を共有するすべてのキャンディーバーもハーシーバーでなければなりません。」私たちの狩猟採集民の祖先が環境の変化とは何の関係もない論理の誤りを今でも経験する可能性があるのと同じように、文明に邪魔されずに暮らしている原住民の部族も同様に、知的な個人であってもこの罠の犠牲者になる可能性があります。

何故ですか？進化は完璧な人間を生み出すわけではありません。私たちが競争相手を超えて進歩している限り（つまり、ネアンデルタール人に勝つ）、エラーを含む行動は進化によって許容されます。カッコウを例に挙げてみましょう。何百万年もの間、カッコウは鳴き鳥の巣に卵を産み、そこで小さな鳥が孵化し、その卵から生まれた雛に餌を与えてきました。この行為は、進化が修正できなかった行動の誤りを表しています。小さな鳥にとっては十分に深刻なことではありません。

私たちの間違いに対するさらなる説明が 1990 年代後半に現れました。それは、私たちの脳は真実を探求するのではなく、再生するように配線されているということです。つまり、私たちは真実の探求ではなく、主に説得のために自分の考えを使用します。他人を説得できる人は権力と資源、つまり交配や子孫の育成に大きな優位性をもたらす資産を獲得します。小説は、より率直であるにもかかわらず、通常、ノンフィクションのタイトルよりも売れています。

最後に、状況によっては、論理的でない直感的な決定が有益な場合もあります。いわゆるヒューリスティック研究は、この現象を調査します。重要な決定を下す際には、必要な情報がすべて不足していることが多いため、精神的な近道や経験則（ヒューリスティック）が不可欠になります。たとえば、あなたが惹かれるロマンチックなパートナーを選ぶとき、唯一の合理的な決定は論理だけに頼ることでしょう。この場合、代わりに直感を使用すると、より良い結果が得られることがよくあります。多くの決定は、後で何らかの理由や正当化によって正当化されなければなりませんが、論理的には不可能です。

決断（キャリア、人生のパートナー、投資）は無意識のうちに行われることがよくあります。私たちは後で正当化を定式化するので、自分の選択が意識的だったかのように感じますが、これは多くの場合、科学的方法とはまったく似ていません。代わりに、客観的な事実ではなく、あらかじめ決められた結論を正当化する理由をでっち上げます。

したがって、自己啓発本で説明されている左脳と右脳の二分法は忘れてください。さらに重要なのは、直感的思考と合理的思考の違いです。どちらにも有効な用途があります。直観的な思考は、より速く、自発的で、エネルギーを節約する傾向がありますが、合理的な思考は、直感的な思考よりもはるかに多くのエネルギーを必要とします。ダニエル・カーネマンがこの現象を『Think Fast and Slow』で説明したのは有名です。

認知エラーが増え始めて以来、どうやってエラーのない生活を送ることができているのかとよく尋ねられますが、真実はそうではありません。そして答えは？いいえ;程遠い。他の皆さんと同じように、私も自分の考えではなく感情を参考にして即座に意思決定をします。迅速に意思決定をするときは、「これについてどう思いますか?」という質問が重要です。は「これについてどう思いますか?」に置き換えられることがよくあります。誤謬を予測して回避することは、費用のかかる作業です。

物事を単純明快に保つために、私は大きな潜在的な影響を伴う状況（つまり、個人的またはビジネス上の重要な選択をする場合）での意思決定について次のルールを自分自身に設定し、選択肢を選択するときはできる限り合理的かつ合理的であり続けるように努めています。。私のアプローチはパイロットに似ています。航空機のパイロットが行うように、エラーのリストを取り出し、一度に 1 つずつチェックを入れます。情報に基づいた意思決定をより効率的に行うために（通常のペプシかダイエットペプシ、炭酸水かフラットウォーターかなど）、私は優れたチェックリストの意思決定ツリーも利用しています。影響が最小限の状況 (つまり、スパークリングウォーターとフラットウォーター?)では、デシジョンツリーは非常に役に立ちます。たとえば、通常のペプシとダイエットペプシ、またはスパークリングウォーターとフラットウォーターのどちらかを選択する場合などです。私は合理的な最適化を無視して、代わりに自分の直感に任せることがよくあります。考えるのは疲れるかもしれません。したがって、潜在的な害が最小限である場合は、些細な問題に力を入れないでください。このような間違いは永続的な影響を及ぼさず、この生き方は全体的により良い経験をもたらす可能性があります。自然は私たちの決定が完璧かどうかには無関心のようです。重要なのは、物事が困難になったときに合理的に行動する準備ができている限り、人生をうまく乗り越えることだけです。さらに、私は自分の能力の範囲内で行動するとき、しばしば自分の直感に頼ることになります。楽器を練習すると、指がその音を演奏できるようになります。時間が経つにつれて、指先はキーや弦の操作に熟練します。楽譜が表示され、音符がほぼ自動的に再生されます。ウォーレン バフェットは、プロのミュージシャンが楽譜を作成するのと同じように貸借対照表を使用します。
自分の能力の輪、つまりあなたが直感的に理解し、優れている分野を見つけて、しっかりと把握しましょう。ヒント: 思っているよりも小さいかもしれません。このサークルの外側で結果的な決定を下す場合は、厳格な合理的思考テクニックを適用し、それほど差し迫った決定ではない場合は直感を自由に使用します。

終わり